ADVANCED AESTHETIC

审美进阶

刘旭光 著

商务印书馆
The Commercial Press

图书在版编目（CIP）数据

审美进阶 / 刘旭光著. — 北京：商务印书馆，2025. — ISBN 978 – 7 – 100 – 24292 – 9

Ⅰ．B83

中国国家版本馆 CIP 数据核字第 20243PD079 号

权利保留，侵权必究。

审 美 进 阶

刘旭光 著

商 务 印 书 馆 出 版
（北京王府井大街36号 邮政编码100710）
商 务 印 书 馆 发 行
北京盛通印刷股份有限公司印刷
ISBN 978 – 7 – 100 – 24292 – 9

| 2025年1月第1版 | 开本 890×1240 1/32 |
| 2025年1月第1次印刷 | 印张 11¼ |

定价：78.00元

刘旭光,复旦大学博士,现为上海大学文学院院长、教授、博士生导师,国家"万人计划"哲学社会科学领军人才、教育部青年长江学者。国家社科基金艺术学重大项目《近代以来中国艺术的审美理论话语研究》首席专家,中华美学学会常务理事,中国美术家协会会员,上海市美术家协会理事,主要从事中西方美学史与美学理论以及艺术理论的研究。著有《海德格尔与美学》《欧洲近代艺术精神的起源——文艺复兴时期佛罗伦萨的文化与艺术》《"存在"之链上的美学——形而上美学的演进史》《艺术与真理》等,在包括《中国社会科学》《文学评论》《文艺研究》在内的CSSCI级期刊上发表论文百余篇。

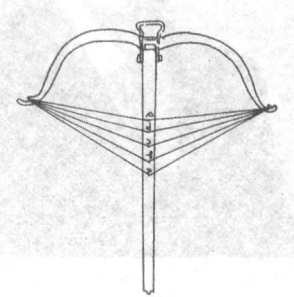

序

这是一本有教材性质的学术著作，所讲述的每一个结论和观点都是经深入研究后得出的结果，我把这些结果以简要报告的形式汇总在一起。同时，这本著作也是我二十年来对美学进行课堂教学的一个阶段性总结。

在二十年中，我采用过三次讲授美学的模式。最初的五年，我把美学当作一套知识体系来讲，讲给中文系的学生，但是后来我意识到这没有意义——当学生知道了关于这个学科的历史、主要命题、美学家与美学著作等诸多信息与知识的时候，这些认识无益于他的审美行为，也无益于他的审美能力的提升。学生在课题上的反应与对待美学这门课的态度，以及我自己的教学感受使我意识到这样讲是不对的，美学这门学科如果不能够作用于人的审美能力的提升，如果不能对读者的审美产生引导之功，那么它就纯粹是一种满足人的知识兴趣的相关知识的汇集，这种汇集意义不大。基于此，大约在十五年前，我改变了教学方式。

改变的推动力主要是听众变了，除了中文系的本科生，还增加了新闻学、广告学和影视学，特别是美术学科的学生。对于这些从事实践技能学习的学生而言，获得美学相关的知识是无意义的，他们选择美学课时抱着一个期待，期待通过课堂学习能够提升自己的审美，能够对自己的创作有所提升。为此，我的教学不得不回到一些原理性的问题：什么是审美？什么是美感？如何审美？如何欣赏自然美？如何欣赏艺术？……为了回答这些如何，我不得不把教学转化为对审美行为的指导性的步骤分析。这意味着我所讲授的美学课从知识传授转向了过程分析、技能获得和训练。从学生的反应看，所有专业的学生都喜欢这种讲法，实践技能类的学生尤其欢迎，而中文系的学生多少有点茫然，不知道在笔记本上记什么。但这次转向思路是对的，为此，笔者也调整了美学研究的方向，去分析和研究审美经验、审美的过程与机制、美感的构成等更具体也更经验化的问题，并把对这些问题的思考转化为学术论文发表出来。这些论文由于切近审美经验，因此在美学界颇受好评，获得了较多的转载，这激励着我把学术论文实例化为课堂讲义，以一种更加通俗生动的形式呈现给学生，并引导学生相关的审美实践和艺术创作。

我的美学课课堂教学发生第二次转变，是因为大约从六年前开始，这门课同时还要开给美术学院和电影学院的具有一定理论基础和创作经验的博士生以及艺术学理论的硕士生。在向这些学生讲授了三四年这一课程之后，笔者意识到，对于那些审美和艺术鉴赏有一定基础的人来说，他们是带着一种多元的期待来到课堂的，在他们的脑子里面，实际上已经装备了各式各样的关于美学和艺术的相关知识。而这些知识需要得到一个整理，这些知识也需要转化到实践当中去。为此，审美观念的历史多元主义和审美经验的丰富性以及艺术观念的多元，推动着我不得不在美学研究当中，以一种更开放的姿态、更具有历史眼光的姿态，反思诸种审美经验的发生和艺术创作的过程。我意识到有必要建构出一套具有开放性和包容性的理论体系。这个体系必须要有某种统一性，能够让读者和听众以最直接的方式鲜明地认识到什么是审美、什么是艺术活动与审美活动的性质、审美愉悦的性质等问题，同时也要关涉这些问题在历史发展当中的复杂性和多样性，最终要回答是不是能够把它们统摄在一个理论框架体系之中。这构成了对笔者的一次学术挑战。

这部著作就是应对这次挑战的结果。我预设了在课堂中坐着的是有一定的美学和艺术理论基础的人，他们可以是文科的中高年级本科生，也可以是艺术相关专业的学生，还可以是有审美经验和艺术鉴赏经验的听众，以及美学的初中级的研究者，他们需要的不仅仅是对美学入门式的知识介绍和观念介绍，他们需要的是在知识、经验、理论之间建立起一个桥梁，通过这个桥梁，在具体的审美活动和他们的个人选择之间提供一个契机。在这个思路的指引之下，我重构了美学课堂的理论架构，并以此架构为基础，进行更加深入和更具有历史性的美学研究。这本著作就是此番重构的结果，它是基于以审美能力的提升为目的的课堂教学与理论研究相结合的一个产物。

书的内容，笔者给美术学院和电影学院以及文学院的博士生讲过三次，给中文系的本科生和硕士生讲过四次，根据这七次的教学经验来看，这部著作能够满足他们对什么是审美、如何审美、如何提升自己的审美能力等诸多方面的基本要求。在这个意义上，这本书的名字就不是"美学入门"或者"美学原理"，而是"审美进阶"。"进阶"的意思是：已经有了一定的理论基础与相关经验，现在把二者结合起来，进入一个更自觉的层面去进行审美并反思相关的审美经验。本书的最终目的，是让读者在对"审美"这一行为有个整体的认识之后，形成自己的审美观，并以此种审美观为指引进行具体的审美实践，让他们在展厅中、舞台前、自然中，自由而自信地表达自己的审美愉悦。这是我作为一名美学教师的理想，如果能够成功，那么我对美学的研究就是有意义的。

是为序。

天水　刘旭光

2024 年 4 月 18 日

| 目 录 |

导言 "审美"的际遇 / 001

第一章 审美的特征与定义 / 025
  第一节 现代审美观的两块基石:审美非功利性与自由愉悦 / 025
  第二节 审美行为的基本过程与审美的定义 / 029

第二章 "审美"的问题域 / 045
  第一节 作为审美活动主体的"我" / 046
  第二节 审美对象 / 060
  第三节 主体经验对象的方式 / 088
  第四节 愉悦 / 095

第三章 "审美"的行为构成 / 105
  第一节 感觉与判断的交融 / 105

第二节　直观与体验结合　　　　　　　　/ 110

　　　第三节　静照与情动的统一　　　　　　　/ 113

　　　第四节　审美思维　　　　　　　　　　　/ 122

　　　第五节　作为交感反思的审美　　　　　　/ 127

第四章　"审美"的发生　　　　　　　　　　　　/ 134

　　　第一节　超然　　　　　　　　　　　　　/ 134

　　　第二节　惊异　　　　　　　　　　　　　/ 138

　　　第三节　惠爱　　　　　　　　　　　　　/ 143

第五章　审美的过程性与"纯粹审美"　　　　　　/ 148

　　　第一节　审美的过程性　　　　　　　　　/ 149

　　　第二节　纯粹审美　　　　　　　　　　　/ 152

第六章　审美的运作机制　　　　　　　　　　　 / 163

　　　第一节　审美的开始：审美统摄　　　　　/ 164

　　　第二节　审美的展开路径一：感性直观　　/ 170

　　　第三节　审美的展开路径二：情感体验　　/ 175

　　　第四节　审美的展开路径三：认知愉悦　　/ 179

　　　第五节　三种展开路径之关系：互动互化的

　　　　　　　自由游戏　　　　　　　　　　　/ 183

目录

第六节　审美的实现：交感反思愉悦
　　　　与"审美"的独特性　　　　　　／190

第七章　审美的诸种范式（一）：古典范式　／198
第一节　审美模仿论范式　　　　　　　／199
第二节　审美道德主义范式　　　　　　／205
第三节　审美的完美主义　　　　　　　／212

第八章　审美的诸种范式（二）：现代范式　／220
第一节　审美的情感感动范式　　　　　／220
第二节　审美的认知主义范式　　　　　／226
第三节　审美的崇高论范式　　　　　　／234
第四节　审美的唯心论范式　　　　　　／244

第九章　审美的当代范式　　　　　　　　／250
第一节　审美的形式主义范式　　　　　／250
第二节　审美的现象学范式　　　　　　／258
第三节　审美的尼采主义范式　　　　　／270

第十章　艺术美　　　　　　　　　　　　／280
第一节　美的艺术　　　　　　　　　　／281

第二节　艺术美与自由愉悦　　/ 289

　　第三节　艺术美与自由创造　　/ 295

　　第四节　艺术美与真理性内容　　/ 300

第十一章　审美教育　　/ 311

　　第一节　审美教育的诸种路径　　/ 311

　　第二节　"审美教育"这一信念的诞生及

　　　　　其原理　　/ 322

　　第三节　"审美"自身的教育性　　/ 326

尾论　关于审美能力的提升　　/ 333

参考文献　　/ 339

导言
"审美"的际遇

在18世纪中叶之前,人们对于"审美"这样一种人类活动的认识,是用"趣味"或者"品味"(英文中是同一个词——taste)这样的词来描述的,这个词可以描述一顿饭、一件衣服,或者一个人,也可以描述山水、园林或某种艺术品。除了提供"愉悦",人们并不觉得这种活动有什么大不了,只是认为这种"愉悦"是"好的"(fine)或者"优雅的"(elegant),它只是"享乐"的一种特殊形式。1750年之后人们开始用"aesthetics"这个不恰当的词来命名审美活动,并且赋予了它超越于"感性"与"愉悦"之上的许多"意义",审美甚至成为一种教育、救赎与解放的手段。然而两百多年之后,也就是在我们的时代,文化的大众生产似乎放弃了对于审美的价值期许:凡是源自感性的愉悦,都被划到了"审美"名下,快感、刺激、新奇感、欲望的挑逗、惊栗体验……都被纳入审美,这是一个泛感性的时代,这是一个泛审美(pan-aestheticization)的时代。泛化往往意味着取消,如果不甘心审美的消失,就需要反思一下,审美这种人类活动的根本特征是什么,根本目的是什么,根本价值在哪里。

在18世纪之前,对"审美"的研究与反思,一直不是哲学或者人文学科的一个独立领域。出于美学史研究的需要,我们把古老诗学的创作论部分、造型艺术创作与欣赏的理论部分,以及修辞学的理论部分,特别是形而上学中关于本体的"完善"以及本体之显现部分,都纳入"美学"的学科体系中,但真正问出这样一个问题——什么是"审美"?这是启蒙现代性的一个部分。提出这个问题,既是哲学进入认识论阶段之后的一个副产品,也是人类精神成熟的一个"必然"。作为一个副产品,感性认识的性质及其意义是哲学中的认识论不得不回答的一个问题;作为人类精神成长的"必然",精神愉悦的途径与方式,以及人类感知世界的过程中所产生的情感现象及其意义,特别是一个认识论的希冀——通过直观而达乎理念,这些因素共同推动人类的理性去追问人类心灵中非理性的部分对于认识和人生的意义。这个"必然"使得"审美"稀里糊涂地以"aesthetics"这个不恰当的词作为自己的名称,也迫使人类把"审美"作为一个独立的反思对象进行研究。

这一提问是一个事件,这个事件发生在18世纪。这个事件的前提是人们对于人类的文化"创造"的期待与反思。当维柯在1725年或者更早一点提出"诗性智慧"这个概念的时候,他和许多17、18世纪的哲学家一样,相信"自然"是"神"创造的,其中包含着我们必须接受的"先验和谐"与"规律",但在人文历史领域,无论是语言修辞还是历史遗迹,都是人类创造力的结果。如果说理性是一种"自然的能力",人类还有其他的属人的能力，正是这些能力决定着人类可以具有"创造力"。为此，维柯提出了与理性不同的"诗性智慧"。

维柯认为，作为人类认识能力的"直观"与"想象"也可以达到一般性，并且是创造性的。他以神话、寓言、宗教，甚至形而上学为例，它们得以产生的认识机制不是源自理性，而是一种前理性能力，在直观与想象背后，隐藏着一种智慧。他把所有具有创造性的，都称为"诗性"的，认为"诗"这个词在古希腊时代就是"创造"的意思，人文社会领域中的一切现象与事物，相比于自然，都是人类创造的，因此维柯在前面都加上了"诗性"一词。而"智慧"一词，一方面是追寻一般性，另一方面是追求完善，追求人的实现，同时也是为意志与实践立法并促成实践目的的实现。"诗性智慧"这个概念在原初意义上是具有创造性的人类思维能力，但维柯把它和理性思维对立起来，强调想象力和感性意象在思维中的基础性作用，因而诗性智慧的含义就收缩为诗性思维或者形象思维，成为凭想象进行思维创造的能力，即通过感性形象认识、表达和呈现一般性的能力，它是记忆、想象、创造三者的融合。

维柯关于诗性智慧的研究实际上揭示出"艺术创作"与"审美"具有独特的认识论根基，它与理性认识是不同的。他意识到这是一种认识的"智慧"，但没有从认识论的角度进行单独区分。

区分是由鲍姆嘉通完成的，这个德国人在1730年到1750年之间，从认识论的角度对人的"感性"认识，包括"审美"进行了分析。什么是感性认识？——"感性认识是指，在严格的逻辑分辨界限以下的，表象的总和"①。他把感性认识归纳为"表象能力"，但这种能力不仅仅是简单的直观，不仅仅是感性杂多的获取能力，而是一种"思维"，具有一种类似理性的能力。他先给出了他认为的"类似理性"能力：（1）认识事物的一致性的低级能力，（2）认识事物差异性的低级能力，（3）感官性的记忆力，（4）创作能力，（5）判断力，（6）预感力，（7）特征描述的能力。这些能力显然是与低级认识能力相通的。而后他解说"理性"，用了智慧（wit）、特性、证明、普遍性、提炼（reduce）等词。在没有进行逻辑层次区分的情况下，又罗列了统一性（indifference）、愉快（pleasure）与不愉快。关于愉快与不愉快，他的解释很有趣，愉快或不愉快源自对对象完美或不完美的直觉，也源自对对象真实或不真实的直觉，真实带来愉悦，不真实则带来不悦。尽管愉悦或不愉悦是从感性上表现出来的，但它源自理性对于真实的认识与区分。②之后，欲求（desire）也被列出来，并且被分为高级欲求与低级欲求，并且从"自发""选择"与"自由"的角度分析欲求。这个序列再加上想象力（同时代的哲学家们有时用幻想、虚构等词来表达与"想象力"相同的

---

① 鲍姆嘉滕（除引用及书目著录外，本书均译作"鲍姆嘉通"）：《美学》，简明、王旭晓译，文化艺术出版社，1987年，第125—126页。

② Alexander Baumgarten. *Metaphysics: A Critical Translation with Kant's Elucidations, Selected Notes, and Related Materials*. Translated and edited with an introduction by Courtney D. Fugate and John Hyers. London: Bloomsbury Publishing Plc, 2013, p. 237.

意思），以及它们的基础表象能力，这构成了他所认为的全部的 aesthetics——"审美能力"或"感性能力"。鉴于这个词是在讨论鉴赏问题和今年人们所说的审美问题时提出的，因此这个词被东方人译为"美学"或"审美"，鲍姆嘉通作为命名者，成为"美学之父"。

"审美"成为一个人文学科的独立门类，意味着人们希望这种人类活动除了愉悦，还能担当起创造与认知的功能。紧接着，1752年，法国的思想家狄德罗提出"美总是由关系构成的"①，"只有建立在和自然万物的关系上的美才是持久的美。……艺术中的美和哲学中的真理有着共同的基础。真理是什么？就是我们的判断符合事物的实际。摹仿的美是什么？就是形象和实体相吻合"②。显然，狄德罗认为，审美根本就不是感性直观行为，而是对"关系"的反思行为。狄德罗似乎不知道德国人提出了"aesthetics"这个词，如果知道，他肯定不会同意用这个词来表示"审美"，因为只有知性或者理性才能认识"关系"，"审美"就是判断"关系"，而"aesthetics"这个词过于强调感性了。与此同时，英国人一直用"taste"（品味、趣味或鉴赏）一词来指称我们称之为审美的行为，大卫·休谟在1757年发表《论鉴赏（taste）的标准》一文，承认鉴赏方面的个别分歧是一个客观事实，进而

---

① 狄德罗：《关于美的根源及其本质的哲学探讨》，《狄德罗美学论文选》，张冠尧、桂裕芳译，人民文学出版社，1984年，第31页。
② 狄德罗：《关于〈私生子〉的第三个谈话》，《狄德罗美学论文选》，张冠尧、桂裕芳译，第114页。

深刻地指出：鉴赏不管有多么大的分歧，毕竟还有一种普遍的尺度，人与人在这方面还是显现出基本的一致性，心灵是相通的。鉴赏因此既可以成为呈现个性的手段，又可以成为人与人之间相互交流的手段。

大约在1773年，德国人赫尔德写了一篇关于鉴赏（Geschmack）的文章，他和鲍姆嘉通比较接近的地方在于，他把鉴赏或者审美中所体现出的趣味或倾向理性化了。审美不是作为感性愉悦，而是作为"以感性的方式向理性趋近"，类似于"类理性"——"正是通过审美趣味希腊人接近着理性，而且通过他们的轻松的理性赢得了审美趣味，……在一个民族首先觉醒并且从强大的梦中聚集起来的地方，在那里审美趣味就形成了，而且在它敏锐而正确的判断中形成了思考着最无感性意义的概念的先驱者"[①]。在这种判断中，审美不是作为一种感性活动，而是作为一种前理性活动被看待的，在理性还不成熟之时，它承担着理性的功能。

如果说在鲍姆嘉通的理论中感性（审美）与知性是被结合在一起的，那么在赫尔德的理论中，审美就是和理性结合在一起。究竟三者的分工与限度，以及相互关系是什么？在"感性学"或者"审美"这个词诞生四十年后，康德在1790年写出了《判断力批判》，对审美（感性）的具体机制，鉴赏判断的本质与

---

① 赫尔德：《没落的审美趣味在不同民族那里繁荣的原因》，《赫尔德美学文选》，张玉能译，同济大学出版社，2007年，第103页。

构成，做了学理性的分析，从而奠定了现代人关于"审美"的认识。

无论对康德的鉴赏判断理论做了什么样的创造性解释，有几点是必须坚持的：第一，鉴赏判断是反思判断，不仅仅是经验直观，而判断有其先天机制，是一种智性活动；第二，鉴赏判断作为反思判断，它的本质是一种主体性认识，是"建立在自由概念之上的对象的主观的合目的性"；第三，审美愉悦本质上是一种非功利性、非概念性的精神愉悦；第四，判断先于审美，审美不是一种应激性的官能反应；第五，美感的本质是一种自由感，是诸表象力的和谐；第六，美感，无论是优美还是崇高，包含着对于"善"的追求，以人的完善为目的。遗憾的是，康德的美学在现代派艺术家的理解中只剩下非概念与关乎表象的形式直观。

"审美"在康德的哲学中，得到了飞跃式的提升，它的内涵与意义已经远远超出了"一种愉悦"。或许诗人和修辞学家更早地指出了这一点，但当一个哲学家从先天层面上分析出这一点时，修辞就变成了陈述。"审美"通过康德，从感性愉悦升华为精神的自由与和谐，转化为"纯粹的鉴赏判断"中表象力的自由及知性与想象力的和谐；在"应用的鉴赏判断"中，审美成为纯粹理性、实践理性，表象力与判断力之间的融合，实际上成为纯粹的智性活动。"审美"这个词自此之后，就有了一种别样的文化韵味，一提起"审美"，人们就会想起18世纪赋予它的许多"大词"，进而肃然起敬，而在18世纪之前，一提起"aesthetics"这个词，人们大约会想到"享乐"！或许自进入文明时代起，人类就开始审美了,但把审美上升到崇高的精神生活的主要部分,才代表"审美"这个观念真正的诞生。

无论是维柯与鲍姆嘉通的期许还是康德的分析,审美充其量是一种鉴赏行为,是一种娱乐活动,或许有认识作用,但感性仍然是它的限度;或许有创造之功,但主体就是它的限度。孰料康德之后,德国人继续对"审美"进行价值提升,一方面从人类学的视角,强调审美对于人生的意义;另一方面是从形而上学的角度,讨论审美对于精神的意义。审美的功能在不经意间,从愉悦与享乐转化为"教育",以直观行为比肩于宗教与哲学。显然,人们在19世纪的时候,对审美寄予厚望!尽管19世纪是革命的时代,但我们有理由称之为"审美的世纪",审美主义在这里诞生了。

1795年席勒出版了《审美教育书简》,这些散文式的书信注定在19世纪会大放异彩,因为对于审美来说,席勒的观点简直是福音:如果审美本质是一种娱乐,无论是高级还是低级,总归是一种娱乐,这就是基督教轻视审美的原因;但如果审美能够成为一种教育人、完善人的手段,这就是一次功能上的飞跃。

康德的分析说明了审美有一种认识论上的先天机制,而席勒关于审美的认识,从人类学的角度说明审美是人类的必需,从社会学的角度指出审美是人类完善自我的有效手段。他显然接受了康德关于鉴赏判断是知性与感性相结合的分析,甚至全面承认了理性在审美之中的作用。席勒希望借助审美,人类的感性能够与理性相结合,从而达到情感与理性的相互平衡,进而实现人的完善，这在席勒的理论中变成了"审美"的使命，而且，按席勒的看法，似乎只有审美能实现这个任务。这个观点显然在19世纪被欣然接受了，自19世纪中叶起，艺术（音乐、美术、戏剧）成为民众教育的有机部分，而其理论根源，就是席勒对"审美"的这种理想化的认识。但实际上席勒之后两百年的社会历史还不能证明席勒是对的，而艺术家们在道德上的表现也足以成为这个命题的反证。审美是否真的让人类自身得以完善，人们的态度更多的是"宁信其有"，但总显得根据不足。但是德国人如果不能从现实中得到证据，就会从历史上为自己找论据。他们认定古典时期的希腊人为"理想的人"，而这种"理想的人"的出现得益于审美与艺术在青年教育与成人活动中的重要地位，希腊人在其理论中成为"审美的人"，从而成为完善的人。

这个观点在19世纪和20世纪的德国非常有市场。通过审美与艺术来教育人，从而实现人的完善或者全面发展，这很快出现在马克思的历史观念中（1846年左右的《德意志意识形态》），也出现在瓦格纳的音乐美学中（指瓦格纳1849年左右在苏黎世所写的关于艺术的诸多论文），以及尼采关于"人何以伟大"和作为艺术的强力意志的命题中（《偶像的黄昏》，1888年）。希腊人作为"审美的人"，成为人的理想，而审美或者艺术成为通向理想人的桥梁。一直到1934年伟大的文化史家瓦纳尔·耶格尔撰写《Paideia：希腊文化理想》，德国人始终坚持这一点。

历史可以被建构，但不可被还原，指望着"希腊人"不能证明审美就是人类自我完善之路，这种研究更像是一种期许，而不是还原事实。但这种对于审美的高度期许变成了康德所确立的审美非功利性的补充或者反驳。为此美学史家们不得不借助辩证法把两种观点结合在一起：审美是非功利性与最高功利性的统一。坦率地说，在一个资本主导的时代，"非功利性"就意味着无价值。因而把审美与教育结合在一起，这对于审美来说，是一次飞跃。

审美在19世纪还有一次飞跃：审美被赋予了形而上学意义上的真理性。这本来是一件非常奇怪的事，按照康德那种可以补充但无法辩驳的分析，审美与自由有关，而与真理无关，试图通过审美而达到真理，这在康德看来是不可能的——由于审美具有非概念性，而且审美作为反思判断是主体颁布一般性给个别，因此，"对象的主观的合目的性"（审美）无法认识到"对象的客观的合目的"（真理）。但是理论的发展超乎想象，德国人居然把审美完全形而上学化了。

自在之物和自在之我的对立，这是德国唯心论的出发点。自在之物和作为认识主体的先验自我之间的对立，为德国哲学的发展带来了一个课题，即如何超越这种对立而达到对世界之统一性的认识。这种对立是在观念中发生的，因此哲学家们就努力地在观念领域中去超越这一对立，德国的唯心主义哲学由此产生，先是费希特和谢林，然后是黑格尔，最后是叔本华和尼采。

从谢林开始（指1800年出版的《先验唯心论体系》），这些唯心论（我们在观念论意义上使用这个词）的形而上学家们赋予了"审美"这样一种人类活动以形而上学体系内的功能，并赋予这一活动以理性化的目的。

唯心主义本质上是在经验过程中剖析被经验到的世界，是对被认识到的主体性世界的研究。在这个由认识产生的主体性的世界中，主体是自我决定者，它进行着自由自觉的活动，就这个主体性的世界而言，自我本身，或者说意志，是真正实在的，其他的都是被动的存在。主体及其智性，或者说心灵，是"经验世界"的前提，是知识所依据的基础，是世界的真正的统一性。唯心主义的目的不是解释自然世界，而是要指引与改造生活，是对"行动"的引领与反思，正如费希特所说："你的行动，也只有你的行动，才决定你的价值。"[1]对于行动的强调势必研究行动的主体，因此唯心论是在实践理性和判断力层面上对主体的反思与建构，本质上是对主体，以及主体性世界的研究，而不是对客观世界或者外在自然的研究。

对于唯心论的形而上学家来说，以思辨的方式反思出来的最高统一性，也就是"本体"，应当直接显现出来，从而可以被主体认识。从认识的角度来说，直观是认识活动的起点，因此，对于本体的认识而言，它的前提就是本体可以被直观，因而，如果说康德的哲学是以反思为主旨的哲学，那么康德之后的德国唯心论就是建立在直观之上的，这是诸种客观唯心主义，甚至

---

[1] 费希特:《论学者的使命 人的使命》，梁志学、沈真译，商务印书馆，1997年，第148页。

到20世纪的现象学所具有的共同的原则。这种建立在"直观—行动"立场上的形而上学,对于审美来说,简直是福音,因为审美既是直观,也是行动。

建立在直观原则上的形而上学必须解决这样一个问题:抽象的本体是否可以被直观?从认识论的角度来说,不可以,通过直观不能达到理性的一般性,为了解决这个问题,形而上学家们的办法是让可以被直观的感性形式与可以被反思的理性内容在更高的层面上统一起来,让本体处于可以被直观的状态,也就是让抽象的本体感性化,这样就可以通过感性直观而直达本体。黑格尔把这一"统一"称为"理念"。理念的存在状态有三个层次,第一个是概念,第二个是体现概念的客观存在或个别存在,第三个状态是前两者的统一。这就产生了一个特殊的存在论环节,在这个环节上,"本体"显现出一种感性状态,可以被直观,"观念"可以以感性的形式呈现出来,并且可以被主体以直观的方式把握到,这个环节既是观念(ideal)的一种存在状态(感性状态),也是"物"的存在状态(观念状态)。这个环节被称为"美"。

在这种观念中,"本体"的感性呈现不是被当作有待被超越的过程性状态,而是被当作对象存在的理想状态。这就是谢林所强调的"直观",或者黑格尔所说的精神"现象学"的结果,他们设定,这种融"感性存在"与"观念存在"为一体的"理念",就是"美"(准确地说是"美的艺术"),这贯穿于谢林、黑格尔与叔本华的体系中。因此这种哲学既是对美的本体论的奠基,也是对审美活动的智性化。在这种观念中,暗藏着这样一种审美观:审美首先是一种直观,它的理想的对象是"艺术作品",它的现实的对象是"泛化了的艺术作品"——只要一"物"的存在被视为"形式—内容"的二元结构,这个"物"就可以被泛艺术化。这种直观被具体化为这样一种行为:首先,通过直观形式获得形式愉悦;其次通过对对象形式的直观来获得对象的内容;再次,反思形式与直观之间的关系,以和谐为尺度。这样一来,审美就是形式直观、理智直观与对形式与内容之关系的反思所构成的一个整体。在这样一种审美观中,"审美"这种人类活动被高度智性化甚至神秘化了,按黑格尔的分析,审美既不是知解力的活动,也不是有限意志的对象,而是二者的统一与自由,它成为认识形上本体的一种手段,也成为超越具体对象的有限性或者说被规定性的手段,因为审美实际上是把每一个对象都视为一个独立自足的"理念"来看待的,因此,对一个对象的审美,就是把对象与主体从有限的、规定性的世界里解救出来,哪怕仅仅是一瞬间。黑格尔因此为审美做了一个令其受宠若惊的判断:"审美带有令人解放的性质,它让对象保持它的自由和无限,不把它作为有利于有限需要和意图的工具而起占有欲和加以利用。"[1]

同时,黑格尔与总想和他顶嘴的叔本华都承认,审美是心灵向更纯粹的自由之境,或者纯粹的精神之境挺进的必由之路,

---

[1] 黑格尔:《美学》第一卷,朱光潜译,商务印书馆,1979年,第147页。

是达到"理念"的必由之路，也是心灵从物质世界中解脱出来的手段之一。至此，德国的客观唯心主义者以一种柏拉图式的形而上学，赋予了艺术与审美崇高的地位。

这样一来，无论从社会学——人类学的角度，还是形而上学的角度，审美都被作为一种人自我完善与发展的手段，再晚一些的精神分析论者，甚至把艺术与审美作为窥视与呈现人类心灵隐秘的手段。当19世纪行将结束的时候，审美获得了这样一些总结性的评语：审美令人解放，审美超越欲念，审美令人完善，审美可以救赎心灵，审美可以振奋生命，审美可以升华与净化人，审美可以代替宗教。审美几乎无所不能——这就是现代审美主义的乌托邦。

欧洲人在19世纪建构起来的审美现代性与审美乌托邦在20世纪前叶有非常大的影响，文明的其他部分很快接受了这种"现代性的乌托邦"：约翰·杜威在美国，王国维、蔡元培在中国，森鸥外和西周在日本，都在宣扬着审美教育与审美救赎的观点。随着"美学"这个学科在世界各地的游荡，审美现代性的主要观点深入人心，人们对于艺术的热爱与膜拜也无以复加，然而这种乌托邦和其他乌托邦一起，都在20世纪被敲碎了。

在20世纪，审美活动随着物质生产的日益丰富而普遍化了，博物馆和美术馆的繁荣，艺术的机械复制与现代电子—数字传播技术的发达，使得人们可以随时审美，然而审美主义者所许诺的那种"完善"与"解放"并没有实现，恰恰相反，审美陷入一种深刻的危机之中。

首先，在社会历史的进程中，"审美"证明了它自己仅仅是一种闲暇时的娱乐活动，对于心灵或有抚慰，但于现实鲜能介入，作为教育稍有裨益而已。过去一百五十年艺术与审美确实是在发展演进，但不是它们在推动进步，而是社会进步在推动它们。从这个角度来说，柏拉图指责艺术与审美无关真理，这似乎没说错；基督教，特别是萨伏拉罗拉①这种极端分子，指责审美是享乐与堕落，也有道理；而社会主义者如圣西门，有条件地认为审美是贵族与资产阶级的享乐，或者说帮闲；西方马克思主义者甚至认为以非功利性的精神愉悦为目的的审美是一种资产阶级的幻想，始于欺骗，终于绝望。在理论上建构出的理想状态的"审美"与现实的人的生存与实践活动之间的距离，使得审美主义的诸多信条仅仅是美学课上的几条笔记。希特勒曾是个具有唯美倾向的风景画家，但他显然没有从审美的角度来看待世界，而随处可见的疯狂而道德败坏的艺术家们也没能为审美超越与人的全面发展做出注解，就人的全面发展而言，就人的精神的救赎而言，审美显然被高估了。

其次，关于美感，无论是审美实践还是理论，都开始怀疑静观基础上的美感理论，特别是德国人建立在"自由感"与"和谐感"基础上的美感论。浪漫派的艺术家们想强调诸种激情对于生命的意义；现代派的诗人们看重非理性的想象甚至幻想；弗

---

① 15世纪末意大利的宗教极端分子，曾经短期执政佛罗伦萨，并发动以"反对虚妄"为目的的反艺术运动。

洛伊德关于前期快感的学说，心理学家们关于情动（affect）的学说，后现代思想家关于肉身—身体感动的学说，关于泛感性化的感觉的学说等，都挑战了产生于18世纪的审美观，而20世纪中的尼采主义，更把肉体的快感与强力感上升为审美的应是状态，审美本来是一次超越，结果变成了"欲望"与"强力"的宣泄！——快感实在是太诱惑了，谁还在乎非功利性的精神愉悦？康德所给出的"被阉割的快感"（阿多诺语）是抵挡不住兽性的快感的。19世纪初建构出的圣洁的"审美"，在20世纪初的时候，开始沦落为对兽性的生命状态的体验与传达。心理学对于审美理论的介入，让问题更加复杂了——"欲念"以原动力的姿态被拉到审美中来，它有时候被乔装改扮一下，间接地成为审美的一部分，有时候直接作为快感的本源而成为审美的本质。大多数现代派艺术家都在这条道路上如鱼得水，拉斐尔在蒙克或者埃贡·席勒面前一败涂地，而康德被尼采或者弗洛伊德挤到了幕后。

关于审美自由，康德所剖析出的审美非功利性，以及黑格尔对审美是对知解力与意志的有限性的超越的观点，遭到了审美意识形态化的挑战。在集权社会之中，权力显然能够控制人们的审美，并认为美感与意识形态之间似乎有一种关联，人们的"共通感"与他们的阶级之间，显然也具有某种对应性的关系。在20世纪的丰富而多样的审美与艺术实践中，关于审美非功利，关于审美解放，所有这些在19世纪建立起来的审美理论，要么只能作为一种理论遗迹而接受，要么成为某种理论的铺垫，不得不承认，人类的心灵自19世纪以来发生了重大变化，以至于产生于18世纪的美学理论无法阐释这种心灵所需要的愉悦了。

一百五十年之后，审美从一种洞达真理与许诺创造的认识方式，升华为自由与解放的手段，最终悲剧性地回到原点——成为纯粹意义上的，建立在肉身与感官意义上的"感性"，20世纪后半叶的理论家们转而去强调感性在生命活动与认知中的基础性作用，1945年法国人梅洛-庞蒂出版了《知觉现象学》，知觉的在先性与肉身体验在认识中的本源性被揭示出来；1955年马尔库塞出版了《爱欲与文明》，非压抑性的生存方式成为一种理想——解放了迄今为止一直受到禁忌和压抑的本能需要及其满足。他希望人类文明中的压抑性升华都以"压抑性反升华"的方式，也就是直接满足的方式呈现出来。马尔库塞赋予了"感性"一种革命性的意义，而这种意义只有在"审美"中才能体现出来。为此他建构出了"新感性"。它是"一个不再以市场为中介，不再建立在竞争的剥削或恐惧的基础上的人际关系的天地，需要一种感性，这种感性摆脱了不自由社会的压抑性满足，这种感性受制于只有审美想象力才能组织出的现实所拥有的方式和形式"[①]。这种感性相对于理性对于人的控制，相对于理性对人的本能与欲念的压抑与驯化，是本能与欲念的自由与解放。

马尔库塞关于感性的意义及新感性的思想，显然是席勒与

---

① 马尔库塞：《审美之维》，李小兵译，广西师范大学出版社，2001年，第101页。

弗洛伊德的混合体，但他强调了感性的自由，并且把这种自由视为"自由社会"的量度。如果这种自由如他所愿是在"审美之维"中展开，那也无可厚非，把"欲念"关在"审美"的笼子里，这显然没有背离康德美学所划定的领地。但遗憾的是，"感性"这只野兽是不会反思的，它自己不会给自己设定领地。马尔库塞以审美的名义把它给解放了，但它很快就把审美这条锁链扔到一边。在现实的社会生活中，马尔库塞需要间接地为一场"性解放"运动负责，艺术欣然地把"性"纳入自己的领地，审美也放心地把对欲念的诸种反应纳入"审美"中，这时谁还能想起来，马尔库塞的出发点是康德与席勒的美学。

在近五十年关于审美的流行理论中，关于审美非功利性、审美救赎、审美超越，都被抛到脑后，只有审美的感性学性质、审美非理性与审美自由被美学家们有选择地强调了。18世纪鲍姆嘉通由于赋予了"aesthetic"一词特殊的含义（审美）而创造了一个学科，而20世纪的人却因为回到了aesthetic在鲍氏之前的含义（感性）而沾沾自喜。似乎对"审美"的近两百年的建设，最后以放弃而告终了。在21世纪左右的时候，人们似乎都不好意思使用"审美"这个词了，法国思想家鲍德里亚创造了一个新词——hyperaesthetic（超感性或超审美），人们还普遍使用pan-aestheticization（泛审美），这些术语标志着人们急于从19世纪的审美观中走出去，扩大或泛化审美的内涵，结果他们扔掉了现代审美观中最核心的部分：理性内容的感性呈现与以直观的方式把握理性内涵，以及反思愉悦，而只留下了感性化、形式化、愉悦化。"审美"这个词实际上完全没有必要了，完全可以用"艺术化"这个词来取代。同时，一批受到分析哲学影响的美学家，拿着"语义分析"这把剃刀，令人愕然地对美学的基本术语进行"分析"，结果"审"这个字内涵不定，"美"这个词内涵也不定，所以他们干脆要求取消"审美"。1997 年，德国人韦尔施（Wulfgang Welsh）写下了 Undoing Aesthetics 一书，直译应当是《取消美学》①。在他关于"日常生活审美化"的命题中，包含着工艺美术运动与包豪斯运动的深刻影响，人们已经不是为了精神愉悦而去审美，感性愉悦变成了直接目的：时尚用品生产者，宜家家居或者苹果公司一定会为这种理论喝彩。一种浅表化的感性愉悦在这种理论中大获全胜，美不再是精神的一种境界，而仅仅是商品的一种属性；审美不再是一种思维，不再是精神的解放之途，而仅仅是一次感官与感性的体验之旅。

必须承认这样一个事实：当下关于"审美"的理论实际上已经不能把审美活动与感知活动，欲念满足区分开，或者说人们抛弃了这种区分。这是不是意味着，19 世纪的人所信奉的那种超越性的、非功利性的审美活动是不存在的？或许，什么是"审美"首先不是一个认识论的，而是一个关于我们如何观看我们所处的世界，以及我们的精神追求问题，而后才倒过来追问这种观看方式与精神追求的认识论机制与价值论基础。

鸟瞰"审美"在过去两百多年的变化与历史际遇，我们只能

---

① Wulfgang Welsh. *Undoing Aesthetics*. London: Sage Publication Ltd., 1997.

说，它不是一种原始的或自然的能力，它是一种源自理性的"要求"，一种对观看世界的方式的要求，是理性对感性的要求，理性用自己的方式发现着非理性的价值与意义，它有时候让感性承担一部分自己的任务，有时候让感性站到自己的对立面，从而达到某种只有它才能建构出的"完善"或者"和谐"。如此看来，关于"审美"的研究，首要问题不是"审美是什么"，而是我们的"要求"：关于人类行为的要求，关于人类精神的要求。要求的正当性先于对"审美是什么"的建构。那么，我们的时代要求什么呢？

在审美领域，我们时代的境遇是这样的：审美完全被浅表化了，它和感官的诸种应激性反应杂糅在一起，以至于人们实际上弄不清楚什么是美感，什么是感官刺激；审美的反思性没有被强调，但非理性的感受性、知觉、体验、诸种非理性能力在审美中的作用被强化了。对象的质料、质料所引起的质感，这种生命感受成了审美的对象，这是对传统理性主义美学观的反叛，也是形式主义美学观的极端化，连形式自身都被超越了，本无精神性的质料成为艺术表现的对象，质感、材料自身的性质，甚至一切感觉因素，都成为审美的对象。各种官能的作用在审美中都被肯定了，欣赏的过程不再仅仅是视听直观的过程，而是触摸、嗅觉、味觉等综合因素的结果，视听文化被一种官能综合的文化所取代。4D电影、综合绘画、质料化的雕塑、嗅觉与味觉设计……静观式的审美让位于感知性的体验，审美距离被身体感受所填充，建立在视觉与听觉之上的感性学，被建立在综合的官能感知之上的感性学所取代，感性学的领地被放大了。

在这种境遇中包含着一种极端的矛盾状态：一方面是审美以牺牲"美"为代价走向社会的对立面，采取反思性的批判与对抗立场；另一方面，审美以极端的审美主义为自己的目的，将形式自身的执着与康德主义的"绝对美"结合在一起。在各门艺术中，都去追求由于摆脱了内容而绝对化了的形式感，这种形式感的诉求与审美关于内容的执着，关于真理的追求，关于社会价值理想之间有一种鸿沟相隔之感。这种形式化以一种抽象化的形态出现，一切具体的和经验性的内涵都被抽象化为一种形式，而这些形式要么有其视觉经验中的特殊性，要么被赋予某种"意味"，成为"有意味的形式"。这种观念极端化的结果是：质料自身成为艺术家们玩味的对象和表现的对象，精神性的内涵和形式化的图像最终被抽取掉，剩下质料自身的质感。

这种境遇令人失望之处在于，晚期资本主义文化逻辑控制下的大众文化生产虽然把艺术与审美普及到生活的各个层面，却放弃了审美对于现实的超越性和指引性，而把单纯的娱乐、迎合，甚至刺激与审美混淆了。19世纪赋予"审美"的灵韵消失了，"审美"的价值已经被剥夺了，它的真理性、它与善的融合、它的理想性都已褪去了，或者被遗忘了。这是一个审美被剥夺特权与灵韵的时代：disenfranchisement of aesthetic！——当代美学家阿瑟·丹托有一本书叫作 *The Philosophical Disenfranchisement of Art*，书名直译叫"褫夺艺术之特权"，但它被不恰当地译为《艺术的终结》，"disenfranchisement"这个非常生僻的词本意是"公民权的褫夺"或者"特权的褫夺","disenfranchisement"这个词用在当代的审美上,太恰当了。

但这不是审美所应是的状态。在人们的语言中,在现代文明的体制中,"美"与"审美"这样的词依然具有某种神圣性,人们依然由于一种精神追求的存在而对这两个词充满敬意。审美是属于人们心灵中哲学和德行所在的崇高部分呢?还是和感官快感、兽欲一起是骚动于心灵中的卑俗部分?这本身是个古典时代的问题,自文艺复兴以来人们就认为它属于前者,这就是人们珍视它的原因。但自20世纪开始,人们认为这种崇高与卑俗的二元区分是不对的,二者都属于人性,是平等的,因而当当代美学家们把审美与感官快感和欲念结合在一起时,他们显然就是为了反对近代人所做的崇高与卑俗的二元区分,审美用自己的沉沦,来见证人性的多元化。然而,牺牲审美的超越性,是不是值得?

自弗洛伊德与马克思之后,功利性的生活与欲念对于人生的意义,已经无须多言,而在这个商业社会与消费主义主导的社会中,真正的问题是,精神将于何处得到慰藉与解脱?时代心灵的苦闷仍然是灵与肉的对立,是理性与感性的分裂,是自由个体与他的社会性之间的冲突,是功利的生活和机械化的生活与人们关于自由的诉求之间的冲突,是虚拟世界的"虚拟自由"与真实世界的"真实的不自由"之间的冲突。在宗教逐步退场之后,人类需要其他的活动方式对这种冲突进行抚慰,因此"审美"被寄予厚望。"审美"不是一种先天的原始的能力,而是一种被理性设定的观看世界的方式,"审美"这个词意味着"应当这样去看这个世界"。自18世纪以来的审美史是对"这样"一词的注解,而"应当",则是由审美的价值属性决定的。正如审美从一诞生就被赋予了某种价值,或者说它是为了某种价值理想才被设定出来,21世纪的"审美"仍然是为了某种价值理想而被设定的人类活动,这种价值理想虽然在变化,但仍然存在。

20世纪的美学家们没有把精神愉悦放在"审美"的核心目的的位置上,官能刺激、欲望满足、感性快适都以各种各样的理由被置入"审美"之中,精神被还原为肉体的一种状态,生命被理解为诸种本能活动,现实的功利主义原则取代了形而上学的超越性维度,人类精神的独立性、自由与非功利性被一种建立在物质满足之上的幸福与快适所取代,这从根本上挖掉了近代以来的人类审美精神的根基。必须坚持这一点:在所有的人类行为的领域中,只有审美才可能不"物于物",不"囿于利",尽管这种自由或许仅仅是短暂的幻象,但它可以作为一种精神追求而指引或者抚慰心灵,人类正是因为需要这样一种超越性的精神愉悦,才会设定"审美"这样一种活动来,这种活动"应当"是这样一种状态:在自由自在中,目遇形下之器,心会形上之道,于细小处见卓异,于点滴中现深情。这是我们在关于"审美"的诸种意见中应当坚持的观念,也是"审美"在历史的长河中永恒不变的方向。基于这样一种信念与坚持,本书要对18世纪后期诞生的"审美"观进行一个总体性的概括与撷要,这种审美观自20世纪初期被引进到中国后,对现代中国人的审美与艺术产生了深远的影响，当代中国的审美与艺术，正是在这条审美现代性的路上前进的。

但"撷要"并不是本书的目的，本书的名称为"审美进阶"，书名包含着这样一种设想：阅读本书，一方面读者的美学的理论知识得以进阶；另一方面，读者的审美能力也能够进阶。真正意义上的美学能够通过对审美经验的理论化分析和把具体经验与理论相结合，丰富读者的审美经验，令读者理解被他人纳入"审美"的诸种经验，让诸种关于"审美"的理念充满读者的头脑，进而让读者在面对具体的审美对象时，能够自由选择自己的立场，自由选择对对象的观看方式或感知方式，自由选择对象令人觉得愉悦（或者美）的地方，从而自主进行对对象的审美——自由审美。这里所说的"自主"的意思是凭自身的审美能力，而不是他人的引导或阐释，发现对象之美，确证对象之美，欣赏对象之美，言说对象之美，在审美对象面前进行自信的判断并获得自由愉悦。——这意味着，本书的终极使命是"对审美之启蒙"，是打开读者的审美之眼，使之敢于审美，能够审美。

第一章
审美的特征与定义

费孝通先生有一个广为流传的关于"美"的偈语：各美其美，美人之美，美美与共，天下大同。[①] 这个偈语深为文化的多元论者所爱，特别是"各美其美"，但美美"与共"是怎么"与共"的？不同时代的人与不同民族的人用"美"这个词所指称的存在者，是不是具有某种统一性？肯定是有的，因为如果没有，为什么会有"美"这个普遍观念？这说明总有一种普遍性的特征或者统一性，是可以用各民族语言中的"美"一词来指称的，审美有其普遍本质，美的事物有其普遍特征。

第一节 现代审美观的两块基石：
审美非功利性与自由愉悦

"审美"（aesthetic）是产生于18世纪欧洲文化中的一个观

[①] 费孝通：《反思·对话·文化自觉》，《北京大学学报（哲学社会科学版）》1997年第3期。

念，这个观念在19世纪末期传遍世界，它的产生建立在两块基石之上：非功利性与自由愉悦。

"非功利性"这个概念，是18世纪的哲学家们在讨论道德问题时产生的。这个观念认为，我们的道德行为，没有现实的目的，它不交换什么，也没有其他的目的。人们行善，仅仅因为行善是人类精神的需要，无论善行能否带来令人欣慰的结果，都无碍于人的行善，因为善就是目的，除此之外别无目的。这个思想在18世纪初进入了美学之中，人们意识到，审美行为同样具有一种非功利性，它首先不是以某种物欲，或者欲念的满足为目的的，也不同于道德观念或道德观念的满足，也不是一种通过知性与理性的认知而获得的愉悦。这种愉悦不依赖于欲望的满足或"功利目的"的实现，因此有别于"爱"与"满意"之类的情感。

18世纪的美学家们还发现，审美的愉悦与其他感官反应一样是即时发生的，即无须以"观念"为中介，无须某种"有用性"的实现，而是像感官反应一样，愉悦本身随附于直观体验之中，比如在普通的知觉实例中对颜色或香味的体验，在美的体验中对"多样统一"或"和谐"的即刻感知等，因此它不同于道德判断，因为道德判断是借助于概念而进行的判断，不是即刻直观的。

真正从理论上确立起审美非功利性的是18世纪的德国哲学家康德，在1790年出版的《判断力批判》一书中提出了一种关于审美的新的认识，这种认识可以概括为：审美是这样一个过程——直观一个对象，而后借助先天的感性、想象力与知性能力

（他将三者称为"表象力"），获得对象的表象，在形成表象时，一旦人的诸表象力处在一种自由游戏的和谐状态，就会产生一种自由感，这种自由感是"内心状态的普遍能传达性"[①]，它就是审美判断作为合目的性判断的"目的"，而我们可以通过反思判断力判断出这种自由感，由此就会产生愉悦，这种对象因此就可以被判定为"美的"。

这个普遍能传达的内心状态，"无非是在想像力和知性的自由游戏中的内心状态"[②]，诸表象能力的自由游戏，也就是自由感，是鉴赏判断的普遍性的基础，是判断的结果和鉴赏判断之所以带来愉悦的原因。按照这个理论，我们对对象的表象进行判断，判断出内在于表象的具有自由感的内心状态，从而获得愉悦，而"这种愉悦我们是和我们称之为美的那个对象的表象结合着的"[③]。——这就是审美判断的实质。

在这个观念中，由于对对象的审美判断只关乎对象的表象，而无关乎对象的实存，因此，审美这个行为是非功利性的，康德对此有具体的推论过程。他得出了四个结论：

其一，"鉴赏是通过不带任何利害的愉悦或不悦而对一个对象或一个表象方式作评判的能力。一个这样的愉悦的对象就叫作美"[④]。

[①] 康德:《判断力批判》，邓晓芒译，杨祖陶校，人民出版社，2002 年，第 52 页。
[②] 同上，第 53 页。
[③] 同上。
[④] 同上，第 45 页。

其二,"凡是那没有概念而普遍令人喜欢的东西就是美的"[①]。

其三,"美是一个对象的合目的性形式,如果这形式是没有一个目的的表象而在对象身上被知觉到的话"。

其四,"美是那没有概念而被认作一个必然愉悦的对象的东西"。

这四个结论第一个是核心,表述了这样一种审美观:直观一个对象,通过诸表象力而获得对象的表象,然后反思这个表象中所包含的自由愉悦。在这个过程中,由于与对象的实存无关,因此不可能满足人的欲念,因为欲念的满足总是由对对象的占有与消费而产生的;由于只是用一种愉悦的内心状态来评判对象,因此观念性的因素不介入,理性也不介入,因此与价值观念无关;虽然"美"是一个对象的合目的性的形式,但这一目的是潜在的,或者说看上去是自然而然的或者自由的,因此与知性可以判断出的合目的性的法则和规律无关。——无关乎实存,又无关乎观念,还无关乎规律与法则,只是有一种内心状态对对象进行评判,这就构成了审美非功利性的核心内涵。

在审美非功利性这一观念的基础上,产生了现代审美观的标志——自由愉悦。

实践中如何判断一次感知活动是审美活动?这个活动有没有一个明显的标志?有。就中西方人在历史上流传下来的审美经验、美学理论,以及当下人的审美经验来看,这个标志应当是

---

① 康德:《判断力批判》,邓晓芒译,杨祖陶校,第54页。

自由愉悦。审美活动可以带给人一种愉悦，这种愉悦不同于欲念满足，不同于道德情感的满足，也不同于合目的性判断的实现，这种愉悦最显著的标志是，我们不知道对象是什么，对象也不属于我们，但我们觉得它好看、好听，从而产生一种愉悦。这种愉悦在生活中经常闪现，是我们最基本的审美经验，在这个经验里，由于不知道对象是什么，所以这种审美不是一种认知行为；由于不知道对象意味着什么，有什么用，因此我们的功利判断不介入；由于不占有对象的实存，价值评判也不启动，所以这种审美行为，是非功利性的，是无目的的，这种愉悦在18世纪得到了命名：自由愉悦——free pleasure。在中国古代人的精神生活中，与之相似的一个概念是"清乐"。这种自由愉悦是一切审美活动的标志！一切人类活动中，只要包含着这种自由愉悦，就可以纳入一个广义的"审美活动"之中。

第二节　审美行为的基本过程与审美的定义

审美有一个显著的特征：它是从感性直观活动，甚至感性感知活动开始的。感性直观意味着，审美在其起点处，是感官感知活动，它一定是通过视觉与听觉对对象进行感知而展开的。在某些民族的文化中，嗅觉、味觉和触觉的感知也可以介入这一过程，如果这些感官感知也能带来自由愉悦的话。审美的感性直观性使它不同于人类的理论活动，它不是通过测量、分析、逻辑推论、公式计算等方式展开的，它从感性直观开始，并且一直不离开直观状态。

审美还有第二个特征：审美既像是一种感觉活动，又像是一种判断活动，在某些审美活动中还像是一种体验活动。如果是感觉，那么审美就会是一种感性的、直接的、无关概念的、本能式的反应；如果是一种判断，那么审美就是一种理性认知活动，包含着对于意义与价值的认识与评判；如果是体验活动，那么就是一种建立在情感感动基础上的身心活动。在审美究竟是感觉还是判断这个问题上，美学家们历来游移不定。感觉是通过感官获得的反应，而判断是通过理性获得的认识。在感觉与判断之间的摇摆，说明人们对审美行为的性质，摇摆在感性感知与理性判断之间，并形成了不同的立场，但总体来说，审美既能感知到生活的鲜活生动，又能感悟到万物的意义与价值，感觉与判断在审美中是结合在一起的。同时，19世纪以来人们还相信审美是一种情感体验活动。理论上的这种复杂性，是由人类审美经验的复杂性造成的，在具体的审美经验中，感知、体验与反思总是交织在一起的，因而可称为交感反思，可以说，审美是一种感知、体验与反思相结合的交感反思判断。

基于以上特征，可以对审美做这样一个大致的界定：以感性感知为起点，以交感反思判断为过程，以非功利性的精神愉悦（自由愉悦）为终点的人类认知活动，都可以被笼统地称为"审美"。这个过程可以做这样一个框架式的描述：

第一步，首先对对象进行感官感知，在感知中要么展开对对象的静照①，即以平静的和玄默沉思的内心状态对对象进行认知与反思；要么产生身心感动，进而获得情动感受。

第二步，感官感知一方面可以获得感觉与感受，但另一方面，它可以引发体验与情感感动。

第三步，对感官感知所获得的身心反应进行反思，获得反思愉悦。

综合以上，审美可以被初步描述为这样一个过程：感官感知—情感体验—反思判断三者的既并列又交融的过程。

从性质上说，审美是一种肯定式的、交流性的、以愉悦为目的的感知世界的方式。审美是通过全部感性能力对对象进行感知、直观，并以生命体验为基础，通过交感反思获得反思愉悦的过程。审美是一种在经验与教化中习得的综合能力。

关于肯定性的感知。批评不是审美，否定不是审美。当我们说"请欣赏一个对象"，或者说"请对一个对象进行审美"时，我们想要说的是，请寻找对象中令你喜悦、令你赞叹、令你认同的地方，即以肯定的眼光来看待世界。这不仅仅是你的喜好与趣味的表达，而且是你以自己的方式，肯定了对象的某些性质或某种状态。你的肯定，是你的宽容、超越与乐观的表现。在这个肯定之眼的直观之下，"邋遢"会成为"放旷"，"简陋"会成

---

① 指 contemplation，通常译为静观，笔者认为应当译为静照，其原因以及这个词与审美的关系，见刘旭光：《作为静照（contemplation）的"审美"》，《复旦学报（社会科学版）》2021 年第 4 期。

为"拙朴","偶得"会成为"自然"……审美首先是一种态度，它代表着宽容、理解、鼓励与爱。审美不能代替批评，正如批评也不能代替审美，以审美的态度看待世界与其他方式的根本差异就在于它是肯定性的。《礼记·中庸》说："诚者，非自成己而已也，所以成物也。成己，仁也；成物，知也。性之德也，合内外之道也，故时措之宜也。"① 审美中的愉悦不仅仅在于"成己"，还在于"成物"，是对物的存在的肯定。审美不是为了区分美丑，而是在对象处寻求你认为值得肯定和令人愉悦的地方，即便找不到，也不意味着对对象的否定。

关于审美是交流性的。在审美活动中，当我们说一物很美的时候，我们是在表达自己的情感倾向，还是在表达自己判断的结果？如果仅仅是倾向，那审美就是自我表现，是表达自己的趣味、倾向、爱好的手段，也就会成为对人进行区分的手段。人们会以在哪些对象处能获得美感而作为区分人的"等级"的手段，比如高雅的、文明的人与粗俗的、低级的人。审美确实和趣味纠缠在一起，但是审美有超越于趣味之处。

"这东西很有趣"和"这东西很美"，这两个语句在日常语言中意味不同。前者不要求别人认同，而后者更像是一个确定性判断，暗含着这一判断的结果是具有普遍性的。所以在康德的美学中，第一次从普遍性的角度把审美和趣味做了一个区分：审美要求着普遍性，是一种普遍的愉悦。"凡是那没有概念而普

---

① 《礼记译解》，王文锦译解，中华书局，2001 年，第 791 页。

遍令人喜欢的东西就是美的"①，这就意味着当我们对一个对象进行审美时，具有共鸣性的愉悦才是真正意义上的审美愉悦，或者说，审美就是在对象处寻求可以引起共鸣的愉悦。对象可以以其某种性质上的奇特而引起我们的关注，但新奇感不是美感，一物"怪"，并不是一物"美"，新奇感要转化为美感，就需要让新奇感建立在美感上，而这一美感必须是普遍愉悦。审美的独特性就在于，人们在审美的时候预先有一个对于美感或者说愉悦的预期，这个预期在理论上的表达是"共通感"这个概念，这种共通感是文化熏陶的结果，也是民族性的与时代性的。在审美的时候，人们是在寻求共通的东西，是在"交流"。

关于审美是以全部感性能力对对象的感知与直观。通常认为只有眼睛和耳朵才能审美，因为只有眼睛和耳朵才能进行对对象的非功利性的直观。这个观念中国人不同意，现代西方人也不会同意。强调审美的非功利性就必须把审美与感官享受区分开来，但这种区分的狭隘在于，审美的目的是非功利性的愉悦，但达到非功利性的愉悦并不意味着我们不和对象的实存打交道。在现代人的物质生活中，人们能够通过感官对对象的"品鉴"，获得一种超越于感官满足的快感，这种快感有点像"自由愉悦"，比如对饮食，对服装的材质，对茶、酒、咖啡，对诸种水果，对花香和诸种芳香物质的品鉴，这种品鉴活动在当代获得了一种"类审美"的性质。在这一点上恰恰又体现着中

---

① 康德:《判断力批判》，邓晓芒译，杨祖陶校，第54页。

国人在审美上的民族性：由于鉴赏的过程与"品味"的过程有一种相似性，因此在中国人的审美理论中，经常从味觉感受的角度来表达审美体验，余味、滋味、禅味、味外味、妙味、玩味等术语经常成为中国人表达审美感受的术语，把审美的过程与味觉感知的过程结合在一起，构成了中国文化在审美上的特殊性或者说民族性。感官感受审美化的原因在于，在漫长的历史与现代社会生活的熔铸之下，我们的感官实际上发展出了"审美感觉"。由于我们的感官在这种审美感觉中获得了一种"反思性"，或者说，是对感官感觉的反思，所以我们可在感觉的变化中获得愉悦，在感觉所获得的"新奇"中获得愉悦，以及在感觉到某种"一般性"时会获得愉悦，"感觉"由于承载着我们的记忆与情感，因此实际上包含在我们的审美之中，这是传统的美学理论所欠缺的，也是我们现代人的实际审美经验的具体组成部分。承认诸种感官在审美之中的作用，把"感觉"上升为审美能力的一个组成部分，就意味着审美不但是对情感与精神的引领，还是对感觉的熏陶与塑造，对"审美感觉"的培育，是美育的基础，也是日常生活审美化的意义与价值所在。同时，对感知的强调，还在于只有在感知之中，我们才能实现对对象的肯定。

关于审美以生命体验为基础。在具体的审美经验中，我们经常会发现，审美的过程是和情感体验、激动、浮想联翩、心理感动，甚至心理与生理性的刺激结合在一起的。在中国人的传统审美中，这种体验、想象和感动尤其明显，比如《红楼梦》中描述黛玉听曲的心理过程，就非常生动地说明了中国人的审美过程：

> ……黛玉便知是那十二个女孩子演习戏文。虽未留心去听，偶然两句吹到耳朵内，明明白白一字不落道："原来是姹紫嫣红开遍，似这般，都付与断井颓垣……"黛玉听了，倒也十分感慨缠绵，便止步侧耳细听，又唱道是："良辰美景奈何天，赏心乐事谁家院……"听了这两句，不觉点头自叹，心下自思："原来戏上也有好文章，可惜世人只知看戏，未必能领略其中的趣味。"想毕，又后悔不该胡思乱想，耽误了听曲子。再听时，恰唱道："只为你如花美眷，似水流年……"黛玉听了这两句，不觉心动神摇。又听道："你在幽闺自怜……"等句，越发如醉如痴，站立不住，便一蹲身坐在一块山子石上，细嚼"如花美眷，似水流年"八个字的滋味。忽又想起前日见古人诗中，有"水流花谢两无情"之句；再词中又有"流水落花春去也，天上人间"之句；又兼方才所见《西厢记》中"花落水流红，闲愁万种"之句；都一时想起来，凑聚在一处。仔细忖度，不觉心痛神驰，眼中落泪。①

在这个过程中，先是"听"，而后是"自思自叹"，再然后是"心动神摇"，最后是"心痛神驰，眼中落泪"，这个过程，既是

---

① 曹雪芹：《红楼梦》上册，人民文学出版社，2000年，第244—245页。

审美的过程，也是美感体验的过程。审美是离不开体验的，因为情感不能被"理解"，只能被"体验"①。体验是我们交流情感的最主要的方式，在体验中，我们投入一个具体的情境中，既感受对象，也感受整个氛围，然后任由身体与心灵产生属于自己的反应，这种反应由于是自由的，是完全属于审美者个人的，因而是最真切的、最具体的。

在体验中，我们把对象，无论是有机物还是无机物，想象为一个生命体，想象为一个包含诸种情感可能的交流的对象，似乎在对象（无论是有机物还是无机物）与体验者之间，有一种感应式的关系。这种关系可以体会，不可言传，对象总会以某种方式触动我们的心弦，或许直接，或许婉转，或许浓烈，或许隐约，只要允许心灵自由地感受对象，这个世界就一定会在我们的心湖中留下涟漪，这是情感产生的一种方式。在体验中，我们会真切地感知到对象的存在，感性不会说谎，它会诚实地对对象做出属于自己的反应。关于对象"是什么"这样一个问题，理性和科学会给出一个确定的、具有普遍性的答案，但一定是冷冰冰的；但每一个具体的认识者，除此之外还会有一种完全个人化的感知，"如人饮水，冷暖自知"，这种感知最直接、最真实，同时也是真正属于感知者自己的，既求真切，也直指心意。在体

---

① "体验"一词在现代哲学与美学中的意义丰富，在不同民族的语境中意义也不同，它的具体内涵和其作为审美的一个环节的意义，其详细的梳理、概括与建构，见刘旭光：《论体验：一个美学概念在中西汇通中的生成》，《复旦学报（社会科学版）》2017年第3期。

验这样一种认识活动中,情感与理性是结合在一起的。因而当我们在体验一物时,我们既在认知着对象,也在感受着对象,我们既求其"所是",又允许心灵对它做出属于自己的情感反应。这个状态,在现代人的审美实践中是普遍状态。

另外,在体验中,还有一个奇妙的现象,那就是想象力的活跃。想象力是人的一种先天的感性能力,但对于每一个人有强弱之别。想象力的责任是把我们的诸种感性认识统合起来,它体现为把一个不在场的对象在直观中表象出来。想象力也负责把我们的对对象的感性认识与对它的知性的、概念性的认识结合起来。通过感性,我们认识到的世界是无数感觉的碎片,想象力把它们统合为一个整体性的表象,然后为这个表象与某个概念性的规定结合起来,从而形成我们对对象的"经验认识"。在面对自然之景时,比如黄山的山峰与云海,我们常常会陷入这样一种状态:我们直观山与云,觉得它们一会儿像野马,一会儿如尘埃,一会儿如传说中的神灵,一会儿如尘世的少女,风起云散时,心情起浮,物象百转,风情万种。而神定之后,山仍然是山,云只是云。这一切如在眼前的幻象,实际上是我们的想象力在欺骗着我们,或者说,是想象力带着我们神游天地之间。

观赏或者聆听一件艺术作品时,我们常常会思绪万千,神游八荒。我们的人生经验、我们的梦想、我们最渴望的那些景象与情感、我们记忆深处的那些"美好",会被不知不觉地带上心头,在体验之中,我们不是放空自己的胸怀与心灵,而是任由想象力填充它——"若有所思而无所思,以受万物之备",在那个属于想象力的瞬间,可谓思接千载,视通万里,吐纳珠玉之声,卷舒风云之色,古人谓之"神与物游"。这个时候,审美就是一次"神游"。

关于审美是通过交感反思获得的反思愉悦。虽然我们可以欣赏我们不知道是什么的东西,这的确是审美的特殊性之一,但如果我们不知道对象是什么,那么我们对对象的欣赏,就只能停留在形式的层面,而无法对其意义、价值与包含在其中的人类的精神寄托与创造力进行欣赏,仅仅说对象"好看"或者"好听",这只是感官的反应,但如果要说对象"美",就还包含着意义与价值上的肯定。这就需要"判断",我们对于梅花的欣赏,不仅仅是它的形式美,而且还因为它所包含的精神理念;我们对于一张画的欣赏,除了形式美的直观,还会去追问它在表现什么。虽然现代美学在其奠基之时把审美确立为非概念性的,虽然后现代的审美观念把审美定位为"感觉感受",但审美中的确包含着意义与价值的判断。这种判断叫"反思判断"。

在审美的过程中,除了通过感性直观获得的形式愉悦,还有两种愉悦可以纳入审美愉悦中。一种是有点像"赞许"的知性愉悦或认知愉悦。审美本身是一种认识行为,所有的"认识"都不只是"物"与"我"之间的关系,而是"我""认识对象"与这个对象"应当是的那个东西"三者间的关系,这要求我们对三者都有认识,才可以完成一次"认识",而这个认识的过程,当然包含着对三者关系的判断。有时候是同一判断,有时候是差异判断,有时候是价值判断,在这一系列的判断中,我们对"物"、对"我"、对"物"与"我"的关系终会有明晰的认识,而这种认识的明晰性,会产生情感上的愉悦。这种愉悦不同于直观愉悦,也不同于情感体验所带来的宣泄式的愉悦,而是主体的自我肯定或者说"赞许"和对对象的"赞许"。在一团乱麻中理出头绪,把难解之物化为一个简明的公式,把一个复杂事件进行明晰化的表述,把一个多块面的构成物简洁地呈现为一个整体,这都会带来一种自我肯定式的愉悦。判断和认识的目的是准确性或正确性,但这从经验上说,的确能带来精神上的愉悦,如果我们能辨识或判断出对象自身呈现出的某种明晰性,比如对称、平衡、多样统一、简洁、鲜明、准确等等。这种愉悦是知性的满足,是主体的自我肯定,是源自"判断"的赞许。这种赞许在审美中经常发生,甚至会成为一种文化的倾向或者一种美学追求,应当说,这种判断是审美的一个方面。法国人的审美、古典主义的审美观以及中国的古典建筑,就非常注重这种"明晰"。

还有一种愉悦——反思愉悦。当理性反思出某个对象或事件中所包含的某种意蕴——可能是一种价值,或者是一个信念,也可能是某个理想,甚至可能是某种情感状态——之时,心灵会产生一种自我慰藉、一种自我肯定,"会于心"而"发乎情":有时如"拈花微笑",有时慨叹如苏子而喜清风明月,有时释然如陶潜而好桃源东菊,有时顿悟如阳明,有时欣然如庄周,有时乐如孔、颜，有时慨叹如李、杜、子昂。在这样一种审美经验中，审美作为反思判断，需要在个别之物中发现某种意义与价值，或者某种精神性的内涵，也可以说是某种"理念"，这种精神性的内涵或者理念（康德称之为"审美理念"），是不能通过直观或体验而被认识到的，只能通过反思判断。反思判断不仅仅让我们获得对象所包含的意义与价值，这当然是它的目的，反思判断之所以可以被纳入审美，是因为在反思判断之后，会带来愉悦，就是我们上面所说的诸种精神性的愉悦。这种愉悦康德称之为"反思愉悦"，本质上是在反思判断这种"主观的合目的性判断"之中，主体的自由感和主体的自我肯定。这种愉悦是普遍的，中国古人的审美中也包含着这种愉悦，在中国人的审美传统中，比如"仁者乐山，智者乐水""林泉之致""山水以形媚道""澄怀观道"等理论中，都具有感悟与反思的性质，让中国人心灵愉悦的，不仅仅是对象自身，还是对象所包含、所象征、所开启着的"道"与"意"的反思。每一个民族都有自己的精神愉悦之处，每一种文化都会去营造某种心灵归宿之地，这种愉悦被他们的形而上学决定着，是他们的文化的共同心理，这种愉悦只能通过反思获得。

审美包含着情感反应的经验认识，但这种认识不足以判断出对象的"意义"与"价值"，通过这种认识获得的愉悦，也主要是浅层次的感性愉悦。但"审美"是一种高级的精神活动，精神愉悦才是它的主要目的，因此审美过程的真正完成，是反思愉悦的获得。

审美是一种肯定性地观看世界的方式。"审美"这个词就意味着——"应当这样去看这个世界"。而一个时代的"应当",作为反思判断中的"目的",则是由理性,以及一个时代的时代精神所设定的。人类审美的历史可以证明,审美一直是与价值理想相关的,而不仅仅是感官愉悦。在审美领域中,必须坚持这样一个原则:判断永远统领着直观,否则意义无从发生。但是,审美的特殊性在于,它对对象的反思判断并不是单靠理性和判断力就能完成的,对对象的感知与体验渗透在这种反思判断之中,它们既是反思判断的对象,也是反思判断的一部分。在审美时,对象和主体之间总以某种交互感知的关系为前提,审美不是单纯的逻辑判断,它是"感悟",是建立在感官感受与情感体验之上的对意义与价值的反思,是"悟"。审美本质上是交感反思,是通过交感反思获得反思愉悦的过程。

在具体的审美实践中我们经常会遇到这样的问题:你会不会"审美"?审美的确是一种能力,这种能力是不是人人都具有?要回答这个问题,就首先要说明,审美是一种纯粹的先天能力,还是一种在经验中习得的能力。在这个问题上,修辞学家们强调审美是一种习得的综合能力,但18世纪的哲学家们强调审美是一种先天的综合能力,并执着于分析出作为一种先天能力的"审美",或者说"纯粹审美"。康德最终把鉴赏判断上升为一种"先天综合判断",上升为一种人类的先天能力,因此,在他们看来根本不存在会不会审美的问题,审美,或者说鉴赏判断是一种人类学意义上的"属人的能力"。这就意味着,我们只需要"应用"审美能力，而无须"获得"审美能力。

在中国的文化传统中，审美能力首先要确立一种心灵的状态作为目的或者保证，比如说"林泉之心""吾与点"的情致，但更多的是一种综合能力，刘勰所说的"积学以储宝，酌理以富才"，或者如王夫之的"现量说"、叶燮所倡导的"才、胆、识、力"说等，都强调修养、学习、情致和阅历对于审美的意义。

在当代文化中，对于某种先天能力的敏感，比如对声音的敏感、对色彩的敏感，会被上升到审美能力的高度，这可以接受，某种天才能力确实存在。也就是某种官能上的敏感或想象力、创造力的丰沛。但是，必须强调，审美是在教化中，在文化的熏染中，在人生的历练中习得的能力，这种能力有先天基础，但这种先天能力必须会被应用，同时，只有通过经验性的习得和训练，才能获得审美这种实践能力。

审美是一种建立在反思判断上的综合能力。按我们对审美的机制的研究，它需要感性直观能力，需要对形式敏感和形式创造力；它也需要情感感受力，需要体验能力，需要想象力，这都是需要在人生实践中习得与强化的能力；它还需要反思判断力，这种能力有其先天性，但这种能力的应用需要训练，需要在实践中强化与深化。而审美作为对于意义与价值的反思，当然需要对于意义与价值的领会与判断，这是教育的结果，是通过世界观与人生观的塑造而获得的。这就意味着，作为一种习得的综合能力，确实有人不会审美，但可以通过教育与熏陶获得这种能力。这是一切审美教育的理论与实践得以成立的前提。

审美的习得性和综合性意味着：审美需要感官感受能力，需要情感体验与想象力，需要反思判断力，也需要人生观与世界观的提升。因此，对于一位审美者而言，一次成功的审美和审美愉悦的获得，首先会强化他的感官感受力，让他对形式美、形式的特殊性产生敏感，也可以推动他的感性趋向智性化。[1]其次，既然审美需要情感体验能力和想象力才能完成，那么也可以反向推论——审美是对体验能力与想象力的训练，或者说审美发展着我们的情感体验能力和想象力。再次，既然审美是反思愉悦，那审美实际上是对我们的反思判断力的训练与提升，也是对我们的"品位"的提升，即心灵的自由程度的提升。这就使得审美可以承担一种具体的教化功能——审美作为肯定性与交流性的感知活动，可以塑造我们开放而乐观的人格，可以推动人类的交往与协作，这一点在中国文化所坚持的"兴、观、群、怨"的审美传统中，在所谓"潜德懿行、孝友仁施"[2]的效果中，在"游于艺"与"成于乐"的人生理想中，有深刻的体现。正是这种效果与目的，使得审美从一种愉悦的方式，自19世纪以来上升为一种教育的手段、救赎的方式与感

---

[1] 对感性的智性化的分析，以及其对于审美的意义和生活的意义，见刘旭光：《作为理论家的"感性"：对感性的"智化"历程的追踪》，《社会科学》2016年第2期。

[2] 郭熙编：《林泉高致》，中华书局，2010年，第3页。

知真理的方式，正是在这一点上建立起了现代人关于"审美教育"的理想。

本章总结：审美的基石是非功利性与自由愉悦两个观念；审美是感官感知—情感体验—反思判断三者的既并列又交融的过程；审美是一种肯定式的、交流性的、以愉悦为目的的感知世界的方式；审美是通过全部感性能力对对象进行感知、直观，并以生命体验为基础，通过交感反思获得反思愉悦的过程；从来源来说，审美是一种可习得的社会性的能力。

第二章
"审美"的问题域

　　审美这个行为可以还原为这样一个事实：一个"主体"（审美者）通过一个"行为"来观照一个"对象"（审美对象），并且获得了一种"愉悦"。至于什么样的主体，什么样的行为，以及什么样的对象，什么样的愉悦，自古以来的美学观就是对这四个问题的回答。

　　一切审美行为都是由这样四个环节构成的，一个审美观念总是对这四个环节的填充。根据这个事实，可以对"审美"这样一种人类行为展开进一步分析：第一，当主体对一个对象进行审美时，他处在一种什么样的状态？他借助一些什么样的能力对对象进行感知？第二，主体采取了一种什么样的行动来与对象关联在一起？第三，当一个对象被作为审美对象时，它自身处于一种什么样的状态，或者它被视为什么？第四，有一种愉悦发生了，尽管人类的审美观念千差万别，但至少有一点是有共识的：审美是为了获得愉悦。至于什么样的愉悦，这个问题又是由多样的社会历史原因造成的。

　　每一个环节都是一个括号，对四个括号的填充，是分析具体的审美经验的方法，也是理解诸种美学理论的指南。每一个括号中都有许多个选项,将四个括号内的诸种回答连线后,会出现不同的组合形式,每一种组合,都会产生一种审美观或审美理论话语。研究审美,就需要具体分析这四个括号中的可能的填充物。

第一节 作为审美活动主体的"我"

审美活动是由一个主体——"我"——对某个对象发出的行为,这个"我"代表着一种行为主体,是由许多"能力"构成的,那么审美中的"我",是指人的哪种或哪些能力?笛卡尔说"我思故我在",如果这个命题成立,那么"我"就是由"思"来规定的,"思"是认识活动的发生者,认识活动构成了主体的主体性,但米兰·昆德拉认为"我牙疼故我在",疼痛这种生命感受是"我"确诊自身的最终依据,这样一来,主体是作为一个生命感受的接收者和发出者;又或者"我行动故我在","我"通过我的一系列的行为确认了我在,因为我的行动有痕迹、有成效。对"我"这种主体能力的认识,也就是审美主体的主体性是怎么构成的,主体的规定性,构成了美学理论的一个本质性的大问题。每一个人都是一个个体的人,但是作为个体的人是以什么样的方式成为审美之"我"的?美学史上有这样几种回答:

一 感性主体

"主体"的规定性是认知与实践行为的发出者。我们把审美暂且理解为一种认识活动，那么当"我"采用了哪种能力来认知对象时，就是审美的？最基本的回答是"感性"。

这种回答把主体视为人的所有感性能力之和，这种回答认为审美首先是"我"对对象进行了一次感性直观。这里"感性"是主体的感官对对象进行把握的能力，或者接受对象刺激的能力。主体在用感官感知这个世界，那么审美的起点就是"我"发出了"感"这样一个行为。有多少种"感"？主体的感官包括眼、耳、鼻、舌、身，还有一种内在的感官，如平衡感、运动感，"我"首先是各式各样的感官官能的一个集合体。这意味着"我"是一个接受外界刺激并做出应激反应的一个接收器官。

人类对世界的感知会获得什么？18世纪的哲学家们认为会获得两种东西，一种是情感（feeling），是我们的心灵与肉体对于外部世界的反应；另一种是获得关于外部世界的表象。18世纪的哲学家，也是现代美学的实际奠基人康德给感性下了这样一个定义："通过我们被对象所刺激的方式来获得表象的这种能力（接受能力），就叫作感性。所以，借助于感性，对象被给予我们，且只有感性才给我们提供出直观……"[1]这个判断的中心词是"表象"，感性是获得表象的能力，它是主体与对象之间的桥梁。18世纪的理性主义哲学家们通常不太信任感性，认为感

---

[1] 康德:《纯粹理性批判》，邓晓芒译，杨祖陶校，人民出版社，2004年，第25页。

性认识是主观的，不能获得普遍性，也是不确定的，是谬误的根源，是不完善的。但问题是，没有感性认识，对象就不会被给予我们，更何况我们的情感确实是因感性而起的，因此，18世纪上半期的德国哲学家鲍姆嘉通提出了这样一个问题：感性认识有没有自身的完善状态？他认为可以，并且认为感性认识的完善，或者完善的感性认识，会获得关于对象的生动鲜活的表象，而这正是"美"，他的经典命题是："美是感性认识的完善。"他讨论这个问题的著作用了这样一个书名——*Aesthetics*，这个词在字面上就是"感性"的意思，结果这个书名就成了"美学"这个学科的名字，鲍姆嘉通也因此成为"美学之父"。

用"Aesthetics"来命名美学或许是个错误，因为审美不仅仅是感性的，但这个词合理的一面在于，审美首先是感性的，是人的感性能力的结果之一。由于审美与艺术活动中感觉与感性居于起始地位，并且正是因为感觉与感性的作用，使得审美和艺术活动可以与人类借理智所建立起来的其他人类文化形式相区分，比如科学、哲学等，因此人们认为审美首先是从感性感知开始的，但在反理性主义的特定语境中，或者在强调艺术与审美的人文性的时候，会产生激进的感觉主义者，他们认为艺术是一团感觉，审美就是用感觉感知对象。

最初的感觉主义来自伊壁鸠鲁学派，但是该学派很快就受到了抵制，因为人们认为感觉是无法达到真理的，只有理性能够达到，所以通过"感觉"获得的感性知识要被检验与筛选。这个命题的反面是——人是理性的动物，但是在审美之中，在艺术创造之中，感觉确实起着作用，而且是不可或缺的，因此，感性学意义上的美学会把审美主体设定为主体的感觉能力，这会强调的感官感觉在审美中的意义。这种强调影响了审美行为的以下两个方面：

首先，感官官能的特殊性，使得我们对于对象的感知取决于感官的特性，因此，眼、耳、鼻、舌、身，以及内在感觉，在感知方面的特殊性，就构成了特定审美经验的主要内容。在对艺术作品的审美中，艺术作品呈现着艺术家的具体感觉，也引发观看者的具体感觉，感觉到艺术作品所传达的那种感觉，经常会被视为审美的一个环节，比如现代宗教建筑，它会把光感与人对声音的感受、对空间的感觉进行强化，在对具体事物的品鉴中，视觉、触觉、嗅觉、听觉，甚至味觉等因素都会被调动起来，从而感知对象或者空间的总体的"氛围"。在感官主体这一预设下，审美者被视为一个感觉的接受者来感受外部世界。在这种观念的引导下，让主体感受一下什么叫木头，什么叫水，什么是风，什么是气息，什么是蝉鸣，这些都可以成为美感的一部分或者艺术传达的一部分。

其次，对对象的感知，可以分为质料感知和形式直观。或者说，在感性认识当中作为主体的"我"得到了两个东西：其一，是对象各式各样的质感——冷的、粗糙的、坚硬的，是通过对对象直接的触摸完成的。其二，当主体在对这个东西进行形式直观的时候，获得的是线条、色彩、节奏、结构及各式各样的形式因素。获得质料感和形式感是主体认知的第一步，但在这一步之中，包含着一个矛盾：去感知现象的质料与把握现象的形式不是并行的，质料是被给予的，而形式却是在内心中先天的为现象准备好的，因此现代美学把现象的形式和我们对于现象的感觉分开考察：质料感知构成了对对象的实体性的确证，而形式感则是主体对对象之表象的再认识的结果，这造成了现代艺术和审美活动中的媒介自律论——也就是质料的质感有独立的审美价值，和形式自律论——也就是对象的表象的形式有其独立性——之间的冲突。但这两种观念都认同审美是对对象的感知，只不过一种观念认为感知的对象是质料，另一种观念认为感知的对象是形式。

确立了审美主体的感性主体，这一步对于审美来说有重要的意义，它实际上为审美划出了一个领地。因为，无论是数学还是逻辑学，还是自然科学的理论部分，主体是不需要感性地直观对象的具体存在的，主体可以通过符号进行推演，这就意味着，在理性知识、自然科学的理论部分、逻辑学等领域，对象是非直观的，感性感知并不参与对象的给予。但是，审美活动一定是从感性感知开始的。

我们对这个世界的感觉，既确证着我们的存在，也确证着世界的存在，新的感觉总是我们面对新事物时最先的感受，而新感受通常会带来愉悦。这个观念在过去一百年的美学和审美实践当中得到了有力的深化，以至于人们认为，激活人的感官，使人获得新的或者鲜活的感觉的过程，就是审美。这一方面造成了艺术与审美活动的浅表化、官能化，但另一方面，这种审美观重建了我们与外部世界的感性联系,引导我们克服我们时代的人过于抽象化、符号化,甚至是拟像化的生活。这构成了当代人的审美活动的最基本意义:更新我们的感觉,激活我们的感觉,并且以新感觉去引发新思想。

但是人的感觉并不是孤立的,它必然会引发情感,它一定会被知性加工成经验认识,甚至,它还会被精神化,成为"精神感觉",但这都是后话。审美首先是感官的感知活动,只有被感官所接受与喜爱的,才有可能被审美,这是审美领域中的不可违背的原则。强调审美是感性主体用自己的感官对对象的直接感知,这构成了审美中的感觉主义和直观主义的基本内涵。

二 知性主体

从认识论的角度来说,认知主体的第二种观念是知性主体。"知性"(understanding)这个概念和这种认知能力源于亚里士多德对人类认识能力的划分。他认为人在对对象进行认识的时候,在形成经验的时候,人有一些先天的能力,这个能力借助一些具体的先天范畴(category)可以对经验杂多进行分类整理。范畴本质上就是类目,用范畴对我们的经验进行加工,就是对经验进行分类。亚里士多德认为范畴有十个,分别是:实体、数量、性质、关系、地点、时间、姿态、状况、动作、遭受。用范畴对经验分类,会产生具有一般性的经验认识,但这十个范畴有待完善,经过西方认识论哲学一千多年的发展,最后在哲学家康德这里,范畴被确立为四大类十二个,分别是:

量的范畴：

1. 单一性；2. 多数性；3. 全体性。

质的范畴：

4. 实在性；5. 否定性；6. 限制性。

关系的范畴：

7. 依存性与自存性（实体与偶性）；8. 原因性与从属性（原因和结果）；9. 协同性（主动与受动之间的交互作用）。

模态的范畴：

10. 可能性与不可能性；11. 存有与非有；12. 必然性与偶然性。

人类的认知行为的主体部分，是人借助于自身具有的范畴，对感官所获得的感性经验进行加工，使其成为表达某种一般性的经验知识。比如这样一个现象：太阳晒着石头，石头热了——这个是经验事实，但如果我们用因果律整理这个现象，就成了：因为太阳晒，所以石头热了——这是一个经验知识。唯心主义者认为，当我们在对事物进行认知的时候，我们已经有一些先天的认知能力，这些能力作为范畴，保证着每一个经验的发生，所以我们每一个人都是知性主体，这个知性对于任何一次经验知识的产生而言都是前提，是先于经验的，所以作为经验认识之前提的知性就是"先验"的。如果一个事物是不经过经验习得而天生就有的，叫"先天的"。如果一个事物是经验发生的前提，那么这个东西叫"先验的"。我们有先天的知性能力，这个能力作为我们每一个经验认识而言是先验的。

如果人是知性，知性是范畴，范畴是事物之间的必然联系，那么，找到因果联系、必然偶然、动静有无等各种各样的关系的一种联系后，主体就会把一个事物理解为一个关系的聚合体。因此，通过知性我们获得了寻求事物的关联和关系的能力。而任何一次艺术创造都有可能成为对一个关系的解读：国王死了，王后也死了，这是"事实"，但如果说国王死了，王后因悲伤过度也死了，那这就是"情节"。情节是事情发生的关联，叙事性艺术都有情节，而情节就是事件之中的关联性。同理，"起因、经过、高潮、结果"这个内在的关联是叙事艺术内在的构成部分，而在绘画、雕塑、音乐、建筑等艺术中，甚至是自然事物之中，都包含着可以用知性来整理与理解的"关联"，比如质料和形式之间的关联，主题与情节之间的关联，局部与整体之间的关联，情感与形式之间的内在关联，也有对象与某个外部对象之间的关联的认识，比如地理的、文化的、生物学意义上的、物理学意义上的关联，以及诸种社会学意义上的关联，比如经济、政治、宗教等，这些关联都需要去理解，去概括，去提炼。

这个知性主体学说来自近代的从笛卡尔开始一直到莱布尼茨的认识论哲学，在这种哲学里人的主体性，人之为人是因为人有知性，知性可以对世界达到真理性的认识。如果一个人以这样的方式来认知这个世界，那么，这样一种认知就体现了一个美学术语——美在关系。这是由18世纪的法国美学家狄德罗提出的审美观。狄德罗认为对各式各样关系的判断构成了主体对对象的欣赏，比如说戏剧里面的三一律、绘画里面的构成关系、内容和形式的关系等等，因而审美是认知对象中的关系过程，只不过这个过程中包含着情感感动。

知性主体这一观念支撑起了一套审美观。对对象之中包含着关联的认识和对象与他者之间的关联的认识，构成了对对象的史、论研究的基本内涵，也构成了理性主义审美观的基础内涵。某些艺术家，比如古罗马的维特鲁威，透视法的确立者布鲁莱契内斯基，自然现象的忠实观察与记录者达·芬奇，色彩的热情研究者歌德，社会场景的记录与研究者库尔贝，平面构成关系的研究者康定斯基与蒙德里安，以及动植物画家、中国宣和体的工笔画家、冷静研究与记录时代变化的小说家曹雪芹，巴尔扎克，左拉，等等，他们执着于以艺术的方式呈现他们对这些关系的记录与研究，并将这种通过知性认识到的关系的一般性称为"真实"或"真理"，而对真实与真理的认识，构成了理性主义审美观的核心内容，按这种审美观，审美是一种认识行为，是发现与反思对象中包含着的一般性。

三 理性能力

人有一种特殊的认知能力，这种能力可以把经验对象当作一个整体来看待，比如一切自然存在物，它们是无限多样的，但人可以用一个理念来统摄它——大自然，这种统摄经验多样性的能力，康德称之为"理性"。人是有理性的动物，理性是人区别于动物的真正的规定性，这是近代理性主义哲学的核心观念。

什么是理性？把对象当作整体来进行把握的能力叫理性。

按康德的这个观念，理性的最高状态是三个理念：内在世界的无限性叫"灵魂"，外部世界的无限性叫"自然"，以及整个世界的无限性叫"上帝"。"上帝""灵魂""自然"这三个词是"理性"进行统握的结果，也是人类用于统摄对象的理性概念。理性（reason）跟知性的区别在于知性是要在经验现象当中找关系，按充足理由律把事物理解为关联着的各个部分，但是理性是把对象当作整体来把握的，比如说用知性是不可能得出"自然"这个统摄性的概念的，"水往低处流"，这是知性认识的结果，而说"大自然是无限的整体"，这是理性认识。知性直接面对经验现象，并对经验现象进行关联组合，但是"大自然"是个总体概念，是所有知性认识到的经验现象的总和。

尽管理性统握的一般性有时候会陷入二律背反，比如说：上帝是存在还是不存在？如果存在上帝，怎么证明？上帝不存在，又怎么证明？正题和反题都是对的，这就构成了二律背反。宇宙是有限的，还是无限的？如果是有限的，当你站在宇宙边，向前一步会怎么样？如果是无限的，你怎么知道？所以理性给出的统摄会导向二律背反，但理性能够进行建构，能够给出"理念"，概括"本质"，甚至给出"理想"，比如乌托邦或桃花源本身不存在，但人类的理性可以在想象力的帮助下建构出它们。

不断地追寻统一性，构成了人的理性能力；不断地建构关联，构成了人的知性能力。现在人们会说动物也会有知性，有些聪明的动物的行为说明它们是按因果关系来行动的，某些灵长类动物通过训练能够建构起经验现象间的因果，但只有人有理性，所以"人是理性的动物"这个命题就变成了笛卡尔的经典判断——我思故我在。"思"这种以理性为核心的能力，构成了人的规定性。

理性会建构出理性概念，简称为理念。比如说"自由"，"自由"是一个理念，这个理念没有外延，说不清内涵，但我们在用这个词，与此相同的还有真、善、美、解脱、救赎、平等、爱等等，这些理念的内涵与外延并不明确，但它们就是人类统摄经验现实与评价经验现实的工具，也是指导人类的行为原则。比如我们不能从知性角度说明什么叫爱情，但这不会影响我们追求爱情，爱情作为一个理念悬着，是我们的理性设定出来的，它引导着人类的情感交流。同理，追求自由、追求平等、追求解放、渴望神圣、渴望永恒、渴望不朽。所有这些词都是作为理性理念悬在那里，我们用它们来统摄经验，或者以它们为经验的目的。人是有理性的，这意味着人能够完成理性理念的确立，并用理性理念来引导生活。这一点在道德领域与政治领域非常明确：人类是根据道德理念和政治理念来评价和反思现实的人的行为的，并以那些理念为目的引导人类实践。

"理性主体"会支撑起这样一套审美观：美是理念的感性显现，审美是在感性对象中直观与反思出其中的理念。比如在太阳的东升西落中感悟到永恒轮回这个理念；在山崖边的一棵小草处看到"生命"这一理念；在日出景象中领会到"光明"这一理念……借助于理性主体，经验现象会被理念化，理念也可以被感性化，用理念来统摄经验现象的过程，就可以被称为"审美"。

四　非理性主义的主体观

还有一种主体观认为主体是由一些人的非理性（unreason）能力构成的，"非理性"这个观念产生在 19 世纪中后期，一部分唯意志论者，如叔本华和尼采，强调人的主观意志（will）对于人生与社会的意义，并将意志这种人的欲求能力上升为先于理性的、主体的最本质与最原初的能力。19 世纪中后期还有一批哲学家、艺术家、思想者、诗人，他们意识到我们对这个世界的感知不完全是由感性、知性、理性建构起来的认知结构所决定的，我们有一些很特殊的能力，在这些能力当中，他们最先发现的是想象力——image。这个词是指我们在认识对象的时候，形成关于对象的表象的能力叫"表象力"（representation），即获得"表象"的能力。想象力在 18 世纪中期到 19 世纪中期的时候，被卢梭、狄德罗、波德莱尔等理论家神化了，被神化的结果是：想象力意味着一种自由创造（free creative）的能力。特别是波德莱尔，他在对当时的小说家爱伦坡的小说的评论中说，想象力是诸种认识能力之王，是人类之所以能够进行自由创造的根源。同时他发现想象力的生成有一种完全的自主性，这种想象力来自他们独特的体验——大麻体验。19 世纪中期的欧洲有一些诗人、艺术家沉浸在吸食大麻以后的致幻反应中，吸食者会想象到什么、意识到什么、做什么行为，都是不可控制的，所以在大麻作用之下，想象力会活跃起来。

通过想象获得某些主观的幻象（illusion 及 fantasy），然后用文字或其他媒介把这个幻象呈现出来，这在当时的艺术实践当中具有广泛的影响力。想象力的自由创造是艺术创造的本源，而想象力的自由游戏也是美感的本源，而在想象力活跃的时候，人的知性与理性是处于沉潜状态的，想象力因此在艺术创作中与理性对立了起来，成为最先被肯定的非理性能力。

接着，有一批思想家意识到，人有一种叫"直觉"（intuition）的能力。"直觉"这个概念在19世纪末期的柏格森和克罗齐这样的思想家那里得到了极大的强调，他们强调人有直觉能力，这种能力类似于理性和感性及想象力的结合，即能够通过对对象的直观直接把握到理性内容的能力。这种能力被认为是平行于理性能力的一种非理性的能力，艺术创造与审美都是通过这种能力实现的。

情感感受力也是一种非理性能力，由于这种能力，主体的身心会处在低沉与激昂的状态，这种情感勃发状态会被具体的物像激发，主体借其情感感受力会接收到物像对他的刺激，从而产生情动（affection）反应，同时主体也可以借助这种能力把情感投射出去，从而产生移情，也叫共情（empathy）。在共情中，主体和对象之间可以发生情感感动，这像是一种心物之间的共振。

主体的非理性能力之被肯定，并且被视为创作主体与审美主体之后，现代美学建构出了这样一种观念：创作主体以想象的方式去创造幻象，引发情感，进而去创作，由此激情和想象力就变成了艺术创作的两扇翅膀，而它们的活跃与自由，也被视为审美状态，即一件充满激情与想象力的作品同样激活了读者的激情与想象力，并使其处在激情与想象中，这就被视为一种"审美状态"。

此外，弗洛伊德的精神分析理论，极大地推动了非理性主体观。他提出人有本能（instinct），这种本能包括生本能、死本能。本能会蓄积为痛苦和压抑，成为"力比多"，而力比多会推动着主体进行想象，使欲望以白日梦的方式得以升华，从而获得代偿性的宣泄与满足。也就是说，主体有性的欲望，但这个欲望不能够得到一个有效的宣泄，需要通过想象力把欲望的宣泄转化为一个"物象"，这个物象跟生殖的、欲望的宣泄有隐喻性的关系。这个理论可以解释人类为什么会想象以及需要想象。弗洛伊德在1907年的文章《作家和他的白日梦》中，提到了"前期快感"（或"额外奖赏"）这个观念。这个词的意思是：人由性行为最后达到的是一次释放，但是在释放之前有一个性的过程，这个过程本身是令人快乐的。弗洛伊德认为艺术创作和审美就是这个过程之快乐的一次转移、投射和升华，而一切审美愉悦本质上都是这种"前期快感"。这个观念强调主体是肉体欲望的集合，主体在以欲望的方式来感知和捕获对象，当主体带着欲望对对象进行观看的时候，引发了一种拉康式的术语叫"欲望的凝视（gaze）"，我们内在的欲望变成了我们对对象进行直观的时候的一种主体特征。

意志、想象力、直觉、幻想、情动、共情、欲望等非理性能力在20世纪的思想与美学中受到了高度肯定，主体因此不再是由感性、知性、理性组成的认知结构总体，主体有其自由意志，可以自由选择，可以自由想象，可以进行情感的自由宣泄和不断共情，也可以对对象进行直觉，还可以进行白日梦式的本能升华。这些能力构成了人类的非理性能力，也是人类生命活动的必然结果，是人类生命力的体现。非理性能力是19世纪中后期以来的哲学、艺术和美学最重大的发现，而这个发现应该说改变了人类对"艺术创作"与"审美"的认识。

以上是四种主体观及其呈现自身的方式。感性主体通过感觉对象，获得各式各样的独特的感受和经验、体验，来确证人的主体性；知性主体观发现和判断事物中和事物间各式各样的联系，并记录与研究它们；理性主体用理念来统握这个世界，赋予世界理想性和统一性；非理性的主体作为生命主体，以其生命力感受与体验对象，并表现自身。这四种主体构成了"审美主体"在定位自身时最主要的形态或选择。任何一个审美主体，都是其中一种或者几种的组合，而选择哪一种作为审美主体，这是由时代与民族的审美观决定的。

第二节　审美对象

当主体对某一对象进行审美时，是在"审"对象的"什么"？从审美主体的角度来说，审美行为总是预设对象有某种特性是令人愉悦的，对该对象的审美，实际上是寻求对象中令人愉悦的地方，因而在关于对象是什么的预设和对对象的审美之间，有一种相互引导的关系。要理解审美，就需要知道对象被预设为什么，美学史和对审美经验的研究提供了以下一些回答。

一　质料和形式构成的纯粹现象

第一种回答认为，审美对象是一个"内容与形式的统一体"，或者形式和质料的统一体，这个观念来自柏拉图，后来在亚里士多德那里被深化为质料因、形式因、动力因和目的因的"四因说"。如果认为对象是一个内容和形式的统一体的话，那么就需要分析其内容是什么，形式是什么，内容和形式又是如何统一在一起的。同时，如果把对象理解为内容和形式的统一体，那就必然承认审美是：理解内容，直观形式，反思二者之间的关系。这是美学和艺术理论中最常见的一种审美观。

值得注意的是，还有一个内容与形式二元论的变体：亚里士多德认为任何一个对象都是"质料"与"形式"的统一体，"质料"（subsistence）一词，通常也称之为"基质"。事物有其基质，这个基质被赋予了形式，就变成了一个物。以雕塑创作为例，在雕塑创作过程中，质料具有重要作用，质料有其自身的特点，如玻璃的脆，水泥的工业化灰冷属性，水晶的透光，青铜的冰冷、刚毅，岩石的坚硬，丝绸的光滑……这都要求艺术家把个人的观念和创作想法，同材料的感知属性与情感属性相结合。因此，材料本身有情感属性和观念性。这带来这样一个问题：如果要雕一尊鲁迅像，在木头、水泥、石头、青铜、黄金等材料中选择，应当选什么？有成功的案例是选用青铜，因为坚毅、冰冷，是鲁迅的文化形象在青铜这种材料当中的一个反映。所以，材料本身会引发出情感、质料和理念-观念的三重反映。

所以，当主体对一"物"进行审美时，审美主体把该物立即定义为内容和形式的统一体，那么，这个审美主体的审美，就会从认识论的角度出发进行二元区分，然后反思内容如何反映形式，形式如何规定内容，二者之间如何达到统一，并且从统一的角度来评价内容如何，形式如何——这是一种认知主义的审美观。

二 纯然自在

第二种审美对象论认为，被审美之物是作为纯然自在之物而被直观的。现象学认为我们可以对对象进行纯粹直观，不对它进行任何区分与认知，只是呈现它的纯然自在，这是可能的，就像倒车时看后视镜，在后视镜里出现了一"物"的影像，这个"物"存在，但至于它具体是什么东西，并不需要去分析与认知。这样一种在后视镜当中直观一物的经验，是我们现代人的基本经验。在这种经验当中，我们不辨识对象是什么，不做任何区分，只是确认对象的存在，对象是自在的，因而在观看对象时，主体需要把关于对象的所有的认识判断悬置掉，不做区分，不做判断，最后只留下一个状态——该物"存在"。

以事物的纯然自在为审美对象，这通常在玄言诗，特别是中国古代诗歌之中的"无我之境"中有生动的体现，在宋代的工笔花鸟画、禅画中，在西方人的静物画和一部分风景画中，都体现着这种观念。在当代艺术中，有一些艺术家希望呈现"物本身"，这个本身是指对象的纯然自在的状态，比如一个小贝壳、一片落叶、一个玻璃碎渣等，审视一个纯然自在的对象，意味着主体不知道它是什么，不知道它的功能和价值，只是将它视为一个无规定性之物，以呈现它的存在。这种观念体现在现象学美学、解释学美学，以及塞尚这样的艺术家的创作中。这种观念把对象的纯然自在称为对象之"真"，或者"真相"，并以捕捉到这种"真"并呈现这种"真"为审美与艺术创作的目的。

对象的纯然自在还可以被再细化，有一些构成的因素会被视为自在的，比如色彩、线条、质料、结构、光等，塞尚就曾说："我迄今设想色彩是伟大的本质的东西，是诸观念的肉身化，理性里的各本质。我画的时候，不想到任何东西，我看见各种色彩，它们整理自己，按照它们的意愿，一切在组织着自己，树木、田园、房屋，通过色块。那里只有色彩，而在这里面是明晰，是存在，如它们所思维的。"[1]塞尚的这个感受独特之处就在于，他把色彩视为自在的，只直观色彩自身，并且认为事物的色彩是"本质"性的，色彩自己整理自己，色彩呈现明晰的存在，

---

[1] 宗白华：《宗白华美学文学译文选》，北京大学出版社，1982年，第218页。

这与我们的物理知识相背离：色彩是视觉能力对光波的反应，是主体性的。塞尚的这个观念是一个提示：如果我们把色彩换成线条，换成构图，换成绘画中的笔触与肌理、音乐中的节奏与旋律，这个观点也成立。塞尚显然不是在捕捉视觉经验，而是想在视觉经验中抽取出事物本真的存在。他的画呈现的虽然是色彩，却是色彩的"实在感"。这种诸形式语言的"实在感"成为当代艺术家和建立在现代艺术之上的审美经验的核心，这也引发了对于质料的纯粹性，或者说实在性的关注，如木头的木头性、石头的石头性、棉花的棉花性……这种抽象的表达，实际上想说的是，关注质料的纯然自在，以此作为对对象之审美观照的一部分或起点。

将审美对象设定为对象的纯然自在，这在禅宗美学、现象学美学、解释学美学，以及当代形式主义美学中，都有系统的理论表达，这种理论和这种审美对象观，体现着现代人在审美之时，对对象自身之存在的肯定、尊重，以及对于人的主体性的某种戒心。

三 作为合目的性存在的审美对象

这种观念认为，审美对象本身是一个合目的性存在。这个词的意思是：对象的存在，是按照某种目的建构出来的，这个目的构成了它的存在的原因和建构原则，它是一种合目的性的存在。

以一个水杯为例。一个水杯被设计与制造出来，是根据一系列目的和要求而展开的：首先，有一个目的作为规定性悬着，设计一个杯子，从目的出发，需要方便喝水、便于抓握、保温、密封，即要看它的功能；其次，考虑它的结构，即内在的框架；最后的话会考虑它的形、色、质。一个设计师在设计一件产品的时候，这件产品是被他当作一个合目的性的存在之物，而这个目的会成为他设计这个东西的思考的出发点。合目的性还可以泛化为一种思维方式，我们可以把任何事物的存在都看作一种合目的性存在，比如人的形体状态。

达·芬奇所画的这张《维特鲁威人》表达了一个明晰的概念，即人作为一物是各式各样的数量关系决定的，有内在的数的规定性。这个观点来自毕达哥拉斯学派，毕达哥拉斯学派作为具有数学家气质的哲学家，认为任何事物的构成都有规律性，而规律性可以进行数学表达，天文、地理和生物体都适用这一原则。根据这样一个原则区分，人们可以设定出一个人的标准体态或一个理想体态，作为每一个人的"应当"，这个"应当"就可以被看作每一个人应当符合的那个目的，比如臂展等于身高，脑袋的长度与身长的比例是 1∶7.5，等等。身体的每一个部分与其他部分的关系在构成上都可以转化为数学关系，这样一来，人的应当的体态，就是一个规定性之和。这些规定性，就是每一个具体的人在生长时的"目的"。这个观念在中国古代美学的表达就是《登徒子好色赋》——"增之一分则太长，减之一分则太短"，一定要恰到好处——有那么一个"好处"作为目的悬置在每一个经验具体之上。根据这种合目的性存在的预设，每

达·芬奇《维特鲁威人》

一次对对象的审美,就变成了评判对象与它的"应是",也就是它的目的,匹配到什么程度。在这里有两个美学概念诞生了,一个叫"完美"(perfect),一个是"和谐"。

关于"完美",本质上预设了对象是一个合目的性存在,当对象圆满地实现了目的,或者与目的相匹配时,就会获得"完美"的感叹。这在18世纪被视为"审美"——既然事物是规定性之和,那么规定性就有一个理想状态,达到这个理想状态就是美的,没有达到就是丑的,因而审美就是把对象中所有的内在的规定反思出来,并赞叹它的合目的性。这种合目的性存在在审美对象中的呈现,主要对象里包含的"秩序""比例""和谐",这三个词结合起来,大概就是近代美学中所说的"完美"。

另一个概念叫"合宜"或"和谐",是指对象中包含着某种规定性。这种规定性统率着事物的各个部分,发现这种规定性对于各个部分的统率作用,构成了对这一类对象的审美——和谐(拉丁文为 *concinnitas*,英文为 harmony)。和谐是一个审美对象在构成上应当达到的目的,而"美是一个事物内部的各个部分之间,按照一个确定的数量、外观和位置,由大自然中那绝对的和根本性的规则,即和谐所规定的一致与协调的形式"[1]。"和谐"这个词有一种理想性和形而上学性,它要求形式呈现出

---

[1] 阿尔伯蒂:《建筑论——阿尔伯蒂建筑十书》,王贵祥译,中国建筑工业出版社,2010年,第291页。

的整体感，形式的理想性甚至绝对性，以及构成形式的诸细节之间的和谐性，将这些要求统一起来，也要求内容与形式之间的合宜。

合目的性存在是一个复杂的观念，完美与和谐只是它在审美中的一个较为直观的表现，后来的康德美学也是在对对象的合目的性判断的基础上建构起来的。

四　作为有机整体的审美对象

第四种对象观认为对象是一个结构整体，即"有机整体"这个观念。这个有机整体概念最初来自亚里士多德，但是它真正的确立是来自18世纪末期的德国古典哲学，在德国古典哲学当中，无论是歌德、康德还是赫尔德，他们都坚信事物应该是一个有机整体。

按照结构主义的思维方式，有机整体是指：其一，整体由部分构成，整体大于部分之和；其二，整体之内各部分之间相互转化；其三，整体会和外部世界进行相互影响与转化。这个三原则构成了结构主义的基本内涵，而"有机性"，可以这样理解：第一，整体大于部分之和，那么整体减去部分之和会剩下什么？人不是各个器官的拼合体，而是拼合在一起之后还能够进行运作的一个有机体，有机性指对象中包含一种生命活力或者某种能量，这种东西让对象具有了超越于各部分之上的整体性，它用了一个非常抽象的亚里士多德的哲学术语叫"隐德莱希"，即事物包含的内在的活力。正如一尊蜡像和真人在一起，我们很快能够判断出真人和蜡像的区别，进行判断的标准是，哪个充满"生气"。能够判断出"生气"是因为我们对生命有一种直觉，这种直觉的对象难以言传，但可以直觉到。所以艺术家在观看事物时，一定是在看其中的某一种整体，是精神性的、生命化的东西，用中国的传统的话语言说应当是"气韵生动"，或者用西方审美话语可以称之为"灵韵"，或者"精神"（spirit），或者直接用亚里士多德所说的"隐德莱希"。这种东西尽管难以言传，但可以被直观到，且具有一种动人的力量。

关于整一性，本质上是指一种内在的合目的性，即构成整体的每一个部分，都可以看作是为实现某个目的而相互协作的，比如一只猎豹的长相。猎豹的脑袋略小，脖子短，四肢修长，尾巴特别大，所有这些身体特征都被一个目的决定着，即快速突击和迅速变向，这是猎豹捕猎的主要方式，它的身体的每一个细节都服从于"快速突击"这一目的。更为关键的是，在猎豹快速突击时，它的身体呈现出了一种"爆发力"和"迅捷"。它们属于猎豹的构成部分吗？严格意义上不算，它们是猎豹给我们的精神感觉，但这种精神感觉却有客观性，是对象之整一性的显现。当主体意识到这样一个整体的时候，主体已然完成了对对象的一次结构整体式的把握，即主体把对象理解为一个结构整体，形成了一次统摄，从有机整体性的角度，完成对一个对象的总体把握。正如绘画创作者是把一张画当作一个整体来看待的，哪里轻、哪里重、哪里明、哪里暗，画的构图一定要形成一种整体的调子，这个调子统摄一切，每一个细节都应该统摄进这个调子里，从而让画面形成某种整体性并带给观者某种整体性的精神感觉。

尽管后现代在反抗这种"有机整体观"，但在对有机整体的直观中，会产生对对象包含的某种整体性东西的领会、感悟、反思、感受。这种整体性我们能感受得到，并把这种感受传达为：对象有气韵、有精神、有魅力、有神。我们用这种词来描述一个对象，这就意味着主体假设对象是一个有机整体，那么对它的欣赏就一定在寻找其中的整体性和有机性。通过这样一个方式，就使得事物体现出了一种内在的活力，由于这种活力，它就可以被视为一个有机体。这个有机体本来只是活着的生命体，如人、动植物，但通过主体的预设，一切对象都可以被预设为有机体，而且通过气韵、精神、魅力等呈现出的有机性，在许多民族的美学中都被视为对象之"美"。

五 泛灵论的审美对象观

"灵"这个概念，指灵魂。泛灵论的意思就是说任何一个对象只要它存在着，它就一定包含着某一种生命性与精神性的因素，对象一定是进行精神交换、生命体验、情感交流的对象。

视某物为有灵之物，这是古时的交感巫术预设的对象的存在状态。在交感巫术看来，有一些器物或对象是可以通达神灵的，或者自身就具有某种灵性，小说《红楼梦》中赵姨娘为报复王熙凤和宝玉,就弄个小人偶贴上名字,戳这个人偶,结果王熙凤和宝玉的身体与精神真的有反应。这虽是迷信,但确实包含着一种人们对一些对象的预设,即虽然对象(如人偶)是客观存在的一物,但它有某种灵性。

今天人类的思维被理性化了,唯物论与科学否定了这种源于巫术的对象观。人们无法证明"灵"的存在,因此否定了这种对象观,但是某些文化观念会认为在物我之间一定会发生某种生命性的感应,物有其质,有其精神,会对人产生影响。这极大影响了古人的造物、艺术与审美。这种影响在古代中国文化中非常强烈,比如中国的玉文化,君子佩玉,最初就是出于宗教原因,认为玉能通灵,后来转化为玉有君子之德,可以在"玉"和"君子"之间进行感应,当然也可以在人与玉之间进行"比德",也就是把玉的物理属性带来的感受和人的性格的温润含蓄、通透无瑕、坚硬刚毅进行类比,把玉之"德"与人应有之"德"统一起来。这种观念世俗化以后,人们就认为玉能帮佩戴者去病、养人。这个现象说明,人们在处理人与对象的关系的时候,某一些文化会认为,在物我之间会产生一种难以言传,但会发生的关系,这个关系在西方美学里面的表达叫感应论。

泛灵的对象观建立起了"感"与"应"两种特殊的物我之间的交流关系,"感"是主体主动去感受到了物的灵性,"应"是主体被动感受到物的灵性,并对这一灵性做出反应。中国文化中有重视物我之间的"感"与"应"的关系的传统。这个传统来自《易经·易传》中关于"咸"卦的描述：

> 《象》曰：咸，感也。柔上而刚下，二气感应以相与。止而说，男下女，是以"亨利贞，取女吉"也。……天地感而万物化生，圣人感人心而天下和平。观其所感，而天地万物之情可见矣。

"感"是与情相关联的，是情之发生的原因，天地交感，万物生化，这预设了对象的存在是有灵的，且这种灵是可感的，这种泛灵论的对象观希望主体跟对象之间形成一种灵性交往，这种灵性交往可以说是神秘的，是宗教性的，或者说是感应的，但在文化中往往会世俗化，成为人们与对象打交道的一种方式，从而深刻影响人们的艺术观与审美观。这体现在，对于艺术这种造物与造像活动而言，造物与造像往往包含着对"物"与"像"的灵性的感应与呈现。比如古代的国画创作，画松树时，画两棵松意味着伯夷叔齐——文人精神上的忠贞，五棵松代表着五德，七棵松则代表着七贤等，每一棵松都是作为一个灵性存在而呈现出来的。再比如中国画中常常会画蝴蝶，其中一部分原因是《庄子·齐物论》中"庄生梦蝶"的典故，蝶和人的精神世界似乎是相通的，而且蝴蝶会蜕变——蝶变，所以中国古人如果画蝴蝶，要么是因为祈求蝶变，要么是因为通过精神上的化蝶而"出神入化"，要么是因为"蝶"与"耋"谐音，可以求长寿，而这些诉求的产生，都是因为预设了对象的灵性或者通灵。

在器物的生产上，这种观念更鲜明，比如画葫芦与福、禄的降临有关，南瓜壶与瓜瓞绵绵——子孙无穷尽也——有关，瓶与"平安"有关。对于中国古人来说，造一个器物和摆一个器物，甚至欣赏一个器物，都出于某种通灵的精神需要，没有任何一个东西是作为单纯装饰而出现的，都是因为物象跟主体之间有一种感应关系。

这种泛灵思维还会直接影响到情感的发生与传达，因为中国古人认为情感是通过与物的感和应才发生的，这造成了在传达情感时的一种常用手段：把自然物灵化，比如要传达对父母的思念之情，就把桑树和梓树呈现出来，指称的是父母和故乡；要传达对兄弟的思念，就会插茱萸，通过这些自然物来传递情感。泛灵论有其宗教传统，中国的道教，佛教，基督教的异端诺斯替教派，以及基督教象征体系，都与泛灵论有关。19世纪美国哲学家爱默生就认为"万物有灵"，这个观念影响了他的门生梭罗，而后者在撰写《瓦尔登湖》时，自然物在他笔下就是有灵的。

对于泛灵论的审美对象观来说，主体在观看对象的时候，是在观看对象里面包含着一种有生命性、有精神性，甚至有情感性的东西。所以"万物有灵"就构成了一个泛灵论者对一个对象是什么的一个预先的判定。无论这个对象是有机物还是无机物，主体都会这样看，都会在对象当中寻求那种包含着灵性的部分，并且和对象进行精神交往，这种对象观奠定了基于感应论的审美观。

六 泛神论

泛神和泛灵的区别在于泛灵是指每一个事物都有自己的生命，有自己的精神，主体要跟对象感应、交互；泛神意味着任何一个事物都是"神"的在场的一种方式，或者"神意"传达的一个途径。泛神论预设有一个最高的神，这个神要么叫上帝，要么叫佛陀，要么叫安拉，等等。这些神作为本体性的概念，它一定会贯彻或者显现在具体的事物当中，所以就有了这样一些泛神论的理论体系，比如基督教的泛神论体系。虽然基督教是一神论的，但根据基督教的譬喻传统，一滴水，一片绿叶，太阳、光明、月亮的产生，疾病的存在，一切事物都可以作为上帝之存在的象征而被肯定。每一个对象性的存在，都是一种神性之在的象征、隐喻，或者说是一个符号。泛神论的对象观说明：任何一个事物都不是它自身，而是上帝之在的一种确证，所以，要画圣灵，结果创作者画了一只鸽子；要画上帝对我们的仁慈，结果创作者画了一只小羊羔；等等。这种观念是宗教艺术的基础，特别是基督教艺术，完全是建立在泛神论基础上的。假设某个画家画了圣母站在一个花园当中的景象，这个花园中的每一种花都是圣母之德的象征，这也影响着人们对于自然物的审美：对于一个欣赏花园中植物的信徒来说，他不是在欣赏自然之美，而是在感受圣母之德。

任何一个宗教都会建构出自己的一套符号体系，这种对象观认为这一物一定是某一种神意、圣意的体现，因而在造型的时候，在进行宗教信念的图像化传达的时候，一定要把这个东西作为一种确证摆出来的。这时，神性实际上是作为被认知的对象而在场的，符号就是它的现身在场。

还有佛教的泛神论体系——诸物皆有佛性。既然这个世界是佛按佛的意志创造的，那么在任何被创造物中都包含着佛性的普遍性。佛教中有七宝之说：金、银、琥珀、珊瑚、砗磲、琉璃、玛瑙。这些东西之所以是宝，不仅仅因为它们是贵金属与稀有矿物质，还因为它们是有灵性的，通于佛性，这意味着佛的世界是一个由各式各样的珍稀矿物质和珍稀金属构成的神性世界，这个世界中的每一物都是佛性显现的一种方式。佛性无所不在，在这个佛性世界中任何一个事物都不是它自身，而是神性的一种在场、象征、确证、痕迹、符号。当然，这个对象依然有其纯然自在，这是它的存在的客观性，但它之所以存在或者它的存在价值，就在于它确证着佛性。这些物之中最为独特的是"法器"，比如一张唐卡，它作为法器是膜拜的对象，也是视觉艺术，对一张唐卡的欣赏，必然和对佛的膜拜结合在一起。像安吉利科这样的文艺复兴时期的宗教画家所创作的宗教画，本质上也是法器，他创作宗教绘画时，不是带着静照、写生、审美的方式来看待作品的，而是将作品视为神在场的一种方式。

在泛神论和泛灵论的这样一种对象观之中，虽然对象不是为了审美而存在的，但感知这样的对象却能引发出一种审美式的效果。在直观这些灵性与神性对象时，需要观看者和对象之间进行一次所谓的"神交"或精神感知。在这样的过程当中，需要让主体去感受到另外一种超越于物象自身之外的神秘的力量、神秘的意义等等。感性直观——获得超越性意义，这太像是审美了，实际上我们现代人的审美观是被泛神论与泛灵论哺育出来的。泛灵论和泛神论给予了造像、器物和自然物某种精神性内涵，造成了在感性对象中发现精神性的"观念"或"灵性存在"这样一种认知模式。这种认知模式是泛审美的，或者说是前审美的，只要这种认识丧失了实际的功用，就会成为审美认知。

七 实在论的对象观

实在论的思维来自科学兴起的时代，科学的前提是：设定研究对象是一个实体，这个实体是构成性的。怎么分析这个实体？古希腊的亚里士多德在其《物理学》中，为了达到对事物的"本原"的认识，提出了一种认识事物的方法，这个方法被概括为"四因说"：质料、形式、动力和目的这四种原因。"四因说"提供了一种新的经验事物的方式，在这种方式中，对构成事物之"质料因"的感知，成为认识的起点，同时，"目的因"这一概念，以及这一概念所奠定的"合目的性思维"，成为认识对象的基本方式。这一方式可以简述为：在具体目的的引导下，借助于某种动力，某种质料被赋予规定性，事物因此得以产生或实现。这实际上是在描述事物得以产生的"原因"，这一过程反过来，就成为对事物的反思性的认识。在亚里士多德那里，"目的因"和"形式因""动力因"常常是可以合而为一的，四因可以通常被归结为"质料因"和"形式因"。①这种思维使得我们可以把对象设定为一个构成性的实体。这种思维决定了我们如何给一物下一个定义。以粉笔为例。什么叫粉笔？就是由碳酸钙（石灰石）构成的——这是质料因；笔状的——形式因；书写的工具——目的因；还要再加一句，它的最终因——教学。现在亚里士多德说，所有这些东西结合起来构成了一个事物的 ousia，这个概念叫"实体"。

实体性的思维认为事物总是由具体的因素构成的，实体性变成了我们对一物进行认知时的一种思维方式，实体性的思维认为任何一个事物都是被构成的，它的规定性、它的形式、它的质料因会形成一个所谓的"实体"。实体有明确的时间、空间，它占据广延，而且占据空间里面的绵延，因而，事物首先是作为一个实体而存在的。

近代以来随着科学的胜利，"实体"概念逐步被"物质"概念取代了。物质是有规定性的客观存在，发现其中的规定性，也就是规律，构成了科学的任务。这对于现代人的审美有深刻的影响，因为"美即真"这个观念就是在科学真理处找到其根据。

但还有一种唯心论的实体观。这种观念认为观念本身是一

---

① 这一概括的根据见亚里士多德《物理学》199a30-35，汉译见苗力田主编：《亚里士多德全集》第二卷，徐开来译，中国人民大学出版社，1991年，第53页。

个实体，比如勾三、股四、弦五是适用于直角三角形的定义，作为观念具有客观性、普遍性、永恒性，所以在中世纪时代人们认为这一类的理念是实存，由此产生了唯心论。唯物论和唯心论在近代以来形成了观念与物质的二元论。近代以来，由于科学的发展，唯物论取得了胜利，但是在审美领域中，二元论仍然有效。比如一个紫砂壶的实体是什么？第一是它的质料，紫砂是它的实体；第二，茶壶的壶，实际上是一种形式样态，这个样态也构成了它的实体；第三，它的功能构成了它的规定性，这也是它的实体；第四，它在今天是清玩雅物的一种，是愉悦身心的一种器物，这是我们今天把玩紫砂壶的根本原因，也是生产它的主要原因。这是当下紫砂壶存在的最终因，这个最终因作为目的也构成了一个实体，所以实体性的思维就会认为任何一个对象的存在都为一些实在的观念、实在的目的所左右着，因而，就会形成一种叫作观念论的思维，即 idealism。在 idealism 当中，它的出发点是 idea，这个 idea 的意思是指理念、概念、观念，而理念、概念、观念可以转化为 ideal，即"理想"。因此创作者在造这把壶的时候，其脑中已经有了一个关于壶的 idea，而且知道什么样的壶是好的——ideal。然后他利用紫砂这种材质做成了壶，现在是一个 idea 和一种质料结合在一起，形成了这个对象——紫砂壶。

因此，在对对象进行认知的时候，不是把对象当作一个简单的自在的个体，而是把它当作一个包含着规定性的实体。预设了对象是一个实体，并且认识其实体性，构成了近代以来的认识论的核心内容。这种认识不是审美的，但一旦我们把审美对象理解为一种实体，那就意味着，认识其中的实体性的内容，就成了审美的一种形态。这种审美会把对对象的实体性的认识，作为对真理的认识，当这种认识伴随着愉悦时，就可以被视为一种审美。

精神或者观念的实在论，对审美有重大影响，比如说，画一张领袖像：画一个普通人和画领袖之间是有区别的，画普通人时仅需要栩栩如生，要写真写实，而画一个领袖时，领袖是个理念，必须能让观者看出被画的是"领袖"，要让这个理念呈现出来。观念论或者唯心主义在美学上会带来这样一种观念："美是理念的感性显现。"这个命题表达了这样一个想法，即任何一物总是使某一个观念得以呈现自身，那么对这一物的审美就是以直观的方式和反思的方式，认识到这一理念。

观念的实在性，特别是理念论给艺术创作提出了一个现实问题，比如画素描。对于画素描肖像来说，画得准和画得像并不是一回事，很准，但可以不像。"准"是有一个理念支撑的，是与人的理念性的构成相关的，是人的普遍的规定性，比如头骨的构成、肌肉的构成、筋肉的构成。在这个层面上，每个人都是一样的，这构成了人的肖像在理念层面上的一般性，是需要"准确"呈现的。"像"则是特征上的肖似，是对事物的特征的把握。这就意味着，在画一张素描时，脑海中要有一个关于人的头部的理念，还要眼中观察到对象的特征，是一般和个别的一次统一化了的呈现。形似是次要的，神似才是决定性的。这就是说，主体在创作一物的时候，其脑海中不仅仅是物本身，而且对该物进行了抽象化。所以，如果主体认为个别事物总是一般的一种显现方式，那么，其在造型艺术中欣赏和反思的就是这件作品中所包含的某个"一般"。

如果主体认为对象是一个理念的实存，那么，他就是个黑格尔主义者，要去捕捉和表现那个理念；如果主体认为物是一个占据广延的实存，或者作为一个质料的实存，那么，他是唯物论者。对一个唯物论者来说，就需要把任何一物作为物质的实在性呈现出来。两种不同的实体观会影响我们对于对象的认识与表现，比如说同样是画植物，画静物和画植物标本是有区别的；静物画家试图把对象作为一个理念来呈现，虽然也追求真实，但更侧重表现性；标本画家则需要研究对象所具有的内在的合规律性特征，呈现它的物质实体性，甚至放大这一合规律性的特征。这两种实体论者，都信奉同一种美学观——呈现真实。

八 生成论的对象观

生成论的对象观认为，任何一个事物的存在都具有时间性，它是在时间当中生成的，它处在不停地生成、运化、嬗变的过程当中。"生成"这个概念在英文中的表达是"becoming"，这个概念在中西方都有深远的历史渊源，在西方源于古希腊的哲学家赫拉克利特的学说，他主张万法皆流，一切都在生成变化中，甚至一个人不能踏入一条河两次，因为"这个人"和"河"都在变化中；这种思想在中国的源头是《易经》和老子的《道德经》，《易经》强调"生生之谓易也"，一切都在生成变化中，而《道德经》同样强调"生"的绝对性，"道生一，一生二，二生三，三生万物"。这种观念的对立面是，事物存在有超出时间性的永恒的一面。

承认事物是生成变化的，这在美学上的意义首先在于：一些审美理论把发现事物的变化，捕捉事物的变化，甚至表现事物的变化，视为审美的一种形态。这类审美观要求把对对象的审美，落实到发现事物中动态的、生动的部分，比如古希腊的雕塑《掷铁饼者》，雕塑让石头体现出动态感，把人对运动瞬间的感受，那种势能最大的状态，生动地呈现出来。这种感受在美学中被称为"生动"，这种生动感一直是美感的一部分。

其次，对"变化"的表现，构成了艺术的主要目的之一。按照人们对于对象的预设，一个对象是永恒的、静止不变的，但现实情况是事物处在流动变化中，这就构成了感知事物的两层次论，一个层次是事物永恒不变的一面，另一个层次是事物生成变化的一面。前一个层次由诸种实在论研究，而后一个层次是生成论关注的对象。两个层次之间的关系，也是哲学恒久的话题。这种对象论对于审美的影响在于：我们在欣赏审美对象时，既是认识和反思事物本质性的永恒的一面，也是感知和反思事物的生成流变的部分，而事物流动变化的部分，会带给人愉悦感。这就可以解释，人们对于素描的欣赏，专业化的眼光往往侧重于观看其中的黑白灰关系及三者之间的生成变化，变化越是细腻，越是层次感强，就越好，这是出于人们对生成变化的敏感。还有一个例子是油画对于明暗变化的表现，特别是对于光的呈现。光照射在一个对象上时，会产生细微的变化，形成美术中常说的"五大面"，这种细微的变化会构成艺术家们观看与欣赏的对象，如莫奈，他在塞纳河边写生，会对塞纳河的光影变化进行细腻的捕捉，这种变化成了他的表现对象，也成了审美对象。

这种观念在中国美学中的体现是"气韵生动"，尽管这个概念的内涵极其丰富且有较大的历史变化，但总体来说，它希望艺术呈现出某种生动的、富于变化的韵味，因此有一种观念认为，气韵是对墨色变化之韵味的呈现，而气韵所具有的生动感，就构成了作品的美感，"气韵"也因此成为真正的审美对象。

再次，关于生成变化的物象化与观念化的表现，是当我们把对象视为时间性的存在时，对象会因为自然的原因在诸种外部条件下产生变化，这些变化因为见证着事物之存在的时间性，见证着生成变化，因而会成为欣赏的对象。比如青铜雕塑上的锈迹，旧器物的包浆所凝定的历史感，等等。更极端的案例是中国瓷器的生产过程，在炉烧环节，釉色会因为温度的变化而产生偶发的不可控制的变化，这种变化被称为"窑变"，有时会带来意想不到的效果，从而让其釉色呈现为偶发变化，这种变化在中国文化中是被宝爱的部分。

康德曾经描述过溪水和炉火带给人的愉悦："附着于真正的

幻想，它是内心在通过触目所见的多样性而连续被唤醒时用来自娱的；就像在注视一团壁炉的火焰或一条潺潺小溪那变动不居的形态时那样，这两者并不是什么美，但毕竟对想像力带有一种魅力，因为它们保持着自己的自由活动。"[1]这个案例说明，变动不居的形态本身会给人带来想象力的自由游戏，从而带来愉悦。

生成与流变是事物存在的常态，也可以成为欣赏者直观的对象，或者说，是对象之构成的一部分，抛开事物恒在的本体与稳定不变的物理存在而直观与感受事物在时间之流中的变动不居，这就把变化本身视为一种审美对象。在音乐中，在舞蹈中，在书法艺术中，这都是直接的审美对象。

把生成变化视为审美对象，会带来一个理论难题：在生成变化的同时，有什么是不变的、永恒的？艺术和审美是去捕捉事物的变动不居的一面，还是去反思与统摄事物的存在中永恒不变的、普遍的东西，这构成了两种对立的观念，前者追求生动，而后者追求真理。这不仅仅是观念上的冲突，还是艺术创造上的差异，比如静物画：中国古人的工笔画不做明暗处理，但西方一定要考虑黑白灰的明暗变化中体现出事物的现实的时间性存在，如果没有光影就没有时间性。对于中国人来说，事物存在的本然是与时间无关的，所以中国画中会捕捉一种永恒的图式，

---

[1] 康德：《判断力批判》，邓晓芒译，杨祖陶校，第80—81页。文中的"自由活动"，英文为"free play"，可以译为"自由游戏"。

这个图式是超越于时间性的。但问题是在工笔画中，最高的境界又是"生动"，所以这里包含着矛盾：既要承认事物的运动变化所带来的生动，又要获得事物永恒不变的理念或本质的部分。这种对象观由于设定了对象存在的生成性，因而在审美中，动与静的辩证统一就成了必须要达到的理想状态，这个状态通常被认为是事物之"美"。

九 作为镜像与拟像的对象

镜像论是一个源远流长的观念，认为对象是作为实体世界或者某个真实之存在的影像而存在的。柏拉图在《国家篇》中以镜子作喻：人可以手拿一面镜子随意转动，如此太阳、天空、大地、动物、植物，还有此人自己，一切皆见镜中，一切客观存在，实际上都是影子。而亚里士多德在《修辞学》中援引公元前5世纪一位诡辩学家的名言：荷马的《奥德赛》是"人生的一面美丽的镜子"[①]。在这些观念背后，是一个二元论的世界观：一元是本真的、永恒的、至善的理念世界；另一元是现存的世界，是感性的世界，这个世界是理念世界的摹本，或者镜像，这个世界是感性的、是流变的、是不真实的。这种二元论的世界观的根基是柏拉图哲学，根据这种世界观，经验世界是现象，背后有一个本质的世界，这促成了"透过现象看本质"这样一种观念，对象

---

① Aristotle. *Reoric*, 1406b. *The Complete Works of Aristotle*. Ed. J. Barnes. Princeton: Princeton University Press, 1961.

作为镜像是需要被扬弃的,但镜像仍然有其真理性。这种对象观在艺术与美学中有深远的影响,文艺复兴时期两位艺术巨人,达·芬奇与莎士比亚,都用了"镜子"来比喻艺术与现实的关系。达·芬奇是这样说的:

> 画家的心应该像一面镜子,永远把它所反映事物的色彩摄进来,前面摆着多少事物,就摄取多少形象……画家应该研究普遍的自然,就眼睛所看到的东西多加思索,要运用组成每一事物的类型的那些优美的部分。用这种办法,他的心就会像一面镜子真实地反映面前的一切,就会变成好像是第二自然。①

要求艺术像镜子一样真实地再现自然之物,传达出视觉上的真实感,这构成了艺术创作的目的,而在直观中获得这种真实感,构成了一种审美。

莎士比亚则从剧本的创作和演出出发阐发了其著名的"镜子说":"……须知演戏的宗旨,从前也好,现在也好,仿佛要给自然照一面镜子,给德行看一看自己的面貌,给荒唐看一看自己的姿态,给时代和社会看一看自己的形象和印记。"这是《哈姆雷特》第三幕第二场中王子叮嘱伶人的一段话。在这段话中,

---

① 达·芬奇:《笔记》第二卷,伍蠡甫、胡经之主编:《西方文艺理论名著选编》上卷,北京大学出版社,1985年,第161页。

由于镜像能够"呈现"和"反映"现实的情景或者事物的真实状况，因而具有独立的价值。这种观念可以放大为——一切存在物都是某种更高的本体与理念的镜像或者说影子。结果，在镜像与它所反映的对象之间，就有了一个通过比较而进行符合度的判断，符合度越高，镜像越真实。这种真实判断在各个民族的审美中，都是一种基本经验。

在当代哲学家中，"镜像"获得了独立的地位。在《拟像与仿真》一书的扉页上，鲍德里亚引了这样一句话："拟像永远不会隐藏真相——只有真相才会隐藏根本不存在真相的事实。拟像是真实的。"[①] "拟像"是当代思想当中最重要的关键词之一，这个词指称造型艺术中对于客观物质形态的再现，后来还指称事物的影响，还可以表述为具有欺骗性的替代物。但当代思想认为拟像本身不应当被视为虚假的和欺骗性的，恰恰相反，它把由各种拟像共同组成的"镜像"称为"超现实"。这个词的另一个意思是：超越于真实之上。拟像对于真实的超越是这样发生的：

  这就是图像的连续阶段：
  它反映了深刻的现实；
  它掩盖并改变了一个深刻的现实；

---

① Baudrillard. *Simulocra and Simulation*. Trans. Sheila Glaser. Ann Arbor: The University of Michigan Press, 1994, p. 1.

它掩盖了一个深刻现实的缺失；

它与任何现实都没有关系；它是它自己纯粹的拟像。[1]

超越意味着，拟像根本就不能用真实或虚假、"真实"或"想象"这些词来指称，它超越于这种区别，它与现实没有关系。拟像是纯粹的，它就是它自身，没有现实作为参照时，拟像是独立的存在，是超现实的存在。对象作为镜像与拟像，是虚假的，本身并不是实存，但它们被预设为拥有独立的价值。追问这些虚假的镜像所具有价值与意义，构成了当代美学理论的重要课题，而在直观与反思中发现或者阐释镜像与拟像的意义与价值，也构成了一种审美观。

以上九种对象观构成了"人类关于对象是什么"这样一个理论的一个总括，尽管这个总括可能还会被补充，但至少我们可以发现这些对象观与审美之间有深刻的关联：当我说请你对这个对象进行审美的时候，如果你是这九种理论当中的某一种的信徒，就意味着你是在这九种理论当中寻求一个切入点或者一个观看的视点。不同观念的人对对象的认识是不一样的，他会有一个预设，他会去寻找他认为是体现着对象之对象性的那么一个部分，这个时候，他的对象观，会决定他对对象的审美，因为对象观会决定审美者在对象处审视什么。

---

[1] Baudrillard. *Simulocra and Simulation*. Trans. Sheila Glaser, p. 4.

第三节　主体经验对象的方式

把"审美"还原到一个不可怀疑的事实，是一个主体，用一种行为，和某个对象产生一种关联。在这个事实中，主体的状态是由不同的审美观、哲学观、文化观决定的，对象的性质也是根据某种观念与立场预设的。更复杂的情况是，联系二者的那个行为，也是在历史中随着艺术实践的变化与观念的变化而变化的，如果这个行为是主体经验对象的方式，那么，在审美中，主体是怎么"经–验"一个对象的？

一　看（look、intuition）

第一种方式是"看"，在"看"当中有这样一种可能，主体对对象发生了一次纯粹直观。在上文所述现象学中提到了这个概念，即在倒车镜中，主体对对象的观看不做任何判断，悬置判断、悬置情感、悬置酝酿，只是捕捉对象的纯然自在，这是因为人有先验的纯粹直观能力。这是一种观看方式，在这种观看方式里面，人依然在经验对象，只不过在经验对象的时候，是作为一个纯粹主体，对一个纯粹对象进行的纯粹直观。这时，主体得到的是纯粹影像，因而，不需要任何情感，不需要任何理想性事情，不需要任何介入。这很难做到，但是黑白摄影、素描、长镜头、工笔画常常会有这个效果。这种经验方式在现实中很难得，因为我们对事物的观看，总是被各种各样的前见左右着。

二 情观（affect）

在日常经验中，我们常常会获得情感感动，喜、怒、忧、思、悲、恐、惊，还有许多无法名状的情感。这些情感的发生不是一个理性认知的过程，它们的发生也不是必然的，但是遇到某物或某事的时候，我们会感动，这是发生在人类身上的普遍现象。这说明在心灵和外部世界之间，有一种感应性关系，这种感应性关系体现着我们的心灵对于外部世界的性状与变化，会做出一种反应。这种反应有时候是被动的，是被物所感，如斯宾诺莎所说，情感是"身体的感触（affection），这些感触使身体活动的力量增长或减退，顺畅或阻碍，而这些情感或感触的观念同时亦随之增进或减退，顺畅或阻碍"[1]。"Affection"这个词在今天被称为"情动"，是一种感知对象时的身心反应。在情动这种经验方式中，主体是出于寻求与对象之间产生一种情感感动关系而观看对象，或者说，是出于寻求身心的感动而去经验对象。比如说"我看青山多妩媚，料青山看我应如是"，"西北望长安，可怜无数山"，在我观山时，会形成一种包含着情感感动的"情观"，它是以产生情感为目的，为了获得身心的情感反应，需要去共情，去情动，去移情，去体验，直到获得某种情感效果。这种经验对象的方式是浪漫主义审美观的基础，也是现代情动理论和体验论所倡导的经验对象的方式。

---

[1] 斯宾诺莎：《伦理学》，贺麟译，商务印书馆，1997年，第98页。

三 认知（cognition）

认知意味着利用人类的知性与理性对对象形成认识，发现对象的合目的性与合规律性，也是去发现事物的特征与个性，从而形成对对象的整体性的认识。这个认知首先是直观对象，在直观中感知对象的存在与特性；直观之后进行分析，分析事物的构成，它所包含的规定性与规律性，以及诸种一般性特征；分析之后完成综合，综合诸种因素而把对象统摄为一个整体，进而对整体进行意义判断。所以，这样一套认知行为，类似于科学所要干的事儿。在这个行为当中主体可以不动情，但并非完成了一次纯粹直观，因为主体并没有把对象当作纯粹对象，而是当作合目的性的存在。

当主体以一种认知的态度来观看对象，对对象的认知结构、功能、目的、特性，就会进行一种非常冷静的分析，把分析的结果摆出来。写实主义的画家和自然主义的作家就是这样进行创作的，对对象的视觉呈现与语言描述，本质上是一次研究报告。

四 静照（contemplation）

在19世纪及之前，审美都被视为这样一种行为——contemplation——玄默静观，或者译为"静照"，即主体对对象既进行一次静照，又产生了一种意义和价值的沉思（meditation）。后来在静照当中加进去另外一个认知因素叫反思（reflection），这样静照就成了直观、沉思与反思的统一体。这个统一在18世纪的美学中被认为是审美行为的特质，或者说，静照就是审美。在静照中，主体收心内视、凝神观照，既观对象的气韵、神采、精神、魅力，也反思对象的某种意义、价值。这种既直观又反思的状态，构成了人们对于审美这一行为最通行的认识。静照中包含着对对象之实存的超越，也包含着对意义与价值的反思，这种外物所扰的静照态度构成了对现实世界的超越，是对现实人生的一次俯视。

在静照中，对意义与价值的反思是主导性的，静照的前提，是把对象视为实在与象征的统一的：实存意味着，对象是一个客观存在；象征意味着，对象还指称某种意义与价值。比如我们对于松树的欣赏，既是实存，有其物种特征和生命属性，又是某种道德理念（如高洁、坚韧、独立）的象征。对松树的静照，意味着既直观它的存在，又反思它所表征的精神内涵。但是静照中究竟反思什么，是由时代性的价值观决定的，人们总是以"时代之眼"来静照对象，可以静照对象的纯然自在，也可以静照对象的纯粹形式，还可以静照对象作为符号的象征性，也可以静照对象中的神性与灵性。

五 体验（erlebnis）

从19世纪后期到当下，"审美"行为等同于"体验"行为。"体验"一词源于德语中"erleben"的这个词，是表示"生命""生活"的词leben，加上使动词前缀er，指称生命活动的总和，名词形态为erlebnis。德国人所说的"体验"，从其词义来看，就是能动的生命活动，是在生活中对对象的直接经验。这个词的美学意

义首先在19世纪后期狄尔泰的文学与艺术批判活动中显露出来,狄尔泰在解释文学对象以及作品的内容时说:

> 文学创作的对象不是被认识着的精神而存在的现实,而是出现在生活覆盖层中的我的自身和诸事物的性质与状态。……不是对现实的一种认识,而是对我们的生存覆盖层的最生动的经验。除了这经验以外,不再有什么文学作品的思想以及文学创作应予现实化的美学价值。[①]

这种最生动的经验,就是"体验"。它是艺术创作的对象与起点。现代人的体验观侧重于揭示生命本身的内在创造性力量及其与周边世界生动的连接过程。从生命的精神层面强调探索生命的自我创造及其循环更新。——这是人文科学的根本使命,要实现这一使命,只能从人的经验出发。狄尔泰关于体验的认识实际上传达了这样一种思想:人的特殊经验决定着人的理解能力,而这种经验具有唯一性,是个人由其独有的切身感情和体会掌握的,又是个人对某种意义或价值的最深刻的理解。经验的特殊性,使经验的获得过程也自然地属于个人生命的一个组成部分。

"体验"一词的内涵极其复杂,它源于狄尔泰的生命哲学,

---

① 狄尔泰:《体验与诗》,胡其鼎译,生活·读书·新知三联书店,2003年,第149—150页。

并在现象学中得到深化。它第一是指狄尔泰所说的生命化的个人感受，而这种感受可以通过共鸣而获得普遍性；第二，体验可以通达具有自明性的经验认识，体验所获得的是一种真知；第三，体验是意识的意向性构成，以及意义统一体的建构过程，体验建构着对象，体验对象的过程就是产生合目的性的意向性构成物；第四，体验是"在之中"的领会，是在世的领会，体验是人的生存状态；第五，体验是亲身在场，是以身体图式对外部世界的直接感知；第六，审美体验是建立在纯粹直观之上的、对对象的审美区分，这种区分借助于审美意识，而审美意识的核心就是纯粹直观。而在汉文化的语境中，"体验"一词，除了指亲身经历和实地领会，往往还指伴随着认知过程的情感发生——情感不能被"理解"，只能被"体验"。体验是我们交流情感的最主要的方式，在体验中，我们投入一个具体的情境中，既感受对象，也感受整个氛围，然后任由身体与心灵产生属于自己的反应。这种反应由于是自由的，是完全属于审美者个人的，因而是最真切、最具体的。在体验中，我们把对象，无论是有机物还是无机物，想象为一个生命体，想象为一个包含诸种情感可能的交流的对象，似乎在对象（无论是有机物还是无机物）与体验者之间，有一种感应式的关系。

在中华民族传统的体验观中，还暗含着一种对于想象力之活跃的肯定。在进入体验状态后，"浮想联翩""心驰神往"这种心灵状态似乎是进入"体验"状态的必然结果，或者说，这就是体验状态。想象力承担着激活记忆、联想、表象变形等功能，也体现着自由地进行"表象活动"。当我们在体验一个对象时，往往进入想象力的自由状态后，在浮想联翩中，情感才真正进入自由宣泄状态。这就产生了中西方在使用"体验"这个范畴时的差异，西方人所说的体验所强调的是"在之中"的认识所具有的"直观"与"领会状态"；而在汉民族传统文化语境中，体验强调的"在之中"的个体的感受状态，以及想象力和情感的自由。

除了以上五种观念，关于"审美"是一种什么样的行为，在20世纪还产生了许多新理论，这些理论基于人类新的感知经验，也基于理论对于人类的观看方式的研究与反思。比如对电影的观看不同于静观一张画，而是一次"看进"（see in），即通过观看而进到对象中去，把自己设想为一个事件的亲历者。还有一个新术语叫"凝视"（gaze），最初指包含着欲望的直观。当我们观看对象的时候，暗含着某种欲望的需求，所以欲望会对对象实施一次侵入、宰制、控制等目的与倾向。还有一种源于知觉现象学的观念，主体在经验对象时，是有肉身感受的，是一个具身化（Embody）的反应，意思是主体不是在看对象，而是在拿其肉身与对象之间进行感知交流，也就是说主体身体的构成，其身体的眼、耳、鼻、舌、身、意等各个部分都参与到对对象的"观"当中去了。这个观念来自法国哲学家梅洛-庞蒂的知觉现象学，比如说一个人在买车之前，会坐到汽车里感知那辆车：坐进去，闻味道，摸材质，试驾时听发动机的声音与车内外的声音。在这个过程中，主体用肉身建构着其对对象的体认，这时不是在静照对象，而是在用肉身跟对象产生一次具身化反应。

从经验方式的角度来说，随着世界的发展，人类的经验方式，从工具、手段、切入点、立场各方面来看都在变化，如坐着高速运行的轻轨电车看城市空间，或者如宇航员从外太空看地球，再如用显微镜看微观世界等，都是独特的"经-验"对象的方式。我们今天会被各式各样的技术手段引导，从而产生各式各样的新的视觉经验、听觉经验、感受经验、想象经验。人们在经历这样一个过程：捕捉新经验，把新经验变成新感觉，把新感觉变成新思想。在这个过程中，不断有经验方式被审美化，无论是纯粹直观还是静照，或者是情动、体验、凝视与具身化感知，这些经验方式都有某种理由被认定为审美的。

第四节　愉悦

审美活动无论多么复杂，最终都是一种寻求愉悦的行为。问题是，人类的愉悦（happy、pleasure 等）是多样的，什么样的愉悦才是"审美活动"应当获得的愉悦？

人类最基本的愉悦来自欲念的满足，也就是吃喝拉撒睡等本能需要的满足。按弗洛伊德的解说，欲念源自人类的诸多本能，当本能没有得到满足时，会产生焦虑和压抑，而在欲念得以释放与满足时，会产生快适，这种快适更多的来自压抑和焦虑的释放，是一次释然（delight）。这种愉悦更多被称为"快适"，这种快适的产生源于刺激与释放，因此是不自由的，也是以占有对象的实存为手段的。但快适不是审美的目的，快适甚至是审美所要反对的，一次性欲的满足，一次因酒而起的狂欢，吃一块甜食的愉悦，这都不是审美愉悦。尽管弗洛伊德心理学把一种称为"前期快感"的愉悦等同于审美愉悦，但他也强调这种快感需要升华与变形，才可能成为审美愉悦。

第二种愉悦是认知愉悦。理性主义者试图对人类愉悦的发生给出一个认识论的理由，对这个理由的最深刻的表述来自哲学家康德，他认为，"每一个意图的实现都与愉快的情感结合着"[1]。康德发现，"两个或多个异质的经验性的自然规律在一个将它们两者都包括起来的原则之下的一致性，这就是一种十分明显的愉悦的根据"[2]，这个发现可以看作愉悦情感发生在认识论上的总原则，这就意味着，愉悦并不是来自欲念被满足，而是来自被判断出的一致性，这才是"愉快"的根据。这个观念可以解释科学家对自然规定的发现所带来的愉悦，技术人员在某个目的实现时所获得的愉悦，也可以解释18世纪的理性主义者在发现对象之完美时的愉悦。

第三，人类有道德愉悦和道德理念，道德理念的实现和道德愉悦的激活是令人愉悦的。比如有人做了好事，又或者自己干了件好事，内心就会产生一种愉悦，这种愉悦是一次赞同（agreeable），也是一次钦佩（admire），更可能是一次敬佩

---

[1] 康德：《判断力批判》，邓晓芒译，杨祖陶校，第22页。
[2] 同上。

（respect），这些都是令人愉悦的。一个对象之所以能够给我们这样一种道德愉悦，是对象行为体现出了一种合目的性。当一个观念规定着人类应当做什么，当一个人在现实生活中做到了这种"应当"，他的生存与他的应是之间形成了一个统一，这时候人就会产生自我肯定式的愉悦。道德愉悦就产生于我们的道德理念得到实现与肯定时的满足感与敬意中。这种情感的基础是尊敬，而尊敬就是别人做了我应该做而我没有做的事情，我就会产生尊敬（这是康德的说法）。换言之，任何一个行为或者一个事物的功能让人产生了道德理念上的满足，产生人生价值上的合目的性和理想性，就会产生基于敬意的愉悦。

第四种愉悦是一种源于情感释放的愉悦。18世纪的英国思想家伯克（Edmund Burke）认为人类的心灵总处在痛苦、欢乐和中性的平静这样三种状态中，三者间是相对独立的；当快乐消失时，我们的心灵会进入中性状态，或者会进入一种温柔的安谧中；当痛苦消失时，我们的心灵也会进入中性状态，但不会产生快乐。现在，三种情感状态都会发生变化，痛苦会消失，而欢乐也会消失，中性状态会被打破，进入痛苦或欢乐，但又会恢复平静，重新进入中性状态。而这些变化，带来了一些有趣的情感现象：

> 风暴过后，大海依然颠簸，当恐惧的残余完全平息时，一切在该事件中产生的感情也随之完全平息，心情就恢复至通常的中性状态。……这种感情在很多场合是如此令人愉快，但总的说来与确实的快乐迥然有异。我无法命名这种

感情，但这不妨碍其确实存在，并与其它感情不同。可以十分肯定地认为，每种满足或快乐，无论其影响的方式多么不同，在感觉者的心中都有确定的性质。①

伯克没有命名的这种情感，主要是指心灵从快乐或悲伤状态恢复到平静状态时，会产生一种"欣喜"（delight，这个词更应当被译为"释然"）。这是心灵在接受了一种刺激后，复归中性状态时，获得的一种间接的快乐。这个理论揭示了这样一个现象，即人类的情感活动，无论悲喜，在得到宣泄而趋于平静后，都会得到释然之后的愉悦，因此，情感宣泄是令人愉悦的，无论是正面情感还是负面情感，无论是恐惧感还是惊异感，由于欣喜的存在，它们都可以在释放后转化为愉悦。

第五种愉悦来自心灵的自我肯定。当我们发现对象中包含着的"真理性"的内涵，如规律，如必然性，如具有规定性的特征与差异等，都会产生愉悦，自然科学家发现了一个神奇的物质，数学家解出了一道难题，运动员完成了一个高难度的动作，都会在心中产生一种愉悦，也会让旁观者产生愉悦。这种愉悦源自自我钦佩（admire），本质上是一种自我肯定与自我确证，而这种自我确证与自我肯定也会引发他者的肯定，由此在主体和他者处都会引发愉悦。比如庖丁解牛之后，"提刀而立，为之

---

① 伯克：《崇高与优美——伯克美学论文选》，李善庆译，上海三联书店，1990年，第30页。

四顾，为之踌躇满志"。这种自我确证会让庖丁产生愉悦，而旁观者也会对庖丁产生赞叹与敬佩，从而获得愉悦。

还有第六种愉悦，就是宗教经验中的宗教愉悦。在诸种宗教的信徒的宗教经验中，经常会伴随着有"喜悦"。佛教有"十地"之说，第一地就是"极喜地"，"初极喜地，始入见道，具证二空，故生极大喜悦"[1]。这种喜悦就是佛教通常所说的"法喜"（下文以这个词来指称诸种宗教体验中的愉悦感），指听闻佛陀教法，因起信而心生喜悦，这种法喜按佛教的通俗化的说法，指从本心、先天生出来的清净、真诚的喜悦，都是法喜。基督教有相似的观念，圣经中说：

> 我将耶和华常摆在我面前，因他在我右边，我便不至摇动。因此，我的心欢喜，我的灵快乐；我的肉身也要安然居住。因为你必不将我的灵魂撇在阴间，也不叫你的圣者见朽坏。你必将生命的道路指示我。在你面前有满足的喜乐；在你右手中有永远的福乐。
>
> 圣经《诗篇》16：8-11[2]

这种愉悦会拓展到宗教艺术中。中世纪的神甫们有一个这样的说法：

---

[1] 熊十力：《佛家名相通释》，东方出版社，1985年，第210页。
[2] 《圣经》，中国基督教三自爱国运动委员会、中国基督教协会发行，2009年，第519页。

当我们崇敬我们从中听到的上帝之声的《圣经》时，我们赞美上帝。同样，画出的外观，我们观看上帝的物质形态、伟业和人的活动的形象。我们变得纯洁了、认识到信仰的充实、喜悦非常、体验到极乐，我们自豪。我们尊崇并赞美上帝的物质形态，在看着他的物质形态时，在可能的范围内，我们也能洞悉他的神性的光辉。因为我们具有肉体与灵魂的双重本质。没有物质媒介我们无法认识精神事物。依此途径，通过对物质的观照，我们达到对精神的观照。

——约翰·德玛赛斯[①]

无论是圣经还是这种关于宗教经验的解说中，所提到的喜悦非常、体验到极乐，英文的表达是"enthusiasm"（激情、热忱），这个词的源头在柏拉图主义，柏拉图以这个词来指称神灵附体的迷狂状态。这个状态也是充满激情的状态，在柏拉图的理论中，这种激情状态是艺术创作的本真状态，是灵感激发的必然条件，似乎也是艺术欣赏的必然状态，特别是在对悲剧的欣赏中。还有一个词是"ecstasy"（狂喜、出神），它更强调一种忘我的状态，甚至是一种狂热和盲信（fanaticism），这种宗教情感对信徒来说是一种愉悦感受。

最后一种是自由愉悦。发现自由愉悦是18世纪欧洲美学的

---

① 塔塔科维奇:《中世纪美学》，褚朔维等译，中国社会科学出版社，1991年，第57页。

功绩,主要是18世纪末期的德国哲学家康德的贡献。他反思了这样一种日常经验:"花,自由的素描,无意图地互相缠绕、名为卷叶饰的线条,它们没有任何含义,不依赖于任何确定的概念,但却令人喜欢。"① 这个经验不是孤立的,许多自然美都可以引发这种愉悦:

> 花朵是自由的自然美。……许多鸟类(鹦鹉、蜂鸟、天堂鸟),不少的海洋贝类自身是美的,这些美不应归于任何按照概念在其目的上被规定了的对象,而是自由地自身使人喜欢的。所以 à la grecqe 线描,用于镶嵌或糊墙纸的卷叶饰等等,自身并没有什么含义:它们不表现什么,不表示任何在某个确定概念之下的客体,并且是自由的美。我们也可以把人们称之为(无标题的)幻想曲的那些东西、甚至把全部无词的音乐都归入这种类型。②

不知道对象是什么,不知道对象有什么用,却觉得对象令人愉悦,这是人们的普遍经验,这种愉悦被命名为"自由愉悦"。那究竟什么是自由愉悦?它从哪里来?

最初,人们认为是因为我们的想象力可以进行"自由活动"——free play,也可以译为"自由游戏"。1712年英国人约

---

① 康德:《判断力批判》,邓晓芒译,杨祖陶校,第42页。
② 同上,第65页。

瑟夫·艾迪生发表了论文集《论想象力的愉悦》，在这本论文集中，他提出想象力主导的"诸种精神力量的自由游戏"，"这种游戏从本质上讲由于是自由的因而是令人愉悦的，对于我们来说，自由本身是令我们感到愉悦的一个深刻的原因，而且这种游戏还有更进一步的认知与道德的神益"。[1] 而法国人杜博于1719年发表了《对诗、绘画和音乐的批评性反思》，他在其中提出："游戏——也就是自由游戏——是审美经验的本质，它是一种感性能力，而不是更纯粹的知性能力。"[2] 这就意味着，在我们的精神活动中，想象力这样一种独特的非理性能力，可以处在自由活动的状态中，会产生自由想象，而自由想象这个精神状态本身是令人愉悦的。这些思想汇集在康德美学中，产生了康德对于自由愉悦的这样一种认识：我们对于对象之鉴赏，首先是获得关于对象的表象，而这个被给予的表象，包含着一种能普遍传达的"内心状态"，这个内心状态是一种情感状态——"内心状态在这一表象中必定是诸表象力在一个给予的表象上朝向一般认识而自由游戏的情感状态"[3]。在这个地方，我们第一次见到了这个词——"自由游戏"[4]，正是这种诸表象

---

[1] Paul Guyer. *A History of Modern Aesthetics*, vol. 1. New York: Cambridge University Press, 2014, p. 64.
[2] Ibid, p. 81.
[3] 康德：《判断力批判》，邓晓芒译，杨祖陶校，第52页。
[4] "Free play"这个词在第三批判的汉译中，没有被作为一个专门化的术语，在不同语境下被译为"自由活动""自由发挥"或者"轻松发挥"。

力的自由游戏引发了我们的自由愉悦。

自由愉悦在18世纪的诞生是人类精神发展史的一个里程碑，它随即被欧洲人确立为美感的本质，成为欧洲人所说的审美自律的根基，也迅速成为艺术美的本源。

关于人类的愉悦，无论是身体的还是精神性的，还有许多种可以罗列出来，甚至还有一些不令人愉悦的情感会通过某种生理机制与心理机制再转化为愉悦，我们笼统地把源自生理与肉身的愉悦称为"快感"，而把精神性的愉悦称为"愉悦"。人类的快感和愉悦就其来源和形态来说，是多种多样的，虽然欧洲人最后把自由愉悦认定为审美应当追求的愉悦，或者审美判断的尺度，但从人类文明史的角度来看，情况复杂得多：许多民族在某些历史时段把道德愉悦视为美感，有些时段真理感被视为美感，甚至源自欲念满足的幸福感也被视为审美愉悦。因而，审美究竟引发哪种愉悦，是一个历史和文化的问题。但就近代以来西方人所创立的"美学"这个学科在全球化的进程中所产生的影响来看，人们的普遍共识是，审美愉悦是一种"非功利性的精神愉悦"，至于上述哪些愉悦可以被纳入"非功利性的精神愉悦"，则是由观念的立场和对"非功利性"的理解决定的。

结合本章的分析，对审美的认识，或者说审美活动的构成，总是这四个环节相互组合的结果，每一个环节的构成孰先孰后可以不计较，甚至每个环节应当选择一项还是几项填入，也是可以自由决定的。但总体来说，这四个环节的诸多选项，构成了人们研究审美活动时的基本问题域和理论话语。

审美的问题域

主体	行为	对象	愉悦
感性主体	看（look、intuition）	质料和形式构成的纯粹现象	自由愉悦 认知愉悦
		纯然自在	
	情观（affect）	作为合目的性存在的审美对象	道德愉悦
知性主体		作为有机整体的审美对象	
	认知（cognition）	泛灵论的审美对象观	情感释放的愉悦
理性主体		泛神论	
	静照（contemplation）	实在论的对象观	心灵的自我肯定
非理性主体		生成论的对象观	
	体验（erlebnis）	作为镜像与拟像的对象	宗教愉悦

第三章
"审美"的行为构成

人类的认知行为有许多种,最基本的划分是:感官感觉、知性判断、情感体验、理性反思、想象力的自由创造、直觉领会、精神感觉等。究竟是哪些人类的认知能力与行为构成了审美,这是由历史、文化与观念的倾向性决定的问题。这些问题可以具体概括为:审美是感觉还是判断?是直观还是反思?是体验还是直觉?是自由想象还是精神感觉?它是因何发生的?

第一节 感觉与判断的交融

审美是一种感觉,还是一种判断?如果是感觉,那么审美就会是一种感性的、直接的、无关概念的、本能式的反应活动;如果是一种判断,那么审美就是一种理性认知活动,包含着对于意义与价值的认识与评判。从美学史上看,近代以来人们在这个问题上摇摆不定。17世纪的法国人认为审美是一种判断,是要从对象中判断出"理式",但18世纪的英国人认为审美是感觉，是一种具有普遍性的感官感受能力，所以他们用"taste"（品味）这个词来指称鉴赏活动，并且希望找到一种专门负责审美的器官。但同时期的大陆理性主义者们认为审美是对事物的完美的判断，尽管他们还希望能够感受到这种"完美"，因为审美在他们看来包含着感受的判断。18世纪末期的康德美学认为审美是判断，并且使用了"审美判断"（aesthetic judgment）这个词取代taste，但康德仍然为感觉留下了余地，认为审美是像感觉一样的判断，是感觉与判断的结合，仍然是一种判断。19世纪的美学家们对这个问题的回答更加多元：黑格尔认为审美是判断，是对艺术中的心灵性的因素的判断；叔本华坚持了康德的观点，将判断与感受结合起来，把审美视为对理念的感受；尼采的回答是把审美归入生理性的感受，形成"美学生理学"这样的命题；马克思则希望感官直接成为理论家，由此可推知，在他看来审美就是一种像判断的感觉；桑塔亚那则认为，审美是感觉化了的理性判断。

感觉是通过感官获得的反应，而判断是通过理性获得的认识。在感觉与判断之间的摇摆，说明人们对审美行为的认识，在感性与理性之间摇摆，由此形成了不同的立场。总体来说，理论家们相信审美行为是感官反应与智性判断所构成的双重模式。"审美"行为总体上可以分为两个层次，一个层次是审美反应，是建立在感官感受之上的直观反应，它包含着愉悦的情感；另一个层次是审美判断，是反思对象中包含的理念，会产生反思愉悦。当代美学家把审美分为审美反应（aesthetic response）与鉴赏判断（judgment of taste）两个行为。[①]通过审美反应获得愉悦的内心状态，而通过审美判断评价这一愉悦，或者说，用这一愉悦反思对象，获得反思愉悦。审美愉悦既是来源于反应的，也是来源于审美或者鉴赏判断的，前者保证审美愉悦的感性直观性与非概念性，后者保证审美愉悦的普遍性。通过这样一个区分，作为内心状态的自由愉悦，与作为反思判断之结果的反思愉悦形成了这样一种关系：自由愉悦是反思判断的根据，反思判断通过它进行判断，再获得反思的愉悦。由此，审美愉悦实际上是双重愉悦，一重是来自审美反应的自由愉悦，另一重是来自鉴赏判断的反思愉悦。

但感觉与判断这两个行为是怎么结合在一起的？在对一个对象进行审美之时，有这样一个独特现象：我们看八大山人的画儿，会感受到一种桀骜孤冷之气；看郑板桥的竹，会有一种挺峻劲健之气……这种"气"难以言传，却可以感受到。在审美中，被我们看到和听到的，不仅仅是一些感性具体的因素，比如色彩、结构、节奏、线条等，而且是这些感性因素所传达出的"气"与"韵"、"神"与"采"，是一些超感性的东西。这些东西可以被直观，但又不是单纯感性的，是"感性的一般性"。这在中国古典美学与艺术理论中有生动的体现，中国古典美学的大

[①] 这个区分的提出见 Paul Guyer. *Kant and the Claims of Taste*. Cambridge: Cambridge University Press, 1997, p. 139。在盖耶近二十年的论文中，他也经常用"审美判断"（aesthetic judgment）来代表鉴赏判断，就形成了审美反应与审美判断的对举。

多数范畴，比如风骨、刚健、神韵……都是这种感性的一般性表达。这并不是某一个民族的审美特性，而是审美这种人类行为的普遍特征。在西方，这种"感性的一般性"在18世纪得到了理论化的表达。

18世纪的哲学家康德发现："一首诗可能是相当可人和漂亮的，但它是没有精神的。一个故事是详细的和有条理的，但没有精神。一篇祝辞是周密的同时又是精巧的，但是没有精神。"① 这种说法在中外的艺术批评与审美实践中比比皆是，这说明，美的事物或艺术作品中有一种精神性的、心灵性的东西鼓动我们的心灵，这个东西既像是感觉的对象，又像是判断出来的。同时，在审美中还有一种情感现象，有一些情感，比如伤感、乡愁、忧郁、爱怜等总是个体的感受，但这种个体感受却具有普遍性，可以用上面这些词来指称，从而有了公共性，并且与某些对象之间有了近乎符号般的联系，比如思乡和月亮，不舍之情与杨柳，这些情感可以被感性地呈现，可以被感性地体验到，却又具有概念一般的普遍性。

这类情感和上文所说的"精神"，都具有一种二重性：既是感性的，又是超感性的！它们被称为"审美理念"（aesthetic idea，也可以译为"感性理念"）。康德认为审美理念是由想象力创造出来的表象，这种表象"引起很多的思考，却没有任何一个确定的观念、也就是概念能够适合于它，因而没有任何言说能够完全

---

① 康德：《判断力批判》，邓晓芒译，杨祖陶校，第157页。

达到它并使它完全得到理解"①。它有以下层次的内涵：

  首先它是想象力所创造出来的一类表象；其次，这类表象具有对于经验的统摄性，又具有对于经验的超越性，接近于理性理念；第三，它可以引起很多思考，但不可被完全理解，意义具有不确定性；第四，它的内涵可以在，甚至只能以感性化的方式呈现出来，比如天国或者善良、幸福这样的理念，内涵不明确的，但在具体的经验中，或者说感性对象中，我们却可以体悟到。最后，审美理念不具有直接的经验形态，它不是形象，也不能称之为意象，它在自然界中找不到实例。②

这个理论可以解释这样一个现象：当我们在欣赏一幅以兰花为题材的画儿时，看出兰花喻君子之德，这不算"审美"，这是对象征的认识，但如果我们看到兰花"生动雅致"，那这是"审美"！审美不是对对象的内容性的理念进行把握，而是对"生动雅致"这个特殊的审美理念的领会与"感悟"③。对"审美理念"

---

① 康德：《纯粹理性批判》，邓晓芒译，杨祖陶校，第158页。
② 刘旭光：《论"审美理念"在康德美学中的作用——重构康德美学的一种可能》，《学术月刊》2017年第8期。
③ "Aesthetic"这个词通常译为"审美"，但在康德的语境中，也有学者探究出其本真的意味是"感悟"，见卢春红：《从康德对Ästhetik的定位论"ästhetisch"的内涵与翻译》，《哲学动态》2016年第7期。

的"感悟",把"审美"与"内容性的认识"区分开来,和单纯的情感体验区分开来。更重要的是,审美如果是对审美理念的领会,而审美理念具有非概念性的和感性的,但又是一般性的,那它就可以克服审美判断的二律背反(正题是鉴赏判断是建立在概念之上的,反题是鉴赏判断不是建立在概念之上的。正反题都具有合理性①),因为在它身上,背反的东西本身是统一在一起的。

审美理念有点神秘,它是想象力和知性之间的协和一致的单纯主观原则,且只与直观相关。它不能概念化,只能直观,因此它不是任何知识,而且是想象力不能阐明的。②但它又具有概念的普遍性或者说判断所获得的普遍性,因此,审美与艺术创造活动就具有一种非理性的神秘性,成为感觉与判断的统一。

第二节 直观与体验结合

对于审美是感觉还是判断,20世纪的现象学美学家给出了另一种回答——审美是一个直观与体验相结合的经验过程。在他们看来,审美经验的发生不是一个反思的过程,而是在感性经验中对对象的意识的生成过程,也是对象在意识中的生成与

---

① 详细的说明见康德:《判断力批判》,邓晓芒译,杨祖陶校,第184—185页。
② 在《判断力批判》第二章的注释中,康德再次描述了审美理念的非概念性、主观性和直观性。见康德:《判断力批判》,邓晓芒译,杨祖陶校,第187页。

显现的过程。一个对象成为审美对象的过程，也正是它被经验为审美对象的过程。这个过程可以做这样的描述：对象首先是一个"物理图像"或"物理事物"，再美的自然还原到物理高家堡，就是一方自然存在；一张油画还原到物理事实是布料、颜料；音乐还原到物理事实是一段声音。这个物理事实是人们在审美时直接面对的，而后，它会被主体经验为"图像客体"或"精神图像"。这种客体又被称为"展示性的客体"，也就是说，是通过那些物理图像展示出来的一种新的图像，比如在面对一张油画时意识到那是某人的肖像，一段声音被经验为旋律或某种心情的呈现，一块砖雕上的图案被经验为"莲花"。而这个图像客体是根据某些经验事实而被认定为是某物的，是精神图像之所以是某种事物之图像的根据。此类客体是"被展示的客体"，也就是画家在画出莲花图案时所依据的实在的莲花等，又可称之为"图像主题"或"实事"。这之中，"精神图像"是把审美对象与一般的认识对象区分开来的唯一办法。那么精神图像是怎么获得的？精神图像源于对对象之存在的"悬置"，通过悬置，使得它既不存在，又存在：不存在指它不是实存，不具有实体性；存在指它是作为图像而存在的。对对象之存在的悬置，就是把物理图像向精神图像转化的过程，这个过程现象学家们称其为"现象学直观"或"现象学悬置"，但在20世纪的美学与审美实践中，这个过程被视为是审美的，审美对象作为图像客体，是在这一过程中产生的。

在物理事实到精神图像的过程中，精神图像是被主体建构出来的，它是一个意向性构成物，是主体通过自己的意向性活动建构出来的意义对象。比如米开朗琪罗的石雕《大卫》还原到物理事实是一块石头，但它被经验为古代希伯来人的民族英雄，这个过程是一个意向性的建构过程，在现代美学中叫"体验"。通过体验，对象被经验为一个统一的意义整体。体验是包含着直觉式的生命活动与寻求普遍性的概念活动的某种融合——体验不仅仅是生命感受，而且是真知的开始，它是合目的性的意向性构成物。

在现象学的视野中，体验是建构意向性构成物和意义统一体的过程。在这个过程中，主体的诸种生命能力都会参与其中。它也是亲身在场的真知的开始，所有这些性质，马上被引入审美领域中。通过体验，对象从一"物"转化为一个意向性构成的意义统一体，成其为审美对象，现象学意义上的体验就被直接转换为"审美体验"。在审美体验中，某物抛开了一切与现实的联系而成为审美对象，更重要的是，体验者的生命活动，也就是他最真切的存在，直接而持久地融入审美对象中。根据这种观念，审美的第一步是还原性的直观，在这种悬置性的直观之后，体验开始进行意向性构成活动，通过这一过程，一个具体的对象转化为精神图像，从而成为审美对象。

在现象学家们所提出的直观与体验理论中，孕育出了现代美学中的"审美的观看"理论。审美的观看被视为主体的一种存在状态，在这种状态中，主体直接和对象的存在打交道，审美的观看意味着，观看不是把对象与所观看的事物和某个普遍性的东西、已知的意义、已设立的目的匆匆结合在一起,它并不通向某个"具体的普遍性",因此,审美的观看,或者说审美体验是直接与对象的"本身"打交道的。在审美体验中,我们通过感性,甚至是感觉,与对象自身产生直接的交流,对象"自身"在审美体验中是直接呈现出来的。但审美体验同时作为意向性构成活动,最终导向某个普遍性的"意义",使得对象成为意义统一体。通过这一套理论,"体验"(erlebnis)一词在 20 世纪取代了"静照"(contemplation)一词,成为 20 世纪对审美这一行为的基本认识。

第三节　静照与情动的统一

关于审美这种行为的构成,美学史上最重要的两种观点是:审美是静照;审美是情动。

一　静照

"静照"(contemplation)[①] 这个词在 19 世纪中期之前,被认为是审美这种行为的本质。这个词在中古时代主要是一个基督教术语,意思是透过祈祷或默想,来感受上帝的力量,是一种对于上帝的单纯的直觉凝视,并由此看见上帝的神圣本质,因此在

---

① 这个词在汉语中通常的译法是"沉思"或"静观",也译作"观照",或者为了表达静默这层意思而译作"凝神观照",本书译为"静照",取"澄怀观道、静照忘求"或"静穆的观照"之意。

神秘主义与灵修中有着重要的地位。这个词在18世纪成为美学最核心的观念，成为"审美"所指称的那种行为，甚至是"审美"的代名词。

什么是"静照"？对于希腊人来说，生活是由两种形态构成的，一种是行动（或者说实践），包括劳作、制造、竞技、演讲、辩论；另一种就是静照，包括直观、沉思，或许还应当加上写作。强调静照对于人生的意义，最初见于毕达哥拉斯学派的宗教生活，这个学派追求灵魂与肉体的分离，从而实现人生的解脱，为此，他们以苦修与执戒来净化人生，并且相信静修、音乐陶冶与数学研究是颐养灵魂的办法，这就让静照成为一种生活方式和一种净化灵魂的手段。在静照中，灵魂认识到宇宙之和谐、之美善，从而获得心灵的安宁与幸福。这种观念转化为柏拉图的一个信念：对真理的静照是灵魂的营养！[1] 静照首先是从尘俗事物中解脱出来，它与"实践"或者"行动"相对，也与"感知"和"感受"相左，它是在自由与闲暇中培养出来的。静照主要是指哲学家摆脱俗务，摆脱日常生活，超越于感觉与经验，进而"从整体上思考问题"[2]。静照也是对真理、知识与幸福的思考，是从反思的角度对一般性或者普遍性的思考。这种思考超越于感觉、有限经验和普通技艺，用静照追寻世界的普遍性，构成了柏拉图所描述的一种获得知识的生活方式，只有这种生活方式

---

[1] 柏拉图：《柏拉图全集》第二卷，王晓朝译，人民出版社，2002年，第161页。
[2] 同上，第697页。

才能摆脱感觉与经验而获得普遍性,这说明,"静照"实际上是思辨的寻求普遍性的活动。

亚里士多德认为我们的生活有三种选择:"第一种就是我们方才所说的享乐生活,除此而外,另一种是政治生活,第三种则是思辨的、静观的生活。"①亚氏认为只有第三种生活,能够带来持久的快乐与幸福,为什么呢?

> 哲学以其纯洁和经久而具有惊人的快乐,很有理由认为,对知识的享受比对知识的探索更为快乐。所说的自足,最主要归于思辨(contemplation)活动。……理智的活动则需要闲暇,它是思辨活动,它在自身之外别无目的,它有着本己的快乐(这种快乐加强了这种活动),它有着人可能有的自足、闲暇、孜孜不倦,还有一些其他的与至福有关的属性,也显然与这种活动有关。如若一个人能终生都这样生活,这就是人所能得到的完满幸福……这是一种高于人的生活,我们不是作为人而过这种生活,而是作为在我们之中的神。②

在闲暇中过静照的哲学生活,而获得持久的快乐与幸福,这种生活方式是人类最高的生活方式,是对柏拉图静照观在伦理学上的发展。在这个发展中,静照本来是追求普遍性的哲学

---

① 苗力田主编:《亚里士多德全集》第八卷,苗力田译,中国人民大学出版社,1994年,第7页。

② 同上,第227—228页。

反思，却转化为伦理学意义上的至善生活，是幸福所在。

这种生活方式与审美有两重关系：首先是柏拉图在《会饮篇》中以审美为例解说了静照中真理获得的过程，这使得新柏拉图主义可以直接概括说"审美就是一种静照"；其次，在闲暇中获得的持久的精神愉悦，这种愉悦和后世人们所追求的美感愉悦在性质上是相同的。由于这两点，柏拉图主义者们自然而然地把审美视为静照的一种，而古典主义者们把审美愉悦等同于从静照中获得的愉悦。

大约在18世纪初，"静照"这个词被审美化了。英国思想家夏夫兹博里认为，对自然美景单纯的欣赏的乐趣与占有它们的愉悦感是截然不同的，前者是对美的理智的、精雅的静照，后者是贪婪的、奢侈的妄想。当满足了后者的愉悦或者说是一种快适时，可能会进而要求消费、占有新的愉悦来获得更多的满足感，无利害的、纯粹的审美愉悦来源于对美的比例、秩序进行静照后获得的内心的平静与和谐。夏夫兹博里的观念在18世纪几乎是共识，特别是18世纪中后期一批出身新教徒的思想家，如沃尔夫、门德尔松、苏尔策和鲍姆嘉通等人，这些神甫对审美的理解，实际上是把基督教的静照观世俗化的结果，是心灵和理性对对象的沉思性、反思性的认识。这种认识有一种超越性，超越于肉体感官的影响，超越于现实的功利性的思考。

在理论上把审美确认为静照的，是18世纪后期的德国哲学家康德，康德在区分快适、善和美所带来的愉悦时，说了这样一段话：

快适和善二者都具有对欲求能力的关系，并且在这方面，前者带有以病理学上的东西（通过刺激，stimulos）为条件的愉悦，后者带有纯粹实践性的愉悦，这不只是通过对象的表象，而且是同时通过主体和对象的实存之间被设想的联结来确定的。不只是对象，而且连对象的实存也是令人喜欢的。反之，鉴赏判断则只是静观的，也就是这样一种判断，它对于一个对象的存有是不关心的，而只是把对象的性状和愉快及不愉快的情感相对照。①

这段引文中的静观，就是 contemplation（静照）。在这里，康德明确地把静照与审美统一在一起，或者说，判定审美是一种静照行为。静照与鉴赏判断有高度的一致性，二者都是对对象的存有的不关心，也就是说，二者都是非功利性的直观。这种直观并不考虑对象的价格与实用功能，而只是关于对象的意义与价值问题。二者的非功利性是相同的，二者的反思性也是相同的，不同之处在于，鉴赏判断或者说审美只是把对象的性状和主体的情感相对照，而静照似乎更广泛，涉及更多的意义与价值的反思。

康德在使用"静观"这个词时，把它视为一种身心状态，与之相对的是激动（emotion），因此在比较自然之美和自然之崇高时，他指出"崇高的情感具有某种与对象的评判结合着的内

---

① 康德：《判断力批判》，邓晓芒译，杨祖陶校，第44页。

心激动作为其特征,不同于对美的鉴赏预设和维持着内心的静观"①。在此,他强调了审美与静照上的一致性——"静",认为二者摆脱了内心情绪上的激动的平静状态,是玄思默想状态,而且最终达到的心灵状态是平静的。康德也把静照本身视为一种愉悦(见第三批判的第39节),一方面,静照是一种非功利性的愉悦的来源;另一方面,它等同于"愉悦的一种形态"。这样,审美和静照就一体化了,审美成为静照的一部分,是只关乎对象之形式的静照。由此,审美被静照化了,成为与行动、与欲望、与激动相对的行为——这是审美自律性的必然,正如当代的美学史家所指出的:

> "非功利性的沉思(contemplation)"和"审美经验的自律"这两个康德和谢林美学思想的核心观念,可以浓缩"美的艺术"这个现代新概念中产生的新的思想方法。②

自此以为,当人们"栖息于,及全神贯注于眼前对象的静观中,超然于该对象和任何其他对象的关系之外"③时,就被认为是在审美。

---

① 康德:《判断力批判》,邓晓芒译,杨祖陶校,第85页。
② Larry Shiner. *The Invention of Art: A Cultural History.* Chicago: University of Chicago Press, 2001, pp. 144–145, 151–156.
③ 叔本华:《作为意志和表象的世界》,石冲白译,商务印书馆,1982年,第249页。

二 情动

但于静照审美化的同时，还有一种与静照相反的行为也被认为是审美了——情动。

在日常的审美经验中，总是包含着情感感动，这是事实，是因为在心灵和现象之间有一种感应性的关系，某一些现象会让我们感动，会激起我们内心中的某种激越的情感（emotion），有时候令人兴奋，有时候令人感伤，有时候令人悲慨，有时候令人沉闷或者压抑，不一而足。这个现象说明人会对外部世界发生情感感动式的反应，这个现象在哲学上叫情动。"情动"作为一个哲学概念始于17世纪的哲学家斯宾诺莎，但在当代法国哲学中发展成为有关主体性生成的重要概念。在《伦理学》中，斯宾诺莎将"情动"视为主动或被动的身体感触，即外部世界与身体之间的互动过程，这种互动会增进或减退身体活动的力量，亦对情感的变化产生作用。在斯宾诺莎的用语中，"affectus"既是心灵的也是身体的状态，是一个名词，也是一个动词。它与感觉（feelings）、情绪（emotions）和感受相关但不等同于它们，"情动"更强调身心与外部世界的"互动"的关系，不仅是一种情感表达，还强调一种"反应力"的强弱与增减状态，且关注身体、情感和这种力所引发的潜在变化之间的关系。情动是日常经验中的普遍现象，也是艺术与审美所引发的最普遍的主体经验。那么，情动是不是审美？

由于情感感动的发生经常被哲学家和诗人描述，因而常常被视为一种审美状态的开始,这个状态的标志是内心的激动与冲动状态,是一种非理性状态,通常会使人陷入狂热之中。出于这个原因,中西方的思想家们都想用静照来抵抗情动,因此通常不认为它是审美,但自18世纪浪漫派运动兴起之后,情感感动被认为是自然与艺术所引发的必然的身心反应,因此就被审美化了。对此理论家们有两种解释:第一种解释源于亚里士多德的"卡塔西斯"(κάθαρσις)的传统,认为艺术和自然在激活了观者内心的情感之后,无论是悲是喜,由于这情感不关涉具体的利害关系,因此最终会趋于平静;而心灵的静化过程,也是心灵的净化过程,因为过度的情感被消除了,这最终会带来愉悦,这一现象在中国的文化传统中被称为"陶冶"。第二种解释认为,在情感感动中,"当心灵观察它自身和它的活动力量时,它将感觉愉快,假如它想象它的活动力量愈为明晰,则它便愈为愉快"[1]。基于这两种解释,情感感动能带来心灵的愉悦,因此是可以被纳入审美的。

19世纪中后期的现代派思想家们更为激进,他们认为情动本身就是有价值的,是美的,无论它是否带来愉悦。诗人波德莱尔认为:"每一种美的特殊成分来自激情,而由于我们有我们特殊的激情,所以我们有我们的美。"[2]这种观念把激情和美等同起来,并且强调想象力的作用,是浪漫派的普遍观念。而尼采更

---

[1] 斯宾诺莎:《伦理学》,贺麟译,第142页。
[2] 波德莱尔:《1846年的沙龙:波德莱尔美学论文选》,郭宏安译,广西师范大学出版社,2002年,第264页。

为激进，他认为："……兽性快感和渴求的细腻神韵相混合，就是美学的状态。后者只出现在有能力使肉体的全部生命力具有丰盈的出让性和漫溢的那些天性身上；生命力始终是第一推动力。"①快感和欲求，这些本来是想通过静照在艺术中被超越或征服的东西，在尼采的理论中被视为审美状态，结果，强烈的身心反应、肉身的欲望状态，在现代派的艺术与后现代文化中，都可以被纳入审美。

虽然理性主义者会认为把情感感动审美化，违背了审美的静照传统，挑战了"情动有辱理性"（affect contaminates reasoning）这一古老而传统的哲学假设，但"情动"作为感知对象时的身心反应，有时候是积极的，是心灵在想象力的推动下，对对象进行主动的感知，从而主动地获得一种感受。被动的情感是一种身心对外部世界的反应，但主动的情感像是一次合目的性判断，因此，主动的情感感动，如道德情感的感动，精神情感（如自由感、和谐感、正义感、忏悔感等）的感动，以及其他具有形而上学性质的情感感动，和静照就很接近，因而此类情感感动一直被认为是审美的一种形态。

虽然静照和情动是两种相互否定的行为，但毕竟二者在审美中都有重要的地位，而且，静照本身也可以产生情动效果，因此，一些批评家试图把静照与情动统一起来，让它们共同构成审美，比如19世纪的英国批评家沃尔特·佩特在他的鉴赏理论

---

① 尼采：《权力意志》，张念东、凌素心译，商务印书馆，1998年，第253页。

中使用了一个具有调和意味的短语"impassioned contemplation",这个短语是浪漫派的激情观念与新柏拉图主义及理性主义的沉思观念的结合,是由欲望而起的激情与静照沉思的结合。沃尔特用这个词来解释华兹华斯的创作,认为艺术应当表现人类最伟大的与最普遍的情感,并且充满对这种情感的沉思。[①] 按这个观念,审美也应当是激情化的情感感动与静照的结合。

第四节 审美思维

在 20 世纪受现象学影响而产生的经验论的美学研究中,有一种理论认为审美是一种综合性的感知过程,这个过程不是纯粹与单一的,但可以构成一个叫 Ästhetisches Denken(从字面上可以有两个译法,一个叫"审美思维",另一个叫"感性之思")的特殊的认知方式。在这个观念中,"审美判断"被更加浅表化的一个词取代了——审美感知。审美开始于对对象的感性感知,这是个常识,但由于对审美经验的关注,人们做了这样一个理论设定:审美经验首先是感性经验。这个设定被极端化为审美经验就是感性经验,这就形成了一种奇怪的审美观:如果我们对于对象的感知只是停留在感性层面,不去深入判断与反思层

[①] Walter Pater. *Appreciations, with an Essay on Style*. New York: The Macmillian Company, 1903, p. 62.

面，那么这种感知就是审美的。"Aesthetic experience"这个词或许应当被译为"感性经验"，但通常被翻译为"审美经验"。这并不是一个翻译错误，而是因为"aesthetic"这个词在英文与德文中，本身就有"感性"和"审美"双重含义。更为重要的是，20世纪中后期以后，感性经验和审美经验确实交叠在一起，并且"感性经验"取代了"审美经验"。这本质上是放弃判断与思考在审美中的作用，而强调感官感知的敏感性，但是审美经验确实又包含着精神性的内涵，因而，就需要在感官感知和智性认知之间进行统合。①

将"审美"理解为一种介于感性与理性之间的一些认识能力的综合，在中西方都有历史传统。在1739年的《形而上学》中，"美学"的命名者鲍姆嘉通定义了"aesthetic"。他说："相关于感觉（sense）的认识与呈现的科学就是 Aesthetics。"② 他马上给了这个词一个夹注："低级认识功能的逻辑，优雅（grace）与沉思（muse）的哲学，低级的 gnoseology③，优美地思考的技

---

① 这种观念在理论上的代言人是德国人韦尔施，"Ästhetisches Denken"就是他的一本著作的名称。
② Alexander Baumgarten. *Metaphysics: A Critical Translation with Kant's Elucidations, Selected Notes, and Related Materials*. Translated and edited with an introduction by Courtney D. Fugate and John Hymers, p. 205.
③ 这个词颇难翻译，它是由名词 gnosis + logy 构成的，"gnosis"的意思是灵界知识、神智、神秘的直觉。Gnoseology 最外在的第一层意思是关于认识的科学，第二层意思是对于认知过程的认识，第三层含义应当是"神思"。

艺（art of thinking beautifully），类理性认识能力的技艺。"① 由于 gnoseology 既是现代意义上的感性的，又是直觉性的，还是一种可以达到一般性的认识，因此，当审美被划入这个领域的时候，它就变成了一种特殊的综合能力：感性、直觉、非逻辑的认知能力的融合。这种认识论非常适合解释审美与鉴赏活动的特性：既可达到一般性或者普遍性，又是感性且非逻辑的，这种 gnoseology，或者说 gnoseology 之中的类理性的 aesthetics，才是今天我们所说的"审美"的认知构成之域。

这种能力在当代哲学里，由于现象学的兴起而重新受到关注，其中的代表就是海德格尔所提出的"思"一词。维特根斯坦认为我们不能思考非逻辑，除非我们能够非逻辑地"思"。那么非逻辑的"思"是否可能？海德格尔认为可能！他举过这样一个例子："玫瑰之红艳非客观物，也不是表象，但我们却通过对它的名命而思考之、道说之。据此看来，就有一种既非客观化，又非对象化的思与言。"② 这说明，有一种比表象式思维更原始，表象之从中而出的"思"。用"思"这个词取代"思考"与"思维"这样的词，是因为我们的思维是逻辑化的，我们有思维的规则——逻辑；有思维的工具——范畴；有思维的对象——客体的表象，这使得思维本身就是一门技艺，但是对于原初的"思"而

---

① Alexander Baumgarten. *Metaphysics: A Critical Translation with Kant's Elucidations, Selected Notes, and Related Materials*. Translated and edited with an introduction by Courtney D. Fugate and John Hyers, p. 205.

② 海德格尔：《海德格尔选集》，孙周兴编译，上海三联书店，1996年，第757页。

言,"思既不是理论的也不是实践的,它发生于此种分别以前"①,在这种分别之前,海德格尔认为存在着对存在之领悟,这种领会是原初的、非逻辑化的、非表象性的对存在之领会,这种领会被称为"思"。

在这个思与 gnoseology 构成的认知语境中,审美既可以是一种先于判断的、非概念的"思",也可以是一种汇集诸种感性认知功能,并能把握到一般性的感悟、领会与神思。一些当代美学家正是在这个理论框架内工作的——将我们所说的狭义的"感性认识"与感性学,导向 gnoseology 和"思"。这构成了当代人对于审美的最基本的认识,并以此来反对审美判断理论和单纯的感觉主义,其中最具代表性的就是德国美学家韦尔施。

韦尔施研究审美的理论方案是:一方面,强化"aesthetic"一词的感性学意味,将其视为 gnoseology 式的感受能力;另一方面消解"aesthetic"一词的判断意味,强调其中"思"的意味。这个方案具体体现在他的 Ästhetisches Denken(审美思维)命题之中。韦尔施认为,aesthetic 就是使感性能力活跃起来,使我们的 gnoseology 活跃起来,但过于激烈的 aesthetic 又会使我们的感性能力与 gnoseology 陷入麻木。这就意味着,对于 aesthetic,我们既要使其活跃敏感,又要防止因为过度而脱敏麻木。这是一种感性的辩证法,这个辩证法是陶醉(Berauschung)和麻醉

---

① 海德格尔:《海德格尔选集》,孙周兴编译,第400页。

（Betäubung）的辩证法。为了反对感性的麻醉状态，他创造了一个词：Anästhetik。这个词本意是指凭借麻醉使肉体失去感知能力，处于某种感官麻木的状态。韦尔施描述了作为感官知觉之反面的反感性的特征：

> "反感性"是对"感性"相反的应用。反感性意味这样一个基本的感性状况：感官的敏感性失效了。当感性具有强大力量的时候，反感性状态就是一种麻木，即对感性的损耗，阻止感受能力或使失去作为，以及达到这样的地步：从身体的迟钝到精神的盲目。简单地说，反感性就是感性实践的反面。[①]

对这段引文进行翻译的困难在于，原文中的"Änästhetik"一词既是指"感性的"，又可以译为"审美"。或者说，韦尔施是在讨论以愉悦为目的的审美活动吗？不是。韦尔施一直呼吁"忘记康德吧！"那忘记之后去了哪里？去了更广泛的感知领域，或者说 gnoseology 和"思"的领域，显然是一个更丰富、离生活的具体感受更近，也更活跃的领域。在这个领域中，我们所说的审美，实际上是 gnoseology 式的感知活动。这种理论使审美成为身心感受能力的综合，这就放大了审美的领域，走出了康德的反思愉悦和德国古典美学所坚持的直观愉悦，也走出了现象学建

---

① Wulfgang Welsch. *Ästhetisches Denken*. Stuttgart: Reclam, 1990, p. 10.

立在纯粹直观之上的审美体验论,把审美变成了一种身心感受的综合。

这么做的好处是审美与生活、与日常经验感受贴近了,或者日常经验被审美化了。这种理论希望用人的多元的、动态的感知来抵抗专制的、稳定的审美化现实,用震惊体验来反对现实的麻木与僵化,用新感知来召唤新思想,最终"揭穿审美化的虚饰,结束那种空洞的愉悦和昏睡般的冷漠"[1]。这样做的坏处是,审美实际上被取消了,一切感性愉悦(aesthetic pleasure)都被视为审美愉悦(aesthetic pleasure),这种基本感性之活跃的审美思维,构成了当代人对于审美的主流认识。

第五节　作为交感反思的审美

在审美究竟是一种感性经验过程,还是一种判断这个问题上,形成了感性论与理性主义的对立。以"感知"取代"判断",审美活动会被浅表化,成为一种以感知能力的敏感性为尺度的感受活动,而不是对于意义与价值的发现活动,也不再是对于对象的整体性的认知活动。没有丰富感知的审美是乏味的,没有意义深度的审美是苍白的。审美如果只是感觉,就是被动的身心反应;审美如果只是判断,那就是冷漠的理性认

---

[1] Wolfgang Welsch. *Ästhetisches Denken*, p. 14.

知。在人们的实际生活经验中，感觉和判断是共存在，这种共存在召唤着感觉与判断在理论上的共存；而在具体的审美经验中，理想的状态是审美既能感知到生活的鲜活生动，又能感悟到万物的意义与价值，把感觉与判断结合起来，而不是用一种代替另一种。这是现代人审美实践的要求，在这个要求之下，必须把感觉与判断结合起来，二者可以偏胜，但不可偏废。怎么结合？

把我们所感觉到和体验到的，变成我们所理解的；把我们所理解的，变成我们能感觉到和体验到的。把由对象引发的感官感知，以及主体性的情感体验，作为反思判断的对象，由感知和体验引发反思，以反思引领感知和体验，形成反思与感知、体验二者间的交互影响与辩证运动，这可以称为"交感反思"。

审美作为交感反思，体现着感性感知与意义反思之间的统一。统一是按以下步骤实现的：

第一步，首先对对象进行感官感知，在感知中获得身心感动，进而获得情动感受。这是针对审美中的静照传统与现象学的纯粹直观而言的，静照的审美可以用康德的一句话来概括：

> 鉴赏判断则只是静观的，也就是这样一种判断，它对于一个对象的存有是不关心的，而只是把对象的性状和愉快及不愉快的情感相对照。[①]

---

① 康德：《判断力批判》，邓晓芒译，杨祖陶校，第44页。

作为静照的审美是非功利性的、非实践性的、平静的和玄默深思的内心状态，这种内心状态作为一种愉悦状态，是自由的。根据这种状态，与行动、欲望、激动相关的行为，都被请出了审美。但这种审美与现代人的社会生活相去甚远，现代派和后现代派的艺术家和美学家们，都倾向于认为审美是一次"身心反应"，是肉身在直观对象的时候，在体验对象的时候，在与对象的互动中，产生的一种类似于"感觉"一样的反应，是一次感性经验。由对象的质料引发的质感，由对象的形式引发的意味，由对象的实存直接引发的"情动"，由对象引发的主体的体验甚至欲念，在今天都被纳入审美之中。在情景剧场艺术、VR影像、3D电影和当代艺术的展演之中，沉浸其中的身心体验取代了静照模式，成为人们感知-欣赏对象的主导模式。在这种模式中，静照变成了被冲突和被取消的对象，更现实也更复杂的感知与体验，成为感性经验的具体内涵，这就是为什么当代人在言说审美经验时，实际上是指他们的感性经验。

第二步，感官感知一方面可以获得感觉与感受，但另一方面，它可以引发体验与情感感动。"体验"是一种主体性的行为，体验活动的发生，意味着主体在感知到对象后，把自身投入一个具体的情境中，既感受对象，也感受整个氛围，然后任由身体与心灵产生属于自己的反应。这种反应由于是自由的，是完全属于审美者个人的，因而是最真切的、最具体的。体验不仅仅是被动的"反应"，它与感官反应的差异在于，它是一种主体的主动反应，包含着共情与投射，而且，在体验中，我们把对象，无论是有机物还是无机物，想象为一个生命体，想象为一个包含诸种情感可能的交流的对象，似乎在对象（无论是有机物还是无机物）与体验者之间，有一种感应式的交流关系。当我们在体验一物时，我们既在认知着对象，也在感受着对象；我们既求其所是，又允许心灵对它做出属于自己的情感反应，甚至自由联想。在体验这种主动反应之中，移情与自由联想会激发出新的情感活动，通过感知获得的无数感觉的碎片，会被想象力和其他表象能力统合为一个整体性的表象，并与某个概念性的规定结合起来，从而形成我们对对象的"经验认识"。这种经验认识中包含着感觉、体验与想象，以及记忆、理解等，这种经验是一种个人情感化的认识。

情感不能被"理解"，只能被"体验"。体验是我们交流情感的最主要的方式，在体验这样一种认识活动中，情感与感性认识是结合在一起的，也与自明性的真知结合在一起。体验看上去是一次主体对对象的"反应"，但实质上是主动认知的结果，它的效用处于感知与判断之间，但更偏向于感知。体验所获得的东西是丰富而多样的，有可能是某种身心愉悦，也可能是某种身心的不快或者压抑，也可能引发一种价值态度，但只要体验是真诚的，就应当被纳入审美中。

第三步，对感官感知所获得的身心反应进行反思，获得反思愉悦。这是对康德的反思判断理论的一个扩展与延续。反思判断力的提出是为了把自然中的特殊上升到一般。由于自然规律在我们的知性中有其先天根据,因此,这就像是把规律颁布给了自然,使得自然有了一种统一性。同理,特殊的经验性规律也被认为是赋予了自然某种统一性。这样,整个自然界"被设想成好像有一个知性含有它那些经验性规律的多样统一性的根据似的"①,就把自然界设想成一个合目的性的整体。这一点对于审美的启示在于,对对象的感官感知引发了具体的身心反应,通过反思判断,我们可以设想这种身心反应是对象之存在的目的,反思出对象何以能够实现这一目的,这构成了审美作为反思判断的内涵。

更现实的一点是,主体在对自身的身心反应进行反思时,还可以把自己的心意状态作为反思的对象,也就是对自身心意状态的历史背景与现实语境进行反思,这意味着审美者不是一个抽象的行为发出者,而是作为一个感性具体的人对对象做出身心反应,个体的差异性与特殊性在这一反思过程中可以得到尊重,而反思愉悦可以保证审美愉悦的普遍性。

反思愉悦是普遍的。按照康德对先验愉悦之来源说法,当我们在判断中获得一致性,就会产生愉悦②,那么以此推论,当我们在反思判断中发现了事物的合目的性,就应当产生反思愉

---

① 康德:《判断力批判》,邓晓芒译,杨祖陶校,第15页。
② 康德说"每个意图的实现都与愉快的情感结合着","两个或多个异质的经验性自然规律在一个将它们两者都包括起来的原则之下的一致性,这就是一种十分明显的愉快的根据"(同上,第22页)。这就意味着,被判断出的一致性,是"愉快"的根据。

悦。反思判断作为一种判断，必然是伴随着愉悦的，这是一切愉悦发生的先天原理决定的，因此，反思愉悦是一切反思判断应当有的结果。如果把反思判断带来的反思愉悦作为审美愉悦，这就会把审美愉悦泛化，因为反思这个行为的范围可以扩展到人类认知行为的一切领域，这不保证反思愉悦是审美的。如果把反思的对象收缩到由对象的感官感知所引发的身心感受，那么它就可以被称为感性—审美的愉悦。审美的反思愉悦，一定是在感官感知与反思判断的辩证交互中发生的，因而可以被命名为"交感反思判断"。

在实际的审美经验中，被感觉到的不仅仅是对象的必然性，还包括对象的特殊性、生命性、情感性、独异性、完美性，甚至其他反面的性质，如可怖性、残缺、丑、委顿、毁灭，都可以被思考。这种思考实际上是反思性的，所以我们称之为"交感反思判断"。审美中的交感反思判断，既可以去把握对象中的统一性与整体性，也可以把握对象的特殊性或特征；既可以对对象进行理解，也可以对对象进行完美判断；既可以引入道德理念与道德情感，也可以引入理性概念与认知愉悦。只要这种反思是由感知引发的，反思的出发点是主体的某种身心状态，或者受到了身心感受的启示，就可以成为审美的一部分。

在交感反思判断中，感受、想象、体验与判断被结合在一起；主客体结合在一起，才是审美经验的真实过程。在这一过程中，感知与对对象的深度认识结合在一起，对象内在无穷的多样性和可能性，与它的必然性结合在一起，与它的整体气韵结合在一起,与它的诸种特性结合在一起,即主体内心状态的无限丰富性与对象的客观实存结合在一起。审美因此成为这样一个过程:感官感知对象,在感知中对象的存在引发主体具体的身心反应和体验,而后主体反思这种反应与体验,判断出对象引发反应-体验的原因,获得反思愉悦,进而再次感知对象,印证这一愉悦,不断循环下去。在这个过程中,反应与判断变成了一个连续的过程,审美经验与日常经验融合为一个整体。

第四章
"审美"的发生

一次具体的审美活动是出于一种什么样的动因而开始的？有可能是为了某种超越状态，也可能是为了认知真理，还可能是为了谋求一种身心状态，还有可能是为了进入特殊的物我关系。不同的美学观对这个问题有不同的回答，但所有的回答大致上可以概括为三种：超然、惊异与惠爱。

第一节 超然

由于静照的传统和人们对于审美非功利性的认可，人们相信当主体对对象采用了一种超然（detachment）的态度时，审美就开始了。

超然的意思是不关心对象的实存，也不关心对象的意义与价值，悬置与对象的一切功利性关系和认知关系，只是对对象之形式进行纯粹直观，并根据自身的内心状态对对象的形式进行评判。这种超然的态度在形式主义美学（或许康德美学要为其负责）和现象学美学中是审美的起点。

从形式主义美学的角度来说，对对象保持着一切功利距离的超然的态度，是审美非功利性的必然结果，"鉴赏判断则只是静观的……它对一个对象的存有是不关心的"[1]。这种不关心的超然态度是审美非功利性的结果之一，因为审美的非功利性原则要求审美不关注对象的实存，只关注对象的形式。这一观念在20世纪发展为"审美距离说"。美学家爱德华·布洛认为审美始于对对象进行直观时，与日常功利性态度拉开距离，而以非功利性的方式直观对象，这个时候审美就开始了："使现象超脱了我们个人需要和目的的牵涉"，从而解除欣赏者与欣赏对象之间的利害关系，达到对客体真正"客观地"看。这样我们就可以跳出通常情况下看到的事物的功利性的一面，而看到它审美的、非功利性的、能够真正打动我们的另一面，而"人们平常看不到的事物背面的形象一旦突然出现就会成为对人的一种启示，确切地说，这就是艺术的启示"，因而布洛说："距离乃是一切艺术的共同因素。"[2] 尽管布洛强调了有距离的并不是非情感化的，但这种学说深入人心，结果人们通常认为一种保持着距离、保持着非功利心态的观看对象的方式，就是审美的态度，或者审美的开始。

对于现象学来说，"面向实事本身"是他们的信念，但事情

---

[1] 康德：《判断力批判》，邓晓芒译，杨祖陶校，第44页。
[2] 以上引文见爱德华·布洛：《作为艺术和审美因素的"心理距离说"》，朱立元主编：《二十世纪西方美学经典文本》第一卷，复旦大学出版社，2000年，第354页。

本身是怎么认识到的？在胡塞尔看来，是"一切原则的原则"——"每一种原初给予的直观都是认识的合法源泉，在直观中原初地（可说是在其机体的现实中）给予我们的东西，只应按如其被给予的那样，而且也只在它在此被给与的限度之内被理解"[①]。这是所有现象学家的共同纲领。那么这个"原初给予的直观"是怎么获得的？是通过"终止判断"。它包括两个方面，首先是中止我们关于经验世界的存在信仰，不是把事物的存在当作我们认识事物的起点，而是把这种存在判断作为认识的终点；其次，把过去关于事物的理论、观念和常识统统放在一边，不以它们为认识的前提和出发点。这是一种对世界的纯粹的直观态度，这种直观的目的，是要让对象在经验中直接呈现出来，这就叫现象学直观，也叫本质直观。因为通过这种直观就可以获得"本质"，这在现象学看来是审美的，所以这种本质直观的开始就是审美的开始。

由于这种直观摆脱了一切前见、一切成见、一切目的，因而，它是纯粹的。这种纯粹直观必然引发对对象的超然的态度：超然于对象的意义、价值、功能、情感属性，把对象还原为"纯粹存在"，悬置它的一切功利属性，这是真正的超然物外。

超然的态度之所以被认为是审美的开始，是因为在超然直观中，物与我之间的关系是不被功利关系所困扰的，因而，对象能够保持其独立性，物是其所是；而主体的心灵不受对象的打

[①] 胡塞尔：《哲学作为严格的科学》，倪梁康译，商务印书馆，1999年，第69页。

扰与强制，摆脱内心情绪上的激动而达到平静状态，从而能展开对对象的玄默静观，最终让心灵处在平静、自在，甚至自由的状态，这在静照美学的传统中是审美的目的。

审美与超然物外在效果上的一致之处是"静"。脱离生活中诸多问题的困扰，超越功利生活所带来的精神的躁动，从生活中短暂解脱，进入宁静的精神生活，曾经是审美行为的根本目的，而这种解脱具体的实现路径就是超然物外、世外、情外，从而获得心灵的宁静与自由。同时，超然还意味着内省，或者收心内视的开始。黑格尔在关于浪漫型艺术的认识中，说了这样一段话：

> 内在的东西在推动极端的情况下是不用外在形象来表现的，仿佛只是凭自己认识自己，一种既无对象又无形象的单纯的声音，水面上的一丝波纹，一种飘浮在这样一种世界之上的声响：这种世界在和它的异质的现象里只能获得这种灵魂收心内视状态的一种隐约的认知和反映。[1]

在宁静中收心内视、凝神观照，这在诸种宗教中都被视为心灵的应然状态，也是心灵的自由与解脱状态。这是令人愉悦的，而这首先是通过对对象的超然的态度获得的，因而，许多美学都把超然的态度视为审美的开始。

---

[1] 黑格尔：《美学》第二卷，朱光潜译，商务印书馆，1979年，第287页。

第二节 惊异

第二种关于审美之发生的观念认为,审美的发生是因为"惊异"。古希腊的思想家亚里士多德认为:"古今来人们开始哲理探索,都应起于对自然万物的惊异;他们先是惊异于种种迷惑的现象,逐渐积累一点一滴的解释,对一些较重大的问题,例如日月与星的运行以及宇宙之创生,作成说明。"[①] 这可以解释思想与认识的发生,是不是还可以解释审美的发生?如果这种惊异中包含着赞叹,包含着自我肯定,那么这种惊异就可以成为审美的开端。惊异会引发一种认知的态度,也会引发情感反应,还会引发对对象之存在的肯定。

从认知的角度来说,亚里士多德认为:"一个有所迷惑与惊异的人,每自愧愚蠢(因此神话所编录的全是怪异,凡爱好神话的人也是爱好智慧的人);他们探索哲理只是为想脱出愚蠢,显然,他们为求知而从事学术,并无任何实用的目的。这个可由事实为之证明:这类学术研究的开始,都在人生的必需品以及使人快乐安适的种种事物几乎全都获得了以后。"[②] ——由于在惊异中自愧从而产生了认知与探索的兴趣,这是令人愉悦的,因而,当一个对象因其独特、新奇与神秘而引发了人的求知欲,引发了人们对于这一对象的更多关注,从"更多关注"的角度来

---

① 亚里士多德:《形而上学》,吴寿彭译,商务印书馆,1997年,第5页。
② 同上。

说，它可以是审美的动因，因为审美也是源于对对象的关注。在惊异引发审美方面，黑格尔的观念更有说服力，他举过这么一个著名的例子："儿童的最早冲动就有要以这种实践活动去改变外在事物的意味。例如一个小男孩把石头抛在河水里，以惊奇的神色去看水中所现的圆圈，觉得这是一个作品，在这作品中他看出他自己活动的结果。这种需要贯穿在各种各样的现象里，一直到艺术作品里的那种样式的在外在事物中进行自我创造（或创造自己）。"①这个男孩在他的作品中获得了因惊异而来的喜悦，惊异对他来说是对自我的某种行为肯定，因而，当某物引发了我们的惊异，而惊异源自借对象而实现的自我肯定时，这种惊异就可以引发主体对对象的肯定，从而获得愉悦。这确实可以解释审美的发生，所以20世纪的美学家杜夫海纳说："当审美对象不能使我们感到惊奇、使我们发生变化时，我们就不能完全把它看成审美对象。"②

"惊异"在20世纪的美学中得到了强调，首先是在诗学中关于"陌生化"（Defamiliarization）的理论。这个理论认为，事物由于和我们的生活融为一体，所以往往注意不到它，但诗和艺术对对象的表现，使得原来熟悉的对象忽然陌生了，从而引发了我们更多的感受。俄国形式主义学者什克洛夫斯基在论及陌生化问题时强调：

---

① 黑格尔：《美学》第一卷，朱光潜译，第39页。
② 杜夫海纳：《审美经验现象学》，韩树站译，文化艺术出版社，1996年，第448页。

正是为了恢复对生活的体验，感觉到事物的存在，为了使石头成其为石头，才存在所谓的艺术。艺术的目的是为了把事物提供为一种可观可见之物，而不是可认可知之物。艺术的手法是将事物"奇异化"（即陌生化）的手法，是把形式艰深化，从而增加感受的难度和时间的手法，因为在艺术中感受过程本身就是目的，应该使之延长。艺术是对事物的制作进行体验的一种方式，而已制成之物在艺术之中并不重要。①

这段话就是陌生理论的核心观念。在这个观念中，通过艺术技艺将对象陌生化，产生惊异的效果，而在这个产生惊异的过程中，人恢复对生活的感觉，比如感受到树的存在，感受到石头的质感，感受到微风拂面，通过惊异而让主体感受到对象的具体存在，这在形式主义者看来就是审美的。通过惊异而恢复感受，在戏剧家布莱希特看来是一种"间离效果"，也就是使演员和观众与剧中角色和剧情保持一定距离，从而保持自身的理性判断力，破除舞台上的"生活幻觉"。

这种观念在现代哲学家那里得到了支持。哲学家海德格尔认为一切存在者的存在状态都是一种上手状态，它"总是显示着人们生活的'何所在'、操劳持留的'何所寓'以及这些东西

---

① 什克洛夫斯基：《散文理论》，刘宗次译，百花洲文艺出版社，1997年，第10页。

都又有何种因缘"①。这种上手状态是指，当我们使用锤子锤打一块铁时，如果这个锤子很称手，我们是不会意识到锤子的存在的，它处在一系列"为了作什么的"的因缘整体关系中，这种"当下上手状态是存在者的如其'自在'的存在论上的范畴规定"②。而要让主体认识到它的存在，它的这种上手状态需要被打断，在因缘整体中断的时候，存在者之"在"才会被认识到。这个中断，是一次惊异。

由于在惊异之中，对象之存在才会显现并被确证与赞叹，主体才能恢复对对象的感觉，因此，惊异似乎总能带来一种肯定式的愉悦，因而，它往往被认为是审美的开始。

还有一种美学，源自18世纪初中期的英国思想家伯克，他认为惊恐本身会带来愉悦的愉悦：

> 在逃脱某种急迫的危险或当脱离某种残忍的痛苦煎熬时的心境。如果我没有弄错的话，在这些场合可以发现我们的心情总体与确实的快乐情况大不相同；我们发现我们的心情处于庄严肃穆的状态，带有一种敬畏，笼罩在恐惧的阴影下的一种恬静之中。……风暴过后，大海依然颠簸，当恐惧的残余完全平息时，一切在该事件中产生的感情也随之

---

① 海德格尔：《存在与时间》，陈嘉映、王庆节译，生活·读书·新知三联书店，1987年，第93—94页。

② 同上，第84页。

完全平息，心情就恢复至通常的中性状态。……这种感情在很多场合是如此令人愉快，但总的说来与确实的快乐迥然有异。①

伯克在这里所说的这种庄严肃穆的、带着敬畏的恬静状态，似乎是我们通常说的"心有余悸"和"震惊"，或者说"惊叹"，这种心灵状态不是直接的快乐，也不是由具体对象引起的确实的快乐，但这种状态在许多场合确实是令人愉快的，伯克把这种间接而来的愉快称为"欣喜"（delight），而把直接的确实的快乐称为"joy"。快乐的消失会带来悲伤（grief），而痛苦的消失会欣喜（delight）。伯克详尽地罗列了恐怖、模糊、力量、匮乏、巨大、无限、困难、宏伟、光、突然、中断、野兽的叫声等经验现象，认为这些现象是崇高的本源，这些东西带给人的情感中，最能产生崇高感的是惊讶（astonishment），较次程度的是敬畏（admiration）、崇敬（reverence）和尊重。②在这个观念中，惊讶是崇高感最重要的来源，而崇高感按康德的观点，是审美的。

这种观点在 19 世纪还有另一个变体：人类心灵常处在厌烦或无聊中，心灵需要被激活，需要被充实，需要保持精神活跃，

---

① 伯克：《崇高与优美——伯克美学论文选》，李善庆译，第 30 页。
② Edmund Burke. *A Philosophical Enquiry into the Origin of Our Ideas of the Sublime and Beautiful.* Edited with an introduction by Adam Phillips. New York: Oxford University Press, 1990, pp. 34-35.

而这时惊异就是最有效的方法。所有这些观念都在肯定惊异的独特效果，并根据这种效果与心灵可能的愉悦，断定惊异是审美的起点。

第三节 惠爱

第三种关于审美之启动的观点认为，当我们对一个物进行欣赏的时候，不是因为对象的新奇打动了我，也不是因为我对对象进行一次纯然直观，而是说我带着一种惠爱来观看对象，这时审美就启动了。

什么是惠爱？它的英文是"favour"，德文是"Gunst"，这个词意思大概是恩惠、宠爱、偏爱。这个词出现在《判断力批判》中"美的分析论"第5节，康德要区分快适、美和善三者在情感上的不同。他认为："快适、美、善标志着表象对愉快和不愉快的情感的三种不同的关系，我们依照对何者的关联而把对象或表象方式相互区别开来。就连我们用来标志这些关系中的满意而与每一种关系相适合的表达方式也是各不相同的。"[①] 不同之处在哪里？

"快适对某个人来说就是使他快乐的东西；美则只是使他喜欢的东西；善是被尊敬的、被赞成的东西，也就是在里面被他

---

① 康德：《判断力批判》，邓晓芒译，杨祖陶校，第44页。

认可了一种客观价值的东西。"① 在解说这种差异时，康德提出了"惠爱"一词。他说：

> 在所有这三种愉悦方式中惟有对美的鉴赏的愉悦才是一种无利害的和自由的愉悦；因为没有任何利害、既没有感官的利害也没有理性的利害来对赞许加以强迫。所以我们对于愉悦也许可以说：它在上述三种情况下分别与爱好、惠爱、敬重相关联。而惠爱则是惟一自由的愉悦。②

无论中西，"惠爱"这个词都包含着对于对象的一种喜爱。这种喜爱不是因为对象满足了我们的某种欲求，从而使我们感到快适（agreeable）；也不是对象由于其价值内涵令我们赞许，它就是喜爱，似乎没有原因。因此，康德说它是自由的愉悦。问题是，"自由的愉悦"之中，是不是包含着"爱"？我们究竟是因为惠爱一物，因而才去对它进行审美，还是说，我们因为对一物进行了审美，获得了愉悦，才会对其有所惠爱？这个问题转化成一个现代美学的问题就是："审美"是一种非功利性的直观与静照，还是一种预设着"惠爱"的观看方式？尽管美学家们往往把第一种观看作为现代人的审美态度，但反思我们的审美经验，当我们开始欣赏一物之时，当我们用了鉴赏、欣赏、品鉴等词来

---

① 康德：《判断力批判》，邓晓芒译，杨祖陶校，第44页。
② 同上，第45页。

表达我们对对象的审美时,审美这个行为中已经包含着一种肯定的态度了,审美就是我们以惠爱之眼寻求事物之中值得惠爱之处!

这个观点实际上在美学史的长河中有迹可循。柏拉图主义者们相信,审美这种人类行为是以爱为出发点的,正如《会饮篇》中所说,爱神是钟爱者,而不是绝美者,爱神贫乏甚至丑陋,但他钟爱美的事物。这意味着,我们欣赏一物,首先是因为对一物有所惠爱,或者说,"爱"是我们的审美得以启动的前提。

这个命题如果成立,那就意味着审美应当起于一种对于对象的肯定性的情感,"审美首先是一种态度,它代表着宽容、理解、鼓励与爱。审美不能代替批评,正如批评也不能代替审美,以审美的态度看待世界与其他方式的根本差异就在于它是肯定性的"[1]。这或许可以用来理解康德使用"惠爱"(Gunst)这个词的用意,且惠爱中,还包含着对于愉悦的期待。我以愉悦之心观看这个世界,不想占有,不想进行价值判断,只是"笑看"每一物中包含的令我们赏心悦目之处,欣赏每一物中的"精彩之处",而后获得的愉悦,这就是审美的核心目的。审美行为实际上有一个这样的预设——"它必须包含一个使每个人都愉悦的根据"[2],这根据尽管是主观的,但对每个人都有效。在康德的理论中,这根据是主体感受到的"完全自由",这种对自由的感受

---

[1] 刘旭光:《什么是"审美":当今时代的回答》,《首都师范大学学报(社会科学版)》2018年第3期。

[2] 康德:《判断力批判》,邓晓芒译,杨祖陶校,第46页。

是令人愉悦的,且这种愉悦不依赖任何私人条件。这个观念解释了自由愉悦的本质,但同时也给出了另一种可能:"使每个人都愉悦"是先于审美而被预设的,这种预设说明,在康德的理论中,审美也不是纯粹认识,它是包含着条件性的预设的,而"使每个人都愉悦的",如果是先于每一次具体的审美行为,且是审美得以发生的前提,那它本质上就是"惠爱"。

什么是以惠爱之眼来看待世界?就是在观看世界之前,预设了世界中的诸存在者都含有"可惠爱之处",并以这一预设为出发点来欣赏世界。或许在康德使用"惠爱"这个稍含有"偏爱"之意的词之时,他朦胧地认为审美就是从惠爱出发的,是以惠爱之心观看世界,而且,他意识到,审美之中,有一个预设的前提,即"不借助于概念而在愉悦方面的普遍同意"。这个普遍同意是预设的,这意味着,我们对审美对象的欣赏,是起于一种包含着对愉悦方面的普遍同意的期许,这种期许是审美的开始。"这种普遍同意只是一个理念"[①],而这个理念又是前提性的,因此,审美的开始是有前提的,这个前提就是"对象中必有大家都可以发现的令人愉悦之处"——这个前提,就是康德所说的"惠爱",而审美正是起于惠爱。

美国20世纪初期的美学家乔治·桑塔亚那对审美有这样一种认识:"人类的偏见一旦被视为是一种合法的因而对我们是必要的偏爱之根据,大自然的全部宝藏便立刻以这个标准组成各

[①] 康德:《判断力批判》,邓晓芒译,杨祖陶校,第51页。

种等级的价值。各个事物之所以美,就因为各个事物都能够在某种程度上使我们的注意力感到兴趣、感到入迷。"①文中的偏爱,就是 favour。这个观点和本文结论都承认了这样一点:惠爱是审美的原因,而不是审美的结果。沿着这个结论,我们可以做出这样一个判断:审美让对象成为审美对象,而审美对象得以成立的前提,是我们以惠爱之眼对它的观看。

在惠爱中,对象的存在得以呈现,并被肯定,审美因此就不是一种超然的"闲看"或者无目的的"纯粹直观",也不是寻求惊异的行为,而是出于爱而对对象的肯定,是挖掘事物中值得肯定的地方,是对物的存在的确证。"审美"的对立面不是审丑,而是指控,是怀疑,是否定,是批判,它是一种从惠爱开始的活动,以一种会心的愉悦结束。

---

① 乔治·桑塔亚那:《美感》,缪灵珠译,中国社会科学出版社,1982年,第86页。

第五章
审美的过程性与"纯粹审美"

在对一个对象进行审美时,是一眼看上去或仅凭直观就喜欢,并获得审美愉悦,还是说"审"本身是一个过程,在审的过程中愉悦如溪水潺潺而来?转化成理论问题就是:就我们实际的审美经验而言,对一个事物的审美是不是一个时间性的"过程"?还是在瞬间中借直观直接完成对对象的审美,是一个时间性过程的结果?

如果对象是时间性的,那么对它的审美当然是时间性的,比如对音乐、戏剧、舞蹈这些时间性的艺术的欣赏,或者对流云、日出这些时间性的景象的欣赏,这是必须承认的经验事实。如果对象本身是非时间性的空间艺术,比如雕塑、绘画、建筑,对它们的欣赏确实具有直观性,是通过感性能力对对象的直接把握,人们往往爱用瞬间直觉,或者刹那间的直觉来表达美感的获得,但现实中,对有些对象的审美,是越看越喜欢或越看越觉得好,这个现象说明审美并不是一次纯粹直观,它是一个复杂的过程。

第一节　审美的过程性

现象学家们认为，审美是一个经验性过程。现象学家们不用"审美判断"或者"鉴赏判断"这两个词，而是用"审美经验"，通过"描述经验"这一现象学的基本方法，描述审美的经验性过程。而"过程"意味着，它不是在瞬间完成的，而是在一系列相继的经验和行为方式中展开。这个过程可以分成几个阶段，而这几个阶段共同促成了审美愉悦的产生。

按现象学美学家英伽登和杜夫海纳等人对于审美经验的过程性描述，审美知觉的过程可以分为三个阶段：呈现、再现与思考。它们分别对应着审美对象的三个层面：感性、再现对象和表现的世界。因此，审美知觉的动态过程可以简单地描述为：首先，在知觉的原始经验——身体的感知中使对象的感性特征充分地呈现出来；其次，在知觉活动的控制下，想象活动重构出对象所再现的事物；最后，在知觉中所包含的理解力的作用下把握对象所表现的意义，最终产生审美感觉。

呈现阶段是审美知觉活动的前思考阶段，也是第一阶段。在这个阶段，对象是直接向我们的肉体和感官显现的，审美对象总是首先呈现于肉体，非常迫切地要求肉体感受立刻与它结合在一起，这种结合就是感性认识的直接性，如音乐的节奏自然地满足听觉的要求并会引起肉体上的与情绪上的反应，绘画中的色彩与线条则给视觉以自然的满足（康定斯基与阿恩海姆在此有共识）。从这个意义上说，审美对象的"美"首先是以它对肉体的吸引能力来衡量的。因此,美感经验首先是一种纯真的感性愉悦。但肉体必须经过特定的训练,才可能满足审美经验的要求,即保持一种静照态度,把感性愉悦限定在感性形式的愉悦层面,并且要具有某种智性——"肉体在审美对象面前既要有辨识的习惯,又要有辨识的能力"[1]。

第二阶段是再现与想象。审美毕竟不是感知,在感知之后,知觉会调动自己的先验能力、再现与想象能力,对肉体经验进行加工。把这种经验转变成可见的东西,使之接近再现,也就是使其成为形象。这些形象会形成一个独立于经验世界的想象世界,这个想象世界既含有体现现实的想象,又存在着体现非现实的想象。"体现现实的想象,向我们保证隐蔽的和遥远的事物的存在,从而赋予现实以分量。体现非现实的想象是一种特别起劲的想象,它胡乱地体现现实,虚构一个将被经验否认的从未见闻过的世界。"[2]当然,在审美知觉中,想象力是受到约束的,对审美对象的肉身式的体验和某种经验记忆约束着想象,胡思乱想不构成审美。但毕竟,通过想象力,知觉再现出一个与经验世界不同的审美的对象。

第三阶段是思考和理解。按照杜夫海纳的观点,知觉无疑是审美经验的核心要素,但想象力和理解力也都会参与其中,只不过它们的作用都受到了限制。知觉活动之所以能够做到这

---

[1] 杜夫海纳:《审美经验现象学》,韩树站译,第379页。
[2] 同上,第393—394页。

一点，根本上又是依靠理解力的作用。要把想象约束在审美的层面上，而不是胡思乱想。想象出来的那个世界和经验世界之间应当有一种纽带式的关系，既要拆开它们，又要维系它们，这就必须运用理解力来对想象加以校正。同时还需要两个世界之间建立一种"必然联系"，这就需要求助于理解力的作用。要想形成严格的知识，就必须使主体成为统觉的统一体，同时也使对象在多样性中呈现出统一性，把实际经验引起的各种偶然的联想转变为必然的统一体。

按这种观点，审美知觉首先是感知与体验活动，而后是想象与再现，最后是理解与反思，但三者间实际构成了一个循环——理解与反思引导和约束着前两者。比如思考首先培养感觉，然后阐明感觉；反过来，感觉首先诉诸思考，然后指导思考。正是思考与感觉之间的交替运动把审美知觉推向了高峰。

在这样一种审美经验的过程性分析中，真正体现着审美活动的主体能动性的是理解与反思的过程。在呈现阶段，审美几乎是一种本能状态，只有在"感觉的人化"意义上才能体现出"属人性质"，或者当感性在文化中获得一种共通性，借助于这种共通感去体验与感受对象，只在这个意义上，感性对于对象的感知才具有人的能动性，否则它会类似于官能的应激反应。而在再现与呈现阶段，想象力的发生及其机制是一种先天能力，这种能力是知性能力的一部分，但就想象力的发生而言，它实际上是一种必然的认识机能，想象的内容与限度可以被理解力加以控制和引导，但就想象对于经验世界的重构而言，它是必然的。想象在审美活动与在知觉活动中的差异仅仅在于，想象受到更多的约束而保持一种与对象的非欲念化状态，或者说想象更多的是以情感为目的的意向性构成，却又必须保证建构出的意象具有一种非功利化的倾向。但想象本身是盲目的，它必须被指引，要么被情感指引，要么被记忆中的经验指引，要么被理性指引。

从感知与体验—想象与再现—理解与反思三个阶段来分析"审美"是可行的，但这似乎是人类认知世界的一般过程，并不是审美专有的，不能体现审美的特殊性，还需要在这个一般过程的基础上进行深化与具体化。

第二节 纯粹审美

关于审美的机制，有一种理论是基础性的，那就是由哲学家康德所奠定的纯粹审美理论。"纯粹"在这里的意思是先验的，也就是一切经验活动得以可能的前提。这种理论想说明，审美这种活动有其独立性，它是由一套机制保证的先天能力。

关于纯粹审美的建构，始于18世纪。纯粹审美必须建立在两个支点上：一是能够引起愉悦的对象一定具有某种普遍性；二是我们有感性地把握到这种内在普遍性的能力。为此，早期的经验论者们相信，一定有一种内在的感官，是这种普遍性的根据。这个猜想来自英国的经验论，18世纪的英国人夏夫兹博里认为审美需要一种特殊的能力,这种能力他称之为"内在的眼睛"。

一旦眼睛看到形象,耳朵听到声音,美立即就产生了,优雅、和谐就被人得知并承认。一旦行为被观察到,一旦人的情感和激情能被人觉察到(大多数人感觉到的同时就已经能分辨),一只内在的眼睛就立即会加以分辨,看到漂亮的和标致的,就会心生喜爱和爱慕。①

通过"内在的眼睛"就获得愉悦,这仅仅是一个理论上的猜想,却能够从理论上回答通过感官而获得的普遍愉悦是如何可能的。沿着这个思路,夏夫兹博里的门徒哈奇生认为,人依靠一种特殊的先天能力,即"内在感官或趣味"感觉到美。这种感受美的能力,作为内在感官,是一种先天能力,与外在感官一样是直觉性的。这个假设或许能够解释我们如何在审美中通过一种直觉性的直观获得普遍愉悦,就好像是通过感官直接获得的一样。

经验主义者的这两个假设——对象内在地包含着一种可以引发精神愉悦的普遍性;主体内在地具有一种类似感官一样的直觉器官,可以把握到对象内在的普遍性——变成了后世解释美感经验之普遍的两个思路:前者相信在美的事物中具有一种

---

① Shaftesbury. *Characteristiks of Men, Manner, Opinions, Times*. Birmingham: John Baskerville, 1773, pp. 414-415.

内在的普遍性,后者相信"审美"是一种"纯粹能力"。受到英国经验主义者的启发,康德认为审美判断力本身有其先验原理,也有其先验的目的和先验的能力,他建构出了一套"纯粹鉴赏判断"。这种纯粹审美观是这样的:

第一,审美主体对对象进行直观,这种直观是通过人的先天的感性直观能力展开的,是对对象的空间性存在(广延)与时间性存在(绵延)的直观。通过感性直观,主体获得关于对象的感性杂多,而这种感性杂多会经主体的一些先天能力整理,主要是想象力、知性,由此获得关于对象的表象(representation)。获得关于对象的表象是审美的准备阶段,也是审美的前提。

第二,在形成表象的过程中,诸种表象力可能会处在一个状态中,这是一种情感状态——"内心状态在这一表象中必定是诸表象力在一个给予的表象上朝向一般认识而自由游戏的情感状态"①。是谁在自由游戏?鉴赏判断中表象方式的主观普遍可传达性,"无非是想象力和知性的自由游戏的内心状态"——是想象力与知性的自由游戏,当我们在这一游戏中,心情达到了一种"合乎比例的情调"②,由于这种"情调"背后有一种"比例",比例的普遍性保证了这种情调的普遍性,这种合乎比例的情调就是我们的愉悦感的本质。这个分析的结果是,我们的"审美"是用一种内心状态的情调对对象的评判,这种情调,有点像"自

---

① 康德:《判断力批判》,邓晓芒译,杨祖陶校,第52页。
② 同上,第54页。

由感",也可能是和谐感,或者是二者的统一。当某一些表象激活了我们这种内心状态的时候,我们就会产生愉悦,对象因此被判断为"美的"。这种愉悦由于只关乎对象的表象,甚至对象的表象的形式,而无关乎对象的实存,也无关乎对象的概念,因此这种愉悦是"自由愉悦"。

第三,这种内心状态是知性与想象力之自由相统一的结果。知性是用来认识对象之中的合规律性的,而想象力是自由创造的,"鉴赏判断必须只是建立在想像力以其自由而知性凭其合规律性相互激活的感觉上,因而建立在一种情感上,这种情感让对象按照表象对于在诸认识能力的自由活动中使这些能力得到促进这方面的合目的性来评判"[①]。这种情感是令人愉悦的,在二者的相互激活中,直观被加入概念中,概念也被加入直观中,它们汇合在一个知识中,"这样一来这两种内心力量的协调就是合规律的,是处于那些确定的概念的强制下的。只有当想像力在其自由活动中唤起知性时,以及当知性没有概念地把想像力置于一个合规则的游戏中时,表象才不是作为思想,而是作为一个合目的性的内心状态的内在情感而传达出来。所以鉴赏力就是对(不借助于概念而)与给予表象结合在一起的那些情感的可传达性作先天评判的能力"[②]。这种情感很特殊,因为它既包含着知识对于规律性的认知,又包含着想象力的自

---

① 康德:《判断力批判》,邓晓芒译,杨祖陶校,第129页。
② 同上,第138页。

由，关键是，当一个对象处在这样一个状态时，它就是美的：这个对象必须包含着某种知性可以认识到的合目的性或合规律性；其次，这个对象必须体现着某种自由（无论是大自然的自然而然，还是艺术家的创造）。当二者相互激活时，对象就是美的，而对象中的合规律性可以被意识到，但无须被明确地认识到。

第四，审美就是用这种想象力以其自由而知性以其合规律性相互激活的内心状态（这种内心状态中包含着某种难以说明的"比例"），对对象进行评判的行为。我们对对象的表象进行判断，判断出内在于表象的具有自由感的内心状态，从而获得愉悦，而"这种愉悦我们是和我们称之为美的那个对象的表象结合着的"[①]。——这就是鉴赏判断的实质。当我们只是用我们的一种内心感受对对象进行评判时，它仍然是一种判断，这种判断叫"反思判断"。在审美中，对象激活我们的某种内心状态，而后我们用这种内心状态对对象进行评判，我们的愉悦既来自内心状态，又来自以这种内心状态为目的的合目的性的反思判断，这种来自反思判断的愉悦，叫反思愉悦。这就明确了这样一个问题：审美是判断，不是反应式的感觉。

第五，这种建立在反思判断之上的纯粹审美观，也可以应用到对自然之崇高的欣赏中，是同样的思路——用一种"内心情调"对对象的评判："审美判断力也在把一物评判为崇高时将

[①] 康德：《判断力批判》，邓晓芒译，杨祖陶校，第53页。

同一种能力与理性联系起来，以便主观上和理性的理念（不规定是哪些理念）协和一致，亦即产生出一种内心情调，这种情调是和确定的理念（实践的理念）对情感施加影响将会导致的那种内心情调是相称的和与之相贴近的。"[1] 这说明崇高判断作为对"无形式"的把握，它是想象力和知性不能和谐，转而和理性自由游戏的结果。崇高是一种情调："真正的崇高必须只在判断者的内心中，而不是在自然客体中去寻求，对后者的评判是引起判断者的这种情调的。"[2] 按这个认识，崇高感仍然是一种自由愉悦，它是想象力和理性的自由游戏引发的愉悦。

这套理论可以做这样一个案例解读：一片树叶之所以是美的，首先是因为树叶的形状是自然而然地形成的，它能激活想象力的自由游戏；其次，每一片树叶都包含着合规律性，树叶的构成与基本要求是由它的生物属性决定的，每一片树叶都包含着可以被知性所认识到的合目的性，只不过这个目的无须被明确认识到，但这种合目的性可以被意识到。一只水中游弋的天鹅之所以美，是因为它的形体状态是自然而然的，它的行动是自由的，但同时，它之所以有如此的体态，是因为它的身体的各个部分符合在水中自由游动这个目的，它是想象力的自由与知性的合规律性的统一。

第六，康德对"纯粹鉴赏判断"这个理论还有个拓展。他认

---

[1] 康德：《判断力批判》，邓晓芒译，杨祖陶校，第95页。
[2] 同上。

为在审美之中，有那么一种不确定的概念，它是"感性的"，或者说是"审美的"，它在审美中承担着反思判断中"目的"的功能，他将这种不确定的概念称为"审美理念"（aesthetic idea）。这种理念是怎么被提出的？康德首先从一个18世纪的批评方式入手，提出了"精神"这个观念：

> 精神，在审美的意义上，就是指内心的鼓舞生动的原则。但这原则由以鼓动心灵的东西，即它用于这方面的那个材料，就是把内心诸力量合目的地置于焕发状态，亦即置于这样一种自动维持自己、甚至为此而加强着这些力量的游戏之中的东西。
>
> 于是我认为，这个原则不是别的，正是把那些审美理念［感性理念］表现出来的能力；但我把审美［感性］理念理解为想像力的那样一种表象，它引起很多的思考，却没有任何一个确定的观念、也就是概念能够适合于它，因而没有任何言说能够完全达到它并使它完全得到理解。很容易看出，它将会是理性理念的对立面（对应物），理性理念与之相反，是一个不能有任何直观（想像力的表象）与之相适合的概念。①

这段话中，"把审美理念表现出来"是一种关于审美的观念。

---

① 康德：《纯粹理性批判》，邓晓芒译，杨祖陶校，第158页。

"审美理念"能把内心诸力量调动起来,使之焕发,它在本质上是想象力所创造的一个"表象"。这个表象具有一种非概念性,无法被完全言说,但又能引起思考,具有概念的功能性。想象力创造了一种表象,它可以引起很多的思考,却没有任何一个确定的观念,也就是概念能够适合于它,因而没有任何言说能够完全达到它并使它完全得到理解。状溢目前而有知,意在形外而无界,这样一种想象力所创造出来的表象,有别于明晰的理性理念,康德称之为"审美理念"。

审美理念按康德所给出的不太明确的内涵,应当有以下几重意思:首先,它是想象力创造出来的一类表象。其次,这类表象既具有对于经验的统摄性,又具有对于经验的超越性,接近于理性理念。再次,它可以引起很多思考,但不能被完全理解,意义具有不确定性。复次,它的内涵可以甚至只能以感性化的方式呈现出来,比如天国或者善良、幸福这样的理念;内涵不明确的,在具体的经验中,或者说感性对象中,我们却可以体悟到。最后,审美理念不具有直接的经验形态,它不是形象,也不能称之为意象,它在自然界中找不到实例。

在此基础上康德进一步给出了"美"的定义,而这是《判断力批判》的"美的分析论"部分没有给出的:"我们可以一般地把美(不管它是自然美还是艺术美)称之为对审美理念的表达:只是在美的艺术中这个理念必须通过一个客体概念来引发,而在美的自然中,为了唤起和传达那被看作由那个客体来表达的理念,却只要有对一个给予的直观的反思就够了,而不需要有关一个应当是对象的东西的概念。"①

　　这就是康德美学的新的基石——美是审美理念的表达。那么我们就可以推论——鉴赏判断是以审美理念或者感性理念为目的的反思判断。由于这个新基石，审美就可以成为以审美理念为目的的反思判断，又由于审美理念和道德理念之间有亲缘关系，比如爱、勇敢、自由等等，我们可以加上悲怆、崇高、愁、忧郁等等。这些词既是情感，又是理念，而且也有道德内涵，因此康德据此说"美是德性-善的象征"，并认为要建立鉴赏的真正入门，就要发展道德理念和培养道德情感，这构成了以审美理念为核心的鉴赏判断的根本目的。由于审美理念本身介于情感与理念之间、感觉与概念之间、形象与理念之间，因此以它为中心可以解决审美的诸多二律背反，关于这种二律背反康德是这样说的：

> 　　所以在鉴赏原则方面就表现出如下的二律背反：
> 　　（1）正题。鉴赏判断不是建立在概念之上的；因为否则对它就可以进行争辩了（即可以通过证明来决断）。
> 　　（2）反题。鉴赏判断是建立在概念之上的；因为否则尽管这种判断有差异，也就连对此进行争执都不可能了（即不可能要求他人必然赞同这一判断）。②

---

① 康德：《判断力批判》，邓晓芒译，杨祖陶校，第165页。
② 详细的说明见上书，第184—185页。

现在审美理念既是又不是概念，说审美建立在审美理念之上，就可以解决这个二律背反。而这种基于审美理念的审美，由于审美理念的非概念性和先验性，因此也是"纯粹审美"。

历史地看，以上关于纯粹鉴赏判断的六条观念构成了人们对于纯粹审美的主要认识，问题是，在具体的审美经验中，纯粹审美存在吗？我们可以说纯粹审美只是一种理论上的预设，它于我们理解审美的自律性有奠基性作用，但在实际的审美经验中，"纯粹审美"并不独立，它可能潜藏在某种更复杂的审美经验之中。但19世纪末和20世纪的形式主义者们在康德观念的基础上建立了一套基于形式感的纯粹鉴赏观，康德的纯粹审美观在他们的理论中被实践化了，成了形式主义者在审美上的理论支柱。

"纯粹审美"这个观念自诞生以来就饱受争议：持情感感动美学观的浪漫派和表现主义者认为，纯粹审美没有呈现出审美当中应有的复杂的情感状态。道德主义者认为纯粹审美缺乏价值内涵，是无聊的游戏。理性主义者认为审美是关于意义和价值之判断的，要有真理的发现，要有对普遍必然性的发现，而纯粹审美似乎轻飘飘的，因为无关意义和目的，就变成了一种游戏。马克思主义者也不同意建立在自由愉悦基础上的纯粹审美，认为审美是认知性的，美的事物和艺术是对现象的能动反映，同时还认为愉悦总是来自需要的实现，因此不承认有自由愉悦；更激进一些的当代左派的西方马克思主义者甚至认为纯粹审美是资产阶级之幻想，是资产阶级意识形态营造出来的一个审美之梦，是不切实的。民粹主义者和民主主义者会认为，纯粹审美是文化精英主义者立足于天才观而建构出来的文化立场与阶级品位。达尔文主义者认为审美是物种属性，是满足生物生存需要的一种方式，不是自由的，因而不承认精神化的纯粹审美。最后，文化的民族主义者也反对纯粹审美，因为它违背了审美与艺术的民族性。

这套关于纯粹审美的理论自其诞生之时起，就成了各式各样的主义反驳的一个对象。有趣的是，所有反对它的美学只有通过反驳它才能确立自己。但这套理论确立了关于审美的这样一个原则：审美行为与道德行为无关，与价值判断无关，与认知行为无关，与欲望满足无关，只关乎表象及其形式，不关乎实存，所以审美是自律的，这叫审美自律论。没有纯粹审美的观念，就不会有审美自律的观点；而不承认审美自律，就无法把审美与其他人类活动区分开。现实的做法是，承认有审美自律，承认审美有其纯粹状态，而后在这个纯粹状态上叠加其他的观念，就像人们在纯水中加糖、加盐，制作葡萄糖水一样。一次现实的"审美"总是许多种行为相结合的结果，也是许多种能力相协作的结果，关键在于怎么结合与协作。这就关系到审美的机制。

第六章
审美的运作机制

审美不是一种单一的认知能力,而是许多种认知与心灵能力共同介入其中的综合性活动。这些能力如何在"一个目的"的范导之下,被统摄在"一次审美"行为之中?这些能力是如何协作并展开一次审美"行动"的?有没有一种统摄性的能力掌控审美的整个过程,使得审美成为一个独立而自律的人类行为?这三个问题可以通过对诸种审美经验进行反思与分析,再进行统摄而得出,可以概括出一个审美机制,这个机制或许在具体的审美中被完全或不完全地遵循,但可以作为理解和分析一次审美的理论工具,也可以成为审美活动之前的理论准备。

在关于审美之发生的分析中,我们得出结论:在被称为"审美"的行为中,都包含着一种预期的目的——愉悦,审美是一种有意图的主动的行为——寻求精神愉快!这个意图决定了对一个对象之审美的开始,不是一种没有前提的"自由观看",而是一种富于情感的惠爱式的感知。什么是惠爱式的感知?就是在感知对象之前,预设了被感知之物都含有"可惠爱之处",并以这一预设为出发点来欣赏对象。由此我们可能论断:审美的前提是我们以惠爱之心,以一种肯定性的态度对对象的感知,其目的是寻找其中令我们愉悦的部分。那个部分可以是赏心悦目的，可以是精彩绝伦的，也可以是对象的自由自在之处，还可以是令我们一往情深之处，更可以是对象有价值与意义之处！以一颗惠爱之心寻求对象中令我们肯定的地方，这是我们的审美的前提，惠爱的产生，意味着审美站上了起跑线。

第一节　审美的开始：审美统摄

以惠爱之心游山玩水，忽见仞峰之侧有一棵树，遒劲奇崛之态令人心生敬爱。——这是一次审美经验，在这个审美经验中，遒劲是对象的形态，而奇崛是我们概括出的它的精神风貌。这次审美是怎么展开的？可能性一：我们是先对对象的形式特征进行分析，然后在分析的结果上进行综合，得到了"遒劲"这种对形式总体特征的概括并产生了奇崛之感；可能性二：审美是通过一种统摄式的直观，对对象进行整体上的把握，直接产生了遒劲奇崛之感，然后再细看对象的局部与细节，以及各部分之间的关系。这两种可能都是存在的，但艺术家们更侧重第二种，审美经验丰富的美学家们也通常认为是第二种。在中国古人的绘画鉴赏理论中有这样一个步骤性的描述："先观气象，后定其去就，次根其意，终求其理。此乃定画之钤键也。"[①] 先观气

---

① 刘道醇：《圣朝名画评　五代名画补遗》，山西教育出版社，2017年，第1页。

象，说明对一张画儿的欣赏，从对对象的整体统摄开始。这不仅仅是看画儿的模式，对所有空间艺术都适用，甚至，在对所有时间性艺术的欣赏中，都有一个把对象统摄为一个整体，而后评判其整体精神风貌和内在节奏的过程。审美并不是一个从局部到整体的整合过程，也不是从分析到综合的逻辑演进，审美始于对对象的整体统摄。

这种统摄式的观看能得到什么？观看一张中国古代的山水画，比如董其昌的《江干三树图》，一眼望去，一股雅逸之气，扑面而来；看米开朗琪罗的《最后的审判》，雄强壮阔之势，触目惊心；听一段肖邦的《即兴幻想曲》，轻灵自在之气油然而生……这些具体的审美经验说明，对对象的审美统摄，是对其精神风貌所做的一种整体性的领会，会获得一种精神感觉。

这种统摄是怎么做到的？人类理性可以把对象作为一个整体来看待。按康德的说法，对经验进行统握①的概念，叫理性概念，只有理性概念可以达到对经验认识的统握，但上文中提到的审美经验中，不借助于理念，也可以进行统握，比如我们用"雄强"来统握米开朗琪罗的整幅作品，但雄强并不是一个理念。

---

① 在康德哲学里有两个词都被译为"统握"，一个是"Begreifen"，其意义偏重整体性、概括性的领会；一个是"Komprehension"，其意义偏重整体性的理解。前者本文译为"统握"，后者本文译为"统摄"。现象学中的"统握"一词常用"Apprehension"，但意思更偏向"Apperzeption"（统觉）。总的说来，"统握"重行为，"统摄"重结果。对对象进行一次"统握"之后所得到的结果是一个"统摄"。

这种统握，康德用了德文"*Zusammenfassung*"来表示，并注了拉丁文"*comprehensio aesthetica*"①，可称之为"感性统摄"，也可称之为"审美统摄"，也就是上文所说的"先观气象"。对对象之气象的"观"，首先是一种整体感受上的统摄，它把对象视为一个整体，是对这个整体所进行的统摄，这就意味着，观看一张绘画时，着眼点并不在于线条、构图、色彩、形象等具体因素，而在于对象所给予的整体性的精神风貌。这种精神风貌不是"感觉"，雄强、奇崛和雅逸指称的都不是感觉，那它们是什么？

这种精神风貌是客观的还是主观的？如果是客观的，那就是说任何一物都有其凌驾于具体物质属性之上的精神风貌，这是自然神论与泛灵论的传统；如果是主观的，那就是说事物是我们的心灵性的、精神性因素的载体，这是共情论（empathy）的传统。但这两种理论传统都不能解释我们是怎么获得关于对象之雄浑与典雅这样的感受或精神风貌的。精神风貌虽然听起来像客观对象的内在的东西，但它毕竟是主观统摄的结果；共情论虽然可以解释这种风貌的精神性的来源，但它毕竟需要对象的某种存在状态或物质属性作为共鸣的对象。唯物论和唯心论在解释这个现象时，都有困难。在中国的古典美学中，往往用

---

① 康德：《判断力批判》，邓晓芒译，杨祖陶校，第90页。"*Zusammenfassung*"邓译为"统摄"，英文译为"comprehension"（理解），由于用这个词时康德强调的是把对象的"量"直观地纳入想象力，因此中文译为"统摄"比"理解"要好，而这个译法也符合本文所说的对对象的精神风貌进行整体直观把握的意思。

泛神论的方式把这种精神风貌客观化，因此这种感性统摄到的，常被称为气象、神韵、情采、风骨等，类似于事物内在的精神状态，但可以被直观到；而在西方，在理论上最先对这种现象给予关注与研究的，是康德的"审美理念"论。

康德最初把对象中那种整体性的东西叫作"精神"。被他称为"精神"的东西，可以使欣赏者的内心获得鼓舞而生动，可以让"心有所感"。康德意识到，审美实际上是在感知和领会这种"精神"，它是直观的对象，但又是一种超感性的统一性。康德认为，这些"精神"都是由想象力创造出来的表象，这种表象"引起很多的思考，却没有任何一个确定的观念、也就是概念能够适合于它，因而没有任何言说能够完全达到它并使它完全得到理解"①。康德把这种表象纳入他所说的"理念"之中，当这种理念源于对象中的"精神"或者普遍性的"情感"时，康德把它们称为"审美理念"。

"审美理念"本质上是"一种理念化了的表象，它是想象力所创造的表象，但起着理念的作用，因而也是一种特殊的理念"②。这种"审美理念"非常接近我们在上文中所描述的"雄强""雅逸"之类的概念，这些概念是精神性的，但是可以直观把握，但二者之间还是有细微的差异：在康德那里，审美理念往

---

① 康德：《判断力批判》，邓晓芒译，杨祖陶校，第158页。
② 对审美理念的具体内涵的分析，见刘旭光：《论"审美理念"在康德美学中的作用——重构康德美学的一种可能》，《学术月刊》2017年第8期。

往与形而上学的理念、神学和道德的理念有内在关联,他所举的例子,比如天福之国、地狱之国、永生、创世,都能说明这一点,但我们在审美统摄中获得的,更侧重精神风貌而离价值理念稍远。或者可以这样说,在审美统摄所获得的,在物者为精神风貌,在我者为审美理念,究竟是感于物之精神风貌而心有所动,还是诸境唯心、心与物化,这是由审美者启动审美时的机缘所定的。但承认对象之精神风貌的存在,承认审美理念的存在,至少可以说明,审美之中确实存在着可以被直观的"感性一般性"——它既有理念的统摄功能,又是感性的。

我们在此把通过直观把握对象中的精神风貌或审美理念的行为,叫"审美统摄"。这种统摄之所以是审美的,是因为:

首先,这种统摄本质上是主观合目的性的反思判断,心灵的愉悦仍然是这种统摄的目的。审美统摄是主体自由的见证,被统摄到的精神或审美理念,像是由主体颁布给对象的,或者说,是主体对对象进行了一次反思判断,在判断前预设了对象中有一种主观化的统一性。这个统一性作为审美理念,或许来自我们的心灵,康德说它是想象力所创作出的表象,但像"雄浑"这样的词,很难说它是一个表象,它更像是心灵的一种状态,因此,对对象的审美统摄,更像是通过对对象的整体性的直观而激活我们心灵的某种状态。在这个意义上,审美统摄是主观合目的性的,是一种特殊的反思判断,即用某种心灵状态对对象进行统摄的反思判断。审美统摄预设了一种不确定的心灵状态,然后在对对象的统摄中使这种心灵状态明晰化,或者说,把某种心灵状态颁布给对象。这对于主体而言是一种自由行为——不受概念的约束，不受他者的指引，是纯粹主观的判断，因而其中包含着主体自我肯定式的愉悦。

其次，审美统摄是感性的，是通过感性直观而获得对象的整体表象，这个整体表象具有整体性的精神风貌，这风貌可以被心灵直观感受到，进而成为一种心灵的状态，而后我们把这种心灵状态宣告为对象的精神。这个过程应当是，通过感性直观，主体获得关于对象的感性杂多，而后在知性和想象力的协同作用下，形成表象，这个表象有其逻辑性状，承担着认知功能；这个表象也有其情感性状，康德认为它会引出愉悦或不愉悦的情感，类似于我们的心灵对于表象的一种"反应"，但是，把对象作为一个整体进行统摄，把握其精神风貌，这不是一次"反应"，而是一次判断，但这个判断更像是一次整体感受。对象给我们的反应，是对象以某种特质对我们的"刺激"；"感受"是我们在对象处进行了选择性的感知而产生的被动的心灵反应；审美统摄则是对对象进行了主动的整体关照，领会对象总体呈现出的精神风貌，它不是判断，因为它不把对象归给某个明确的一般（概念），但它类似于判断，因为它把对象归给某个不明确的但具有一般性的心灵状态（审美理念）。这种心灵状态不是道德理念，"柔媚""粗率""雄浑""明晰"这些词所表达的不是概念的一般性，也不是如"自由""和谐""真诚"一样的道德理念，而仅是对象的整体呈现出的精神风貌。这种精神风貌是存在的，有时候是物之神态，有时候是物之情态，但无论是神态还是情态，都是统摄的结果，因而又像是主体心灵的状态，像是在统摄中被激活的，当它被激活时，人们会用"有感觉"之类的词来表达某种心灵状态被激活。

这样一来，审美统摄所获得的关于对象的精神风貌与审美理念，就成为我们在对对象进行审美时，最先把握对象的方式。这种把握本质上是获得一种概括性感觉，而"积极的概括性感觉本身，就是将一些复杂事物统一起来的生机勃勃的活动"[①]。——审美从这里迈出了第一步。

第二节 审美的展开路径一：感性直观

通过审美统摄，对对象的精神风貌有所领会之后，审美并不会停留在这一统摄的结果之上。审美统摄所获得的一般性是朦胧的，需要印证与明晰化，或者说，审美统摄只是给出了一个继续欣赏的呼吁与召唤，因此，对对象的审美必须从统摄开始，但要进行具体化，从而落实到对诸种可直观的构成性因素的感知上。这就像我们对对象的认识，总是先获得整体性的直观印象，然后再细看对象是什么，这之中包含着辨识与分析，这种辨识与分析是从感性直观开始的。

[①] 这是英国美学家 R. W. Hepburn 的观点，见 M. 李普曼编：《当代美学》，邓鹏译，光明日报出版社，1986年，第317页。

在审美中对对象的直观,不是纯粹直观,而是肯定性的,以愉悦为目的的合目的性的直观。[①]这种感性直观从两个维度展开,一个是对质料的直观,一个是对"形"与"式"的直观。这个区分来自康德:现象有其质料,有与感觉相应的东西;现象有其形式,即它可以在某种关系中被整理。紧接着康德做了一个重要的区分:被置于某种关系中的东西本身不可能又是"感觉",即感知现象的质料,与把握现象的形式不是并行的,因此可以把现象的形式和感觉分离开来考察,且对质料的感觉是被给予的,不具有普遍性,而形式是在内心中先天地为现象准备好的,具有普遍性,所以康德将对现象的形式的认识与对现象的质料的感知分离开了,并在建构鉴赏判断理论时,只关注了前者,而把感知对象之质料的感官,如触觉、嗅觉、味觉逐出了审美。

但是实际的审美经验中,特别是当代审美中,对于质料的感知是与审美结合在一起的。由于对质料的感受具有"功利性",会占有对象的实存,因此现代的审美理论排斥了审美对质料的感知,但在实际的感性经验中,人们在品评酒、茶、美食,抚摸丝绸与麻织,感受钢铁和木材时,在对质感的把握里,似乎有一种"品鉴性",品鉴事物的质感,并且把质感意义化与情感化。

[①] 现象学美学则把纯粹直观所带来的中性变样,作为审美区分或审美意识,这不符合日常的审美经验,详细的反驳见刘旭光:《作为交感反思的"审美的观看"——对现象学"审美观看"理论的反思与推进》,《社会科学辑刊》2017年第1期。

这意味着，感官是可以捕捉到一般性的。这种被感官所感知到的一般性分两个层次：

第一个层次是对对象之物质属性——如色彩、冷暖、表面触感、纹理等——的直观而获得的感觉，如光滑、冰冷、坚硬、柔软、粗糙、温暖、润泽等。这种感觉虽然是主观的，但由于对象的物质属性是客观而普遍的，人的感官能力也有人类学意义上的普遍性，因此，当我们共同触摸松树的表皮且说它的表面是粗糙的时，这种感受作为肉身感受是相通的，是具有普遍性的，虽不精确，但确实存在。

对质料的感官感知还有第二个层次。作为审美的一个环节，对象的感知并不停留在对物理属性的感知环节，它会被意义化！这个意义化是指，对物的感觉，会被赋予价值与情感色彩，感官感受不再是对对象的物理属性的直观感知，而成为与物的直接交流，并且成为对物之物性的确证：丝绸般光滑，钢铁般坚硬，玉石般润泽，木头般朴厚……感觉与物质的直接结合，使得感觉不仅仅是对官能刺激的应激反应，而且成为对对象之存在的确证，在这个意义上，审美在质感感知这个环节成为确证对象、与对象交流的一种方式。这一点在当代人的审美中尤其明显，无论是亨利·摩尔的雕塑，是综合材料绘画，还是现成品艺术，以及大量的公共艺术、大地艺术，都是质料感知这种审美方式的例证。而这种方式的理论根据，大都从梅洛-庞蒂的知觉现象学中来。这个现象虽然不是当代才有的，但只有在当代才成为理论的自觉。

感官感知的意义化还在于：感官感受往往和观念与情感结合在一起，人们在酒中寻解脱，在茶中寻禅意，在味觉中满足乡愁，感官的快意早已不是官能反应，而是以感性的方式对精神性与情感性内涵的"体认"，从而使感官感受具有精神化的内涵。

在对质料感官直观之后（也许是之前），是对对象的"形式直观"。形式是一个复杂的概念：首先是指物质存在的直接呈现，是事物的整体性的现象，但是在具体的审美理论中，更多地指现象的构成要素，这些要素可以根据直观的类型而进行划分。形式直观本质上是一个认知环节，因为只有通过形式直观，才能获得事物的表象，而表象是经验认识的必然环节，但是形式直观在人类的审美经验中，具有基础性的地位，因为历代的美学家都认识到，通过对于形式的直观，诸形式因素本身可以给人以愉悦，这种形式愉悦是诸种"美的艺术"之美感的构成因素之一。真正奠定形式审美之理论基础的，是康德的纯粹审美理论。

当我们在对一个对象进行审美时，如果对象以其表象的形式给了我们自由愉悦，我们就获得了美感，而对象因此就是美的。我们对于对象之审美，首先是获得关于对象的表象，而这个被给予的表象，包含着一种能普遍传达的"内心状态"，审美本质上是用这种"内心状态"进行的合目的性判断。这种内心状态是鉴赏判断中"愉悦"的原因，这个内心状态是一种情感状态——是诸表象力朝向一般认识的自由游戏。

这是一套关于审美的先验分析，由于这套分析只关乎对象的表象而无关乎对象的实存、目的与概念,因而这套理论被认为是形式主义的。当对象的表象以其形式而令我们获得这种自由愉悦时,对象就是美的。这套理论启发了这样一种审美观念:在对象的纯形式与主体的某种内心状态之间建立起直接联系!这套理论阐明了审美中的这样一个现象:对象以其形式激活了我们某种内心状态,当这种内心状态令人愉悦时,我们就宣告对象是美的。以此,对对象的形式构成的分析和对艺术作品的形式语言的分析,变成了审美和艺术鉴赏的基本内涵。

在这种直观中,审美统摄所获得的整体感受会受到形式与质料的引导,具体化为一种特殊的感觉,或者叫审美情感。现代美学家们大都承认:

> 线条、色彩或体块等要素组成的关系,自有一种独特的意味,是一种"有意味的形式",只有它才能产生出审美感情。"有意味的形式"是艺术的一个不以时代的变化而改变的永恒的美的特征,可以为不同时期、不同文化的观赏者所识别和喜爱。欣赏艺术无须求助于现实生活内容和日常生活感情,艺术不是激发寻常感情的工具,它把人们从现实世界带向神秘的世界。使人进入一种陶醉状态,这才是真正的审美感情。[①]

[①] 阿恩海姆:《艺术与视知觉》,滕守尧等译,中国社会科学出版社,1987年,第454页。

这种特殊的"审美情感（感情）"是感性直观的最终结果，也是审美获得的最直观的愉悦。

第三节 审美的展开路径二：情感体验

在对对象进行感性直观的同时，在心灵和对象之间，会有一种感应性的关系，某一些现象，会让我们感动，会激起我们内心中的某种激越的情感（emotion），有时候令人兴奋，有时候令人感伤。在这种心物感应现象中，物象与情感联系在一起，情感与心灵状态联系在一起，而心灵状态与善恶联系在一起，善恶又与物象联系在一起，成为判断物象美丑的尺度。借心物感应而把情感、道德与审美联系在一起，在中国以"感物论"的方式成为一个理论传统，在西方则由柏拉图主义所秉持。

这种朴素的心物感应观深刻地影响着各民族的审美观，在18世纪现代美学兴起之前，甚至在19世纪的唯美主义之中，这种心物感应及其道德效果一直被认为是"审美"的一种形态。这就意味着，在对对象进行质料与形式的直观之时，"并行发生"着一种心物感应现象。尽管表现主义者们并不相信情感的心物感应的结果，但"表现"不是"审美"，审美一定从对对象的统摄性直观开始，而艺术却是从"表现"的冲动开始的，这是艺术与审美之间的根本差异。"并行发生"的意思是，我们能从时间上说感知直观一定先于情感体验，因为情感体验是由表象激活的，必须有先获得的表象，但问题是，在获得表象之后，是先产生了形式愉悦，还是先产生了情感感动，这是随机而偶发的，是由个体的倾向与境遇决定的。

由于在审美的历史传统中肯定了情感感动的审美性，因此，感动的发生往往就是审美的发生，从美学史的角度来说，对形式愉悦的肯定要晚于对情感感动的肯定。

情感感动的发生经常被哲学家和诗人所描述，因而常常被视为一种审美状态的开始，这个状态的标志是内心的激动与冲动状态，是一种非理性状态。这种状态，西方人用"enthusiasm"这个词来指称："Enthusiasm 是一种强大而深广的力量，它与精微的判断力有关，是这个世界上最难被全面而确切地理解的东西，……当心灵被幻象所吸引，紧盯着某些真实的对象或关于神的纯粹幻觉的时候，当心灵看见或以为看见某些奇异或超常的事物时，它便会有恐惧、欣喜、困惑、畏惧、崇敬等诸如此类的情感，或因这些场景而异常激动，因而就有了某些广阔的、震撼的（如画家们所言）和非凡的东西。而这就是 enthusiasm 这个名词的由来。"[1] 在这个内涵中形成了这样一个链条："心灵"—"奇异或超常的事物"—"恐惧、欣喜、困惑、畏惧、崇敬等诸如此类的情感"—"对非凡之物的领会"，这本质上给出了一个关于审美的新的模型，在这个模型中心灵的激动状态以复杂的情感状态的形式，被纳入审美过程中，由此，在对于审美经验的具体

---

[1] Shaftesbury. *Characteristiks of Men, Manner, Opinions, Times*, pp. 52–53.

描述中，诸如"passion""affect""emotion"和"feeling"等成为经常出现的词。心灵的激动状态，也就是情感的感动状态，是不是令人愉悦的？这一点处在审美经验中的民众毫不怀疑，而理论家的解释是：美学家们认为在情感体验中，"当心灵观察它自身和它的活动力量时，它将感觉愉快，假如它想象它的活动力量愈为明晰，则它便愈为愉快"①。对这个问题的回答关系到情感上的感动为什么是审美的。

在情感体验这个层次上的审美，是反应与判断的综合体，"affect"这个词在今天被译为"情动"，是一种感知对象时的身心反应。这种反应有时候是积极的，是心灵在想象力的推动下，对对象进行主动的感知，从而主动地获得一种感受，这叫作"体验"。被动的情感是一种身心对外部世界的反应，但主动的情感却像是一次合目的性判断。

在作为审美的情感活动中，反应和反思往往处在一种复调的状态，有一些情感反应自然而然地包含着意义，从而引起内心的感动与意味的共鸣，比如见月思乡、睹物思人，会有一种慰藉发生；有一些情感反应会立即引起我们的想象而使我们神驰八荒、浮想联翩，这种自由联想会伴有自由愉悦；还有一些情感反应会立即引起沉思，形成有感而发的思考，当我们的思考把握到意义与价值之后，也会产生愉悦；有一些情感，本身是形而上学性的或者宗教性的，如救赎、解放、自由、虔敬、神圣等

---

① 斯宾诺莎：《伦理学》，贺麟译，第142页。

等，这些情感本身像理念一样发挥作用，它们可以被感受到，却又是反思的对象，在把握到这种理念性的情感时，会获得反思愉悦。这种情感活动，也就是把身心感受、自由想象与意义反思结合在一起的状态，在现代的美学中被称为"体验"。

"体验"一词是以下多重"行为"或者"含义"的综合：第一，体验是认识主体以其身体对外部世界的直接感知，其身感知本身是作为认知图式引领主体对于世界的认识，是认识的源头；这种身体"感知"观在审美与艺术中体现为对对象之"质感"的感性性的体验；在体验中，对象以其存在给我们以直接的感官感受。第二，体验包含了想象力的自由和情感的勃发状态。第三，它是指生命化的个人感受，这种感受的获得是个体性的，是个人的生活经历与情感历程的积淀过程，是个体对于世界的个人化的主观的认识；这种认识是最真切、最自我、最直接的，是感性的直接的知觉的结果。第四，体验的过程，就是意识的意向性构成和意义统一体的建构过程，从这个意义上讲，体验是认知的真正的开端，是"真知"的开始。第五，体验是认识主体在生存过程之中、在世界之中、在与他者共在之中形成的"在之中"的领会，是在世的"领会"，这种"领会"先于认识，却是一切认识的源头。[①]

在"体验"中，情感、想象与个体化的真知和反思融合在一

[①] 对"体验"一词在诸种西词中的意义，以及"体验"概念的历史生成与具体内涵的分析，见刘旭光：《论体验：一个美学概念在中西汇通中的生成》，《复旦学报（社会科学版）》2017年第3期。

起，物我两忘，情意两融，这种状态，变成了20世纪的审美经验所追求的最核心的部分，自这个词登场之后，审美活动就在这个环节上被等同于体验活动了。

把审美等同于情感体验，就是把心物感应与生命反应作为审美的一部分，这保证了审美的个体性与审美所具有的生命性，在一次审美统摄之后，这种情感体验用身心经验充实统摄所获得的整体感受，并将审美引向一种被感动了的身心状态。

第四节 审美的展开路径三：认知愉悦

审美者在直观与体验对象的同时，也可以对对象采取认知的态度。审美这个行为还原到不可怀疑的事实，是建立在主体对客体的直观之上的。这一直观是不是构成对对象的认识？康德认为不是认识，因为审美只关乎对象之表象的形式，无关乎概念与目的，完全是主观的合目的性判断，与对象的实存无关；情感体验论者也会认为，由对象引发的情感体验和身心感动状态，是内在，与对对象的知识性认知没有直接的关系，感动我们的常常是事物的现象，而不是事物内在的本质。根据这两种审美观念，对对象的理性认知所获得的愉悦不能算审美，而是知识性的。

但在现实的审美活动中，理性认知只要获得了愉悦，都被纳入审美之中了。这种审美最简单的形态是对形式规律的认识，最复杂的是对科学家们所给出的诸种极其抽象的公式的欣赏。历史地看，以下认知行为经常会被纳入审美之中来：

第一种是对事物的"完美"的认识。这体现在审美领域中的毕达哥拉斯—柏拉图传统，这个传统认为每一个事物之存在都体现着该物的理念（idea），而该物的理念就是这一物的理想状态（ideal），称这一状态为事物的"完美"状态，并对这一状态进行数学上的规定。比如人的形体、建筑的平面构成与立体构成等。这就意味着造型艺术家在进行艺术创作时，预设了对象有一个完美状态，在具体塑造一个人像时，艺术家是按照对象的现实状态与理想状态的综合来创作一个事物的。这个观念包含了这样一种审美观：具体的对象离它的理想状态越近，就越美！而事物的理想状态总是与"秩序""比例""和谐"这三个词结合在一起，因此，审美就转化为对事物中包含的秩序、比例与和谐的认识。这个观念是新柏拉图主义美学和18世纪的欧洲理性主义美学的核心观念，也是一种关于审美的认识，这显然把审美等同于一种认识行为、一种合目的性判断。

第二种，在审美之中，发现对象的独特性与新奇性，也会获得愉悦，因而也被认为是审美，并被浪漫派美学纳入审美之中。但是，对对象的独特性与新奇性的认识，是理性认知的结果。独特和新奇既是指质料上的，也是指形式与功能上的，而"独"与"新"的判断，基于对事物的常态的认识，是一类事物的常态与这类事物中某个个别进行比较的结果。

第三种是真实感的获得。真实感的获得，总是在一个经验物和它的模仿或者复制品之间进行比较的结果,无论是造型艺术还是音乐艺术,当然也有戏剧艺术,这些艺术本身包含着模仿的成分,会带来真实感,真实感在美学史上常常被视为"一种美感"。真实感的获得源于一种符合的真理观,这种观念本来要求的是模仿物和被模仿的对象之间的肖似关系。判断事物之间的相似性,这本是个知性认识问题;判断事物之间在观念上的相似性,这是个理性判断问题,都不构成审美。但是,在这两种判断实现之后,会产生连带的愉悦感,它的原理是,既然每一个意图的实现都与愉快的情感结合着,那么在真实判断中,也包含着"意图的实现"——寻求事物的相似性与一致性,那么愉悦就发生了,这种愉悦还伴随着符合判断的实现所带来的认同感。这种伴随着认同的愉悦,在手工复制时代直接和"赞叹"结合在一起,成为人们评价人工制品的一种方式,甚至是主要方式;在强调艺术与现实之间的反映性关系这一"反映论"盛行的时代,对"一般性"的追求又使得艺术把"一般性"以感性化的方式呈现出来,成为一件值得赞叹的事儿。这两种知性愉悦在康德看来都是合目的性与合概念性的,因此不能算审美,但在审美的历史传统中,由于各个民族都把真实感所伴生的愉悦纳入审美中,这种认知愉悦在具体的审美实践中被审美化了。

第四种是理念认知。理念是对经验认知进行统摄的概念,知性的对象是经验个别,可是人类的认识不愿意停留在个别经验之上,我们总是相信,我们所处的这个经验世界,包含在一个更大的整体中，我们是这个整体的一部分，这样一些被理性预设的整体，就是理念的基本内涵。相信理念存在，这不是信仰问题，而是我们的思维方式。理念作为这种整体是需要以某种方式被认知的，但是"理念"在经验中永远不能得到完全的表达，而且就任何一个具体的经验性的认识而言，理念是它的前提。

对这些理念的认识对于艺术来说尤其重要。"艺术的内容，有可能是由各种各样的理念或某个单一的理念所提供的，这理念可能是一个形而上学的理念，或者是一个道德的理念，或者是关于形而上学和道德之间最终关系的更基本的理念，这些理念可能会明确地呈现在特定的艺术作品中或者以一种不那么直接的方式呈现在对艺术的经验中，而不是艺术对象本身中。"①这是康德艺术论所能给出的启示，并且在之后的黑格尔和叔本华的美学思想中得到继承与贯彻。对自然美的认识同样离不开这些理念，在人类的自然审美之中，只有当自然被视为感性化的理念之时，对自然的审美才开始。

把对诸多理念的认识归于审美，认识论上的原因在于，审美作为一种判断，总是反思性的合目的性判断，理念由于其与知性概念不相同的特性，主要是其内涵上的超验性和呈现方式上的经验性，特别适宜承担这个目的。实际上审美判断之所以能展开，离不开对"真我""绝美"和"纯乐"三个理念的预

---

① Paul Guyer. *Kant and the Claims of Taste*, p. 365.

设[1]，在艺术鉴赏中还会有"绝艺"这个理念，把审美对象统摄到这三个理念之下的判断，虽然从形式上看是规定判断，但对于这些理念的内涵是不明的，因此实际效果更像是反思判断，或者说，以某种理念为目的的合目的性判断，是规定判断和反思判断的辩证统一。在对于理念的这种辩证判断中，会获得康德所说的"反思愉悦"：这种愉悦一方面来自在经验个别中"直观—反思"某个或某些理念，让心灵的"把对象精神化"这一意图得到实现；另一方面来自对直观经验之效果或者反应的反思，是发现这种反应的正当性之后的自我确证。

这四种认知奠定了审美的认知维度，使审美获得对于意义与价值的传达功能，这让审美获得了与哲学和宗教并行的文化地位。

第五节 三种展开路径之关系：互动互化的自由游戏

在面对一个审美对象时，究竟是通过感性直观而获得形式愉悦，还是进行情感体验而获得情感愉悦，还是通过认知而获得认知愉悦？这三种审美路径孰先孰后？三者是什么关系？——三者既是递进的，也是互动互化的自由游戏状态。

从时间性的角度来说，感性直观是在先的，由它引发情感

---

[1] 这三个理念对于"审美"的意义，见刘旭光：《"纯乐""绝美"与"真我"：论"审美"的形而上维度》，《文艺理论研究》2020年第1期。

体验，也由它为认知提供对象，审美首先是一种感性活动，因此，感性直观是审美首要的展开路径，其他两者接续其后。在直观之后，究竟是趋向于情感体验，还是趋向于认知活动，这是由审美者的立场决定的：浪漫派会倾向于情感体验，理性主义者会倾向于认知，而在情感体验与认知活动之间，又可以相互引发。

三者间的递进关系体现在：通过直观获得的形式愉悦包含着对象之存在的感官反应，主体的自由性相比于情感体验要弱，而情感体验毕竟还要"感于物"，相比于主体主动的理性认知，其自由性也要弱一些，因而，就审美中主体的自由度而言，三种审美路径存在着一个递进的肯定性的超越。[①]

三者间的自由游戏体现在：在审美统摄之后，审美者可以以自身的前理解和在先的领会来展开这一次审美——如果他是一个形式主义者，那他可以从形式直观切入；如果他是一个情感主义者或者浪漫派，那他可以从生命体验切入；如果他是一个理性主义者，当然可以从理性认知切入。这意味着在审美中，如果不是执着于意识形态上的对立与斗争的话，一位审美者完全可以自由选择他的审美之路，同时三种路径之间可以进行交互影响、交互引发，人们的审美经验经常不是单一而纯粹的，而

[①] 对审美的不同层次之间的递进与肯定性超越，更系统化的描述见刘旭光：《论"审美"的七种境界——关于审美的有限多样性与超越性》，《社会科学》2020年第8期。

是许多种反应相互交织的。在审美对象上所开启的路径越是多元，过程越是多变，对对象的审美就会越加持久，而不会在单调与乏味中中止。

美学家李泽厚在讨论审美形态时，提出：

> 对审美形态的区划原则，即将审美分为"悦耳悦目"、"悦心悦意"、"悦志悦神"三个方面，这三个方面是人（人类和个体）的审美能力的形态展现。①

这三个方面是并列的，但审美统摄的存在使得三个方面虽然在理论上被区分开，但在实际的审美经验中却要求审美者对对象再进行"宏观圆照"，也就是在审美统摄推动下感性直观、情感体验和理性认知三个层次的能力之间相互引发与推动，进而形成对审美对象的整体认知，在整体认知中形成三者间的互动互化。这种互动互化体现在以下三个方面：

首先是感性直观的结果对于情感体验的引发和情感体验对于感性直观的引导。在审美统摄之后，感性直观所获得的感官反应和形式愉悦，并不停留在自身之中。借助于想象力与记忆，它会引起情绪上的波动与情感上的感动，有感而心动或者有感而情动。这种"感—动"的发生，似乎无迹可寻，但又随处可见，

---

① 李泽厚：《华夏美学·美学四讲》，生活·读书·新知三联书店，2008年，第342页。

我们无法预测我们会在何处感动，也无法预测以何种方式感动。在这种"感—动"中，感觉具有了深度，感觉和情感之间建立了一种说不清的直接联系，感觉因此直接成为诗人，而情感也成为对对象之确实存在的确证。这种感动，变成审美经验的基本的部分，甚至是审美的原因之一，但如果深究为什么在审美或者欣赏艺术时，对一些幻象产生感动，并因此产生了愉悦，这种根据只能用自由感来解释。这种感动的产生，会反过来影响我们对对象的直观，影响我们的观看方式。有时候会产生"看进"的效果，与对象产生体验性的关系；有时候会产生包含着情感倾向的观看，产生移情效果，甚至产生幻象，产生凝神静观的效果；或者在感动之时，心驰神往，对对象视而不见。更有可能，由于心有所动，因此重新对对象进行再直观与细看，进行品味，把玩细节，从直观进入鉴赏状态，引发新的感动。由于情感会影响感性直观的视角与内涵，会影响想象力的活跃程度，因此，情感感动对于直观的反作用，使得我们在感动之后会再去进行新的直观。这种新的直观带着某种情感来直观一个对象，在对象中寻求对这种情感的共鸣，这就使得直观具有情感上的合目的性，从而产生了类似于审美一样的反思判断的效果。这无疑让直观和情感之间具有双重性关系：第一重是反应，直观而来的心灵反应和情感反应；第二重是以主体感受对对象的反思，是情感反应之后对对象进行的合目的性反思。

其次是感官感知也可以直接引发理性认知，把感知和理性结合起来，形成感悟与直觉，这也是一种新的认知。我们的感觉是具有"存在—深度"的感觉:"自然的感觉比理解聪明,因为它使我们知道审美对象具有牢固性……我们是按照人的深度来感知物的深度。"[1]感觉有深度,那就意味着感觉可以把握"意义",绝不仅仅是质料的牢固性。感觉是有深度的,人的感官不是纯动物性的,他的文化积淀,他的教养,他的诸种无意识,他的生物遗传,他的人生经历,都会对他的感觉产生潜在的影响,而真正的深度存在于他之"所是"之中,是他的心灵、情感、世界观等精神性的因素引导着他的感觉。在这种感觉之中,包含着价值与意义上的一般性,因而,当人以"人的感觉"对对象进行感知时,马克思主义认为感觉会直接成为理论家,而现象学家则会认为感觉里包含着真知。通过感觉而直接把握到一般性,或被称为直觉,或被称为感悟,在审美中它体现为对对象的感觉引发了对一些理念的领会或者反思。这或许是由于感官感觉与理性反思在时间上的接续性,使得我们以为它们是一体的。当然,审美之中的感悟现象,主要是反思判断的结果,但这反思判断是被感官感受引起的。

通过直观与理性的结合而形成审美感悟之后,这种感悟会引领我们再次对对象进行直观,会在对象和被感悟到的理念之间,形成印证性的观看—审视。在审视中,那种朦胧的感悟,在重新展开的审视中,在感受和反思的相互印证中,得到深化,达到明晰化的认识。这是一个时间性过程,在有所"感"和有所

---

[1] 杜夫海纳:《审美经验现象学》,韩树站译,第436—437页。

"悟"之间，不是瞬间完成的，感受与反思之间的交互，既有对感受的反思，又有对现象与感受到的理念之关系的反思。感性直观活动本身是反应性的，但当它和理性认知相结合，有感受所获得的感受，就有可能共通化，成为具有理念性质的共通感；而认知活动由于感受的介入，虽然主观化了，却生命化、生动化了，这使得理性认知活动加入了感受性的东西，更真切。感受与认知之间的互动，有"观"，有"照"，并在二者之间形成循环，这里仍然呈现出一种二重性：由感受进行理性认识，这形成了直觉式的感悟，在这里会有认知愉悦；由感悟所得的理性认识再来反观感受，就会有一种比直观愉悦更丰富的反思愉悦发生。

再次，情感体验与认知判断之间，还有循环式的关系。情感上的感动是进行理性认知的原动力，从某种程度上说，认知是需要目的和理由的，而情感上的某种触动在日常经验中是最常见的理由，所谓"动之以情，晓之以理"，情感体验通常并不是知觉的最后目的，特别是在审美知觉中。尽管一部分艺术和一些美学理论希望把情感体验作为独立的目的，使其成为一个类型的审美，但是人类的心灵并不满足于感动，它会追问，是什么使我感动，或者我因何感动。对这个问题的追寻，会形成对于情感感动的反思，这种反思一方面会推动主体去追问对象的意义与价值，另一方面也会反思自身之"感动"的正当性。单纯的感动是心灵对外部世界做出的反应，是不自由的，只有当情感反应变成对认知的推动，并且这种推动被反思到之后，情感感动才获得了某种肯定性的意义，否则会被视为煽情或滥情，在审美上陷入矫揉的感伤主义。

理性认知与情感感动的互动还在于，想象力的自由活动似乎是独立的，它创造诸种意象，但在实际的审美经验中，理性会对想象力有所引导与约束。约束想象力的，一方面是对审美对象的肉身式的体验和某种经验记忆；另一方面是理性认知对想象力所创造的意象的选择，从胡思乱想中选择闪现着意义与价值的部分，选择那些"合情合理"的部分，进而从理性理念的角度对想象力创造出的意象展开合目的性的反思判断。

虽然情感感动呈现为肉身经验，但它包含着某种合目的性，它被日常情感经验的一般性与普遍性所约束，有"常情"或者"人情"在；它也被"理"所引导着与约束着，即便是由感动释放出的想象力的自由，都被理性认知赋予了合目的性，这就意味着，在情感感动和理性认知之间，有一种交互性：情感引起并推动认知，认知把情感感动意义化、价值化，并对情感感动进行反思判断。

在审美的三种展开路径之中，既包含着诸认识能力的自由游戏，又呈现出诸契机之间的交互影响，因而，审美是包含着自由选择的，在审美统摄之后它如何展开，这不可预料；在发生过程中，究竟会经历什么，这同样不可预料。如果某物偶然让我们感动了，这是一次反应，而这个反应究竟会引起想象力的自由游戏，引起沉思，还是引起对对象的再次直观，都只能交给自由意志去掌控——审美有认知的机制，但没有认知的规律。问题是，在这场自由游戏之后，审美有没有更进一步的状态？

有！——交感反思愉悦。

第六节　审美的实现：交感反思愉悦与"审美"的独特性

审美在从三种路径展开之后，通常会获得：形式愉悦，情感感动所带来的愉悦，或者认知愉悦。三种愉悦必得其一，也可以相互共鸣，但这还不是审美的最终形态。感性直观、情感体验和理性认知三者都不是审美专属的，其他人类活动也会经历这个过程，审美的独特性与规定性在于其最终会在一种交感反思愉悦的状态中实现自己的自律性。

在审美中有这样一个现象：某物让审美者觉得很好看，他一定会去追问为什么；某物让人感动，被感动者也禁不住会问为什么；一次认知愉悦发生了，人们会追问愉悦发生的原因。——心灵获得了愉悦，但心灵会继续追问：为什么会发生愉悦？这个现象说明，有一种对"愉悦"的反思发生了，而反思还会再获得愉悦，即反思愉悦，这个"反思愉悦"是审美的专属领域和最终实现。但反思愉悦是一个复杂的现象，更确切地说，审美最终实现于，或者说审美的最高状态，是"交感反思愉悦"的获得。

交感反思判断源于反思判断。反思判断就其起源来说，是合目的性判断的一种，是合目的性思维的必然结果。反思判断的内容是相对广泛的，具体来说：反思的具体的内容是去判断概念和认识之间的——相同性、差异性、一致性和冲突性，以及可规定的和规定的"关系"（质料与形式的关系）。[①] 这是康德对先验反思的任务的分析，近代以来人们对于反思的认识，还有这样一个维度："反思"是回顾与追问我们对事物的认识的正当性，也是对我们自身状态与自身行为的正当性的回顾与追问——"回顾"是为了"检验"过程的正当性，而"追问"是要"确证"前提的正确性与结论的合理性。

　　基于以上几个层次的内涵，当我们说"反思判断"时，既是对对象的主观合目的性的判断，也是对诸对象间、主体与客体间、主体间"关系"的认识，也是对主体的认知与行为的正当性的回顾与检验。这三种反思行为，都可以使人获得愉悦。按照康德对先验愉悦之说法，当我们在判断中获得一致性，就会产生愉悦，那么以此推论，当我们在反思判断中达到目的时，也应当产生愉悦。这种愉悦，康德称之为"反思的愉悦"——来源于反思判断的愉悦。在纯粹鉴赏判断这一反思判断中，我们获得的是"单纯反思的愉悦（愉快）"，他的原话是：

　　　　反之，对美的愉快却既不是享受的愉快，也不是某种合法则的行动的愉快，又还不是根据理念作玄想静观的愉快，

[①] 康德：《纯粹理性批判》，邓晓芒译，杨祖陶校，第236页。

而是单纯反思的愉快。①

但反思愉悦并不仅仅是这一种,对关系的判断和对正当性的判断,同样能够带来反思愉悦。或许我们可以说,纯粹鉴赏判断带来的是单纯的反思判断,而关于"关系"与"正当性"的反思判断,则是应用的或者综合的反思判断。据此,我们也可以把反思愉悦分为单纯的反思愉悦和应用的反思愉悦。单纯的反思愉悦是康德阐明了的,但应用的反思愉悦还需要再分析。

应用的反思愉悦在审美中的体现是,当一次审美从三种路径中的某一种展开之后,接续而来的,是审美者对其所获得的审美愉悦的再反思,这种"再反思"的对象,可以是惠爱、统摄与三种路径中的任何一种:

首先,"惠爱的发生"本身可以被反思,为什么在面对"这一对象"时,惠爱会启动?什么召唤着惠爱?是自由的心灵对于自由愉悦的期待,是求真的心灵对于物之本然的期待,还是心物之间的自由感应?对这些问题的回答,是由审美者的世界观与价值观决定的,是他的精神世界可以自由选择的。对这个问题的追问本身会让审美者获得拈花微笑式的自得——这是一种由惠爱引发的反思愉悦。

其次,在审美统摄环节上,审美统摄本质上是主观合目的性的反思判断,即用某种心灵状态对对象进行统摄的反思判断,

---

① 康德:《判断力批判》,邓晓芒译,杨祖陶校,第134页。

审美统摄预设了一种不确定的心灵状态，然后在对对象的统摄中使这种心灵状态明晰化，这个过程是把某种心灵状态颁布给对象，在这个意义上它是反思性的，但又是一种对对象总体所呈现出的精神风貌的整体把握，它又像是一次"判断"。审美统摄把对象归给某个不明确的但具有一般性的心灵状态（审美理念），这种心灵状态有时候像是物之神态与情态，是客观的，但又像是主体心灵的状态，像是在统摄中被激活的。审美统摄的这种运作方式，按康德对以审美理念为目的的鉴赏判断的分析，就是主观合目的性的反思判断。而这种统摄所获得的愉悦，也就是反思愉悦的一部分，甚至可以算作单纯的反思愉悦。

再次，在审美展开的三种路径上，仍然有反思判断与反思愉悦接续其后。在质料感知中，质感本身所带来的刺激与反应并不构成它的审美价值，而这种反应与刺激，以及它所带来的快适，通过反思判断，可以被赋予价值意义。这体现在：一方面，感官感受和情感联系起来，如诸种可区分的感情的发生之后，情与感之间的被文化或习俗固定下来的联系，会让具体的"感"成为合某种"情"的合目的性存在，这样一来肉身性的感官感受就不再是它自身，而成为心灵化的"情"的一部分；另一方面，感官感受常常和社会化的意义联系起来，比如"能吃苦"这样的类比，或者"麻木"这样的社会化与精神化的"感受"，这就使得我们的感觉可以直接获得肉身反应，但感觉及肉身反应都可以成为反思之对象，这种反思既探索感受的意义，又追问感受的正当性。而情感感动与理性认知之间，可以形成一种互为目的的奇特关系，因情感感动而探其理，因得其理而动情，对情感的体验并不是单纯接受，而是一个意识的意向性构成和意义统一体的建构过程，这里包含着愉悦这一目的的引导，也包含着"真知"的预设。情感的感动总是"反应与反思"双重行为的结果，情与思、情与意之间，是相互生成的，对情感的感动一定引来对情感的反思，对情感的反思一定引起对对象的新的情感感受。这就意味着，在情感感动之后，关于情动的反思会被引发，进而再获得反思愉悦，也就是由"情"入"理"的愉悦。

在认知这个环节中，除了科学性的或者知识性的认识作为一种客观合目的性判断而具有规定判断的性质，借对对象的直观与反思而获得形而上理念、宗教理念、道德理念和审美理念的过程，当然是反思性的，因而，以理性理念为目的的合目的性判断，只要是以感性存在为对象，就会产生反思愉悦；同时，对对象的完善或完美的认识，也是反思性的，虽然康德称它们为客观合目的性判断，但对对象的客观合目的性判断，本身是反思的一部分，也可以带来反思愉悦。

这说明，在被我们判定为"审美"的行为过程中，反思判断既可以落实到某个环节，又可以在具体的审美路径展开之后接续而来，因而反思判断和反思愉悦是审美的另一个层次，它凌驾于审美每一个环节之上——既可以在之中，也可以在之后。更重要的是，反思判断由于其性质在于"自由理性"（黑格尔语）对对象所进行的主观合目的性判断，因此它体现着主体在判断过程中的自由。它不为对象所束缚，这是感性直观—情感感动—

理性认知（三者具有主体在自由程度上的递进关系）三者都不及的。反思愉悦由于其主体性因而是体现着主体自由的自由愉悦，同时，通过反思判断而获得的愉悦，也是间接的愉悦，是对对象所给予的感受进行反思后获得的，因此愉悦并不直接来自对象。正是这一点构成了审美的独特性：审美中有一个部分，是对对象所带给我们的感受与反应的反思，它是由"反应"引发的"反思"。

在审美统摄中，在质料的直观与形式的直观中，在情感体验中，甚至在对对象的知性认知中，都包含先于反思而发生的主体对对象的"反应"，有一些反应是肉身性的，如对质料与形式以及情感的反应；有一些反应是智性的，如对对象的"经验认识"。但这些反应本质上是"前审美"的，对对象的感知是一切审美活动的前提，因而由感知产生的反应也就是前提性的。这一点经常在实践与理论中被混淆：人们通常会把感悟直观中的肉身的反应，以及情感反应与精神反应视为审美的一部分，这是因为一切审美活动中似乎都以某种反应为先导，因而，激起反应的过程，理应是审美的过程。这在实践中体现为，对质料之质感的获得和对主体情感上的刺激在现代艺术中被视为审美的一个环节，而在理论上，对"物"之物性的体认和对情动现象的认可就成为一种"美学"。但反应是被动的，对对象的反应性的认识，都不构成审美，但它们为审美提供了对象，提供了情感与心灵状态的基调。

这就带来了一个难题：审美是对对象的直观式的欣赏，还是反思对象带给我们的感受？前者是一个产生反应的过程，而后者是反思判断的过程。在康德的理论中，在形成表象时诸表象力之间的自由游戏的内心状态，以及由表象所激起的我们的内心状态，是反应；当我们在这种内心状态中反思出"想象力的自由与知性的合规律性的相互激活"，这种相互激活的感觉，构成了审美的反思判断的对象。对于"自由游戏的内心状态"的反应，或许是一种快意，因为自由感本身给人快意，但判断出想象力的自由与知性的合规律性统一所激活的情感，会获得愉悦——反思愉悦。因而，就审美的构成来说，它离不开诸种身心反应，这是它的起点，但只有在获得反思愉悦之后，才完成审美。审美介于反应与判断之间，既包含着反应，也包含着判断，而且，在反应与反思判断之间，有一个张力场，审美可以游移在二者之间，但不能超出二者之域。此外，就反思判断与感性反应之间的相互引发而言，审美是交感性的反思，是感受与反思的交互循环过程，审美愉悦因此是一种交感反思愉悦。交感反思判断[①]作为一种统摄性的能力掌控审美的整个过程，使得审美成为一个独立而自律的人类行为。

没有感知的判断必然造成隔离与漠视，没有判断的感知是沉醉与盲从。感知代替不了判断，审美如果没有判断环节，就会丧失审美对于意义与价值的呈现和反思，从而把审美降格为

[①] 关于交感反思判断的进一步论述，见刘旭光：《作为交感反思的"审美的观看"——对现象学"审美观看"理论的反思与推进》，《社会科学辑刊》2017年第1期。

直观感知行为；而反思判断如果没有体验与感受的环节，就会造成对对象的漠视。审美是这样一种状态：一方面，通过直观感知以及由此引发的体验，对象自身被呈现出来，对象自身的存在论性质与构成特性被尊重、被关注，在之中，对象以其自身来感动我们；另一方面，审美作为反思判断，把审美理念、把主体性的意义与价值颁布给对象，在主观的合目的性中让审美成为理念与理想的呈现。这两个方面的融合，使审美呈现为"交感反思"。交感反思中源自直观的感受与感动，以及想象力的自由，与来自反思判断的反思愉悦，共同构成我们的美感；也正是交感反思，使得审美成为一种独立而自律的人类行为。

总体看来，"审美"这一行为的实现，是这样一套认知机制的结果：第一，在惠爱之心与愉悦期待的推动下，审美认知得以开启。第二，通过审美统摄，完成对对象的整体性精神风貌的把握，感悟到其中的审美理念。第三，从以下三种路径中，自由地选择认知对象的切入点——直观感知、情感体验与认知判断。第四，在欣赏对象的时间性过程中，任由三者自由游戏、相互激发、相互转化，诸认识能力的自由游戏是我们的审美享受的核心与基础。第五，在审美的最终环节，是交感反思，包含着反思判断与身心反应之间的交互引发；在交感反思中，对象的存在得以呈现，并被肯定，主体的心灵获得自由，获得自我肯定，借助于反思判断，主体性的理想与价值得以显现进而获得交流。这种机制很复杂，却是心灵之自由与美好的写照。

第七章
审美的诸种范式（一）：古典范式

"范式"是20世纪的科技哲学家库恩对科技演进进行概括时提出的概念："我所谓的'范式'通常是指那些公认的科学成就，它们在一段时间里为实践共同体提供典型问题和解答。"[①]"范式"这个术语是想说明，科学实际活动中某些被公认的范例——包括定律、理论、应用以及仪器设备统统在内——为某种科学研究传统的出现提供了模式。这套模式由一系列的概念，相对明确的目的，评价尺度、相对稳定的认知方式和本体论预设，以及一套研究与实践的操作方法构成。每一种"范式"自身都可以形成一套"话语"，而这套话语一方面可以构成一个自足的体系，另一方面又是一种霸权——它排斥其他范式。"范式"具有相对的普遍性，它是由一个学术与文化机制的集团所共同遵循的一组关于目的、理论、准则和方法的总和，范式可以用来界定什么应该被研究、什么问题应该被提出、如何对问题进行质疑以及在解释我们获得的答案时该遵循什么样的规则。"审美"以及人们

[①] 托马斯·库恩：《科学革命的结构》，金吾伦、胡新和译，北京大学出版社，2012年，第4页。

对于审美的认识,也是由许多范式构成的,审美有民族范式,有时代性的范式,也有地域性的范式和意识形态性的范式。在人类历史上,有多种审美范式要么是并行的,要么是接续的,也有相互攻击的,我们可以对这些范式加以罗列,并思考如何吸收与超越一套审美范式本身的局限性。古典时代的诸审美范式,如模仿论、道德主义与完美主义,在各民族的审美观念中都有体现,其精神实质通过美学史、艺术史或如博物馆等文化载体传承下来,甚至通过诸种文化保守主义与复古主义而在当代的审美实践中继续发生作用;而现代,特别是19世纪以来出现的新的审美范式,随着西方文化的全球化及其在各个民族的本土化,深刻地影响着当代人的审美实践;还有一些新的观念刚刚诞生,它们会成为人类审美实践的新的路径与尺度。

第一节 审美模仿论范式

模仿论起源于亚里士多德在《诗学》这本著作中对"诗"——由现在所说的戏剧、诗歌和音乐综合起来的艺术——的性质判断:诗是对一定长度的事件的模仿。由于亚里士多德在西方文明史上显赫的地位,这个判断流传了两千年,直到18世纪中期才在理论上被放弃,但在实践中仍然有影响。

模仿论是怎么会成为一种审美范式的?举一个案例,古希腊雕塑《掷铁饼者》可能通过两种方式被创作出来:其一,雕塑家对一个摆好姿势的模特进行了技术化的翻模制作；其二，艺术家从许多运动员掷铁饼的身体姿态中看到普遍性，而后，根据他的记忆、想象塑造了掷铁饼者的形象。这两种可能都存在，在古希腊都被表达为"模仿"（mimesis）。它有两重内涵：一是通过更改媒介而对一个行为复现，比如人类模仿小鸟搭建鸟巢而学会建造窝棚；二是我们通过更改媒介来复现一个特定的对象，比如我们画出或者泥塑出一个人。

这个理论可以解释艺术的起源或艺术行为的本质，跳舞、唱歌可能是对自然界某些动物行为的模仿，而绘画、作诗是对对象改变媒介的复制。这种观念具有合理性，人类的艺术创造行为利用一定的媒介塑造新的实体，实体与对象有相似性的关系，是对对象的"复现"或"复制"，这就是"模仿"。

但是这个行为如何转化为一套审美原则？需要先阐明模仿论的艺术观。基于模仿论的范式，我们创作和欣赏艺术作品时，对作品的创作和欣赏以以下三种方式展开：

第一，古希腊雕塑家波吕克里特以情人的长相为模特塑造了一个维纳斯像，人们观看时觉得很美，雕塑之美来自模特之美，雕塑家通过一次媒介转化完成了对对象之美的传递。当我们在模仿物中再感知到这美时，就是一种审美——这是柏拉图式的审美。模仿的本质是传递对象的美，那么对象为什么美？有一套审美客观主义的理论可以回答这个问题：美在"比例""秩序""和谐""完美"等等。这带来一种狭隘的观念：艺术作品只需要模仿一个客观的美的对象，审美就是透过媒介去观看对象所包含的客观的美。这个观念实际上否定了诸种模仿物自身独立的审美价值，但又需要解释对象之美的客观性，因此这种"审美客观主义"最终不得不走向对对象之美的形式分析。

第二，对象本身是什么无关紧要，模仿行为本身令人愉悦。这就带来一个问题，当模仿的原型不美，那么我们是否能对模仿物进行审美？从审美史的角度来说，对对象的惟妙惟肖的模仿是可以带来愉悦的，只要以具有真实感的方式将对象模仿出来，模仿出来的对象如果是自然的、生动的、惟妙惟肖的、有活力的，就是令人愉悦的。同时模仿行为所体现出的模仿技术是令人赞叹的，因而模仿行为本身也就令人愉悦了。这就消解了审美客观主义的狭隘，使得艺术可以以丑恶的、可怕的、怪诞的事情为呈现的对象，重要的不是对象，而是模仿行为本身。

第三，在呈现"神"，比如宙斯或观音时，雕塑家和观众并不知道神的样子，但必须将"宙斯"这个众神之首，或者观音这个普度众生的菩萨作为"理念"呈现出来，因此刻画神像本质上是完成了一次关于该神的"理念"的呈现。今天这种行为被认为是"表现"（representation），但在柏拉图主义的传统中，一直到18世纪，这都被认为是"模仿"——是对"神"的理念的模仿。

以上三种方式主要是创作观，兼及艺术欣赏问题，那么这套基于创作与欣赏的理论是怎么成为一套审美范式的？

艺术中的模仿论成为审美中的模仿范式，最根本的原因是模仿行为本身会带来愉悦，美学史上对这一点给出了如下理由：

其一，模仿是一个非功利性行为，它引发了一种审美情感、艺术情感，这种情感与实存、与现实功利无关，含有自由愉悦的可能。这是模仿可以被归入审美范畴的第一个原因。这里所说的"非功利性"可以做如下例证：舞台上上演的"杀人事件"相较于现实中发生的杀人事件，是虚假的"幻象"，但是它依然能够引发人的情感，那么，这两种事件引发的痛感和恐惧感一样吗？不一样，因为后者的情感源自模仿，无关乎我们的实存或现实境遇，是"非功利性"的情感，这一点很早就被戏剧家们用来解释戏剧所引发的情感与现实情感之间的差异。这种由"幻象"引发的情感具有非功利性，可以用来阐释由绘画、雕塑等具象艺术与戏剧、小说、诗歌等抽象艺术所引发的情感和由现实生活所引发的情感之间的差异，这种由幻象引发的情感，常常被称为"审美情感""艺术情感"，而现实的情感则是"生活情感"。相对于生活情感，源于模仿所获得的幻象的情感，是与现实的功利生活无关的，但这种情感和生活情感之间又存在模仿性的关系，审美情感是对生活情感的模仿，由于它是在内心中发生的，所以心理学家们把这种模仿生活情感获得审美情感的方式称为"内模仿"。

其二，模仿行为本身会带来愉悦。17世纪法国文人布瓦洛在《诗的艺术》中说：一条蛇是令人恶心的，但绘画中惟妙惟肖的蛇就会令人喜爱。这个案例被称为"布瓦洛的蛇"，这种喜爱之所以发生，是因为"模仿"这个行为是令人喜爱的。通过模仿获得的喜悦，不来自具体的功利满足，不来自合目的性，这种愉悦就是非功利性的自由愉悦。

模仿性的产生会使人愉悦,这种愉悦具有两重非功利性——来自模仿本身的愉悦与仿品所引发的情感。通过这两个原因,模仿行为本身具有非功利性,并能带来自由愉悦,所以,对模仿的欣赏由于指向自由愉悦,因此也就是审美性的。这为一切写实艺术奠定了美学基础,而对模仿行为的关照本身就构成了一种审美行为,而这种审美有自己的评价尺度——模仿的好坏是由真实和栩栩如生这两个观念支撑起来的。

在中西方,都出现了这种以"真实"和"栩栩如生"为尺度的审美观,这种审美尺度源自两种愉悦:第一种是由于仿品本身还给了人真实感,或者它和被模仿者之间有高度的肖似性,这会获得赞叹,这种赞叹主要是对模仿之技艺的赞叹;第二种为对象的真实和栩栩如生而产生的愉悦,是一种生动感。这就构成了对经验现实的模仿作为美感的根据:当模仿引起人们在"认识与辨识上的满足感",引发出一种心理上的"真实感",也就是"栩栩如生""身临其境""生动传神"等感受时,这些感受在许多民族中都被视为"美感",由此模仿论就不仅仅是艺术创作问题,而且是一套关于审美的理论范式。

但模仿论处在一个尴尬的境地,它确实可以解释艺术的本质和目的,解释人类的模仿行为为何具有审美性,但它缺少对人的创造性自由的肯定,模仿这个行为本身也缺乏自身独立的价值,且它的效果实际上具有欺骗性。比如说有人雕了只羊,结果骗了一只狼扑上去咬它;一个画家画了一束花,让大家觉得像真的一样,而另一个画家在画面上画了只苍蝇,骗得那个画家去驱赶苍蝇。美术史上有许多这样的小故事，这种小故事都揭示了模仿的欺骗性。这种欺骗性遭到了基督教的猛烈攻击。随着以自由创造为核心的康德美学和浪漫派美学的兴起，"模仿"这个观念几乎终结了，但它在实践上从未消失，人民群众依然对具有真实感的、栩栩如生的艺术喜爱有加。此类对象是民众喜闻乐见的，因为对此类审美对象的审美有朴实的直观性，像不像与生动不生动，是没有受过教育的民众也看得懂的，因而在强调审美的人民性时，人们执着地坚守着模仿论观念。

模仿论作为一种审美范式，还体现在它可用于对自然的审美。当我们在大自然中发现某座山像什么、某棵树像什么、某朵云像什么的时候，我们在不经意间就应用了模仿论的范式。只不过我们会赞叹大自然的鬼斧神工，以为大自然是伟大的模仿者。

但审美的模仿论范式不能满足人类更高的审美旨趣，苏轼说："论画以形似，见与儿童邻。"[①] 齐白石也说："作画太似则媚俗，不似则欺世。妙在似与不似之间。"由于模仿论缺乏对人类的自由创造能力的肯定，缺乏对人类进行自由表现的需要的满足，特别是，由于人类的影像技术与造像技术在现代科技的加持下突飞猛进，因此对模仿行为的技术性的赞叹慢慢丧失了，也因此模仿行为的审美性越来越弱了。

[①] 苏轼:《苏轼全集》，中国文史出版社，1999年，第244页。

第二节　审美道德主义范式

对一个事物进行价值评判，特别是对人生与社会进行价值评判，这种评判和对对象的审美，在人类文明早期的许多民族中，都被结合在一起，"美即善"这个观念在东西方都有悠久的历史，并且形成了漫长的理论传统，它也是一种审美范式：直观一个对象，通过反思对象中所包含的道德理念而获得关于对象的意义判断，这是令人愉悦的，因为其中包含着观赏者对对象的敬意；同时也激活观赏者的道德情感，获得情感感动，这也是令人愉悦的，因为这种情感感动有助于人的良知与道德信念的提升。这两种愉悦和审美愉悦在人类文明的许多时期，以及在许多民族的审美实践中，没有被截然分开，而且由于二者可以相互强化，所以美善统一就成了一个具有普遍性的审美观念，由此道德理念的反思与道德情感的感动就成为一种审美范式，也可称为审美道德主义。

审美道德主义在西方的起源是苏格拉底和一位青年的对话：美丽的盔甲和美丽的粪筐哪个更美？苏格拉底选择了粪筐，因为它是有用的。在中国，事物的美和事物的功用之间，孔夫子选择了"绘事后素"，而对于诗的评价，他也持一种功利主义立场："迩之事父，远之事君""多识草木少识人"，一切事物都有功能性，在功能性中体现事物的"善"，而美不美不那么重要。但实际上人们很早就意识到了审美与道德判断是不一样的，因此，审美道德主义并不取消审美的独立性，而是强调美与善应当统一起来。

这种统一的努力，在中国来自儒家——尽善尽美和文质彬彬，后来在字源学上确立了自己的信念。汉代的文字学家许慎，在《说文解字》中说："美，甘也。从'羊'从'大'，羊在六畜主给膳也，美与善同意。"①

许慎只是从"美"字的构成角度说这个字由两部分构成，并没有把"大"作为"羊"的属性来看，却做了一个猜测：羊是用来吃的，所以"美"字应当与膳食有关。然后他不加推论地直接说：美与善同意。而"善"，《说文》作"譱"，释曰："吉也，从誩从羊，与义、美同意。"许慎这么说的原因或许在于他对"羊"字的认识："羊，祥也，……凡羊之属皆从羊。"②美、善皆从羊，而羊有"吉祥"的意思，因此推论说由于"吉祥"的意思，所以善"与义、美同意"。许慎的说法包含着两层含义：第一层，羊主膳，味甘，所以"美"指由味觉而得到的愉悦，是感受。第二层，羊有"吉"之义，在这一点上美和善同源同意，那么美又是指"吉"，是一种观念。美，甘也；善，吉也。以此他得出结论——美善同意！

许慎的结论成为后世的儒家学者坚持的信念，有助政教，有益德性，这构成了儒家对于审美的基本要求和审美评判的尺度。

在西方，最初把审美与道德统一起来的尝试，体现在古希

---

① 许慎：《说文解字》，中华书局，1963年，第78页。
② 段玉裁：《说文解字注》，上海古籍出版社，1981年，第145页。

腊人的一个信念——*kaloskagathos*，也就是"美善"上。这个概念大约产生于公元前4世纪的古希腊，直译是"美善"。"善"在希腊文中写作 *agathon*（ἀγαθός），有以下几层意思：（1）针对人而言——出自好的家族或血统，有贵族（用今天的眼光看就是绅士）风范，勇敢，有才能，道德品质优良；（2）针对东西而言——品质好，有漂亮的外观。"美"在希腊文中写作 *kalon*（καλός），有多个意思：（1）美丽、外观好；（2）事物的品质好；（3）道德上的"好"。这两个词本身是分开的，但是在古希腊人的文本中，特别是自希罗多德以来，就被合在一起写。这个词最初写作 *kaloskaiagathos*，*kalos* 是"美"，*agathos* 是"善"，中间的 *kai* 是连词"和"，后来缩写为 *kaloskagathos*。

kaloskagathos 这个词代表着古希腊人的审美精神中将审美与道德相统一的尝试。这个词最初用在对人的形容上。柏拉图在《吕西斯篇》（*Lysis*）中，指出年轻人应当 *kaloskagathos*——健康的身体与健康的灵魂统一在一起。对人的要求很快成为对一切事物的要求：一个事物应当既"善"，又"美"；应当在形式上具有"美"，而在内涵或者功能上，又具有价值与意义。这有些像孔夫子所说的"尽善尽美"，但古希腊人把它们结合为一体——"美善"。从古希腊时代的文献来看，古希腊人分得清"善"与"美"，因而将二者结合起来，不是因为混淆，而是为了产生一种审美理想和评价尺度。在这个尺度中，对事物的功利和道德的要求与审美性质融合在一起。善必须以美的形式呈现出来，美必须要有善的内涵。这本来是一种过分的要求，但很快成为他

们的文化理想,甚至现实生活的一部分。

这种把审美与道德相统一的理论在文化实践中产生了深远的影响。它首先在教育中成为教育的信念,即通过教育"让人的身体与灵魂达到平衡"[①],这构成了 *kaloskagathos* 最基本的内涵;其次是在修辞学中,演讲术与雄辩术如果不是欺骗与诱导的工具,那它们就应当具有形式上的华美与内涵上的善;再次是在对人的评价中,希腊文化培育出了一批"完人",如政治家伯里克利、戏剧家索福克勒斯、哲学家柏拉图……这些人既有肉体上的健美,又有精神上的充实与正直,这构成一种人格理想;最后,*kaloskagathos* 不自觉地在造型艺术中呈现出来,首先是公共建筑,要求功能性与形式美的结合,而后是雕塑,在人物塑造上,外在的健美与匀称与内在的静穆与高贵融合在一起,可谓"尽善尽美"。

人们总是希望美善一体,问题是二者如何结合?在对对象做道德判断和做审美判断时,有一个共通点:道德判断要判断出一个事物"好",审美判断要判断出一个事物"美",目的不一样,但道德判断和审美判断的起点都是直观,过程都是判断,"美"与"好"都能带来愉悦(pleasure)。正是由于这种相通性,所以在理论上和实践上将二者统一起来并不难,而要区分二者倒很难——在1790年康德写《判断力批判》之前,人类无法对

---

① Werner Jaeger. *Paideia, the Ideals of Greek Culture*. Trans. Gilbert Highet. New York: Oxford University Press, 1945, p. 13.

二者进行截然的区分，只有在康德的"纯粹审美"这个观念中，审美和道德才被区分开。

道德和审美还有一个更好的结合点：道德判断是要借助于道德理念的，而审美是非概念性的，这一点可以把审美与道德区分开。但是在康德所给出的基于"审美理念"的审美判断中，二者又有了结合在一起的可能，因为"审美理念"和"道德理念"具有亲缘关系。举个例子说，中国古人的道德理念包含以下理念："仁义礼智信，温良恭俭让，忠孝廉耻勇。"而"雄浑、风骨、和谐、刚健、沉郁"是中国古人的审美理念。二者有相通处，或者说，道德理念是内在的，而审美理念是它的显现。这个观念在康德所说的"美是德性-善的象征"这一命题中得到根据，他甚至认为："鉴赏根本上说是一种对道德理念的感性化（借助于对这两者作反思的某种类比）的评判能力，……对于建立鉴赏的真正入门就是发展道德理念和培养道德情感……"[①]

康德的这个理论从原理的角度说明审美与道德判断是怎么结合在一起的，这个理论也可以阐释审美和艺术创作之中的道德理念的象征主义：当一个个体，其具体行为符合某一道德理念时，通过类比，抽象的道德理念就被视为以感性具体的方式在场，这时感性具体就成为一个道德理念的"象征"（symbol）。道德理念及其象征在历史文化、风俗等各式各样因素的左右之下形成了稳定联系，在西方主要体现为基督教的象征主义，在中国就

---

① 康德：《判断力批判》，邓晓芒译，杨祖陶校，第204页。

是儒家传统的"比德"说。在这套道德的象征主义之上,审美的道德主义建立了:面对一个感性直观,对其进行反思,反思出其中的道德理念(idea),这会获得精神愉悦,因为我们发现了事物的意义,这个过程就是建立在象征主义之上的审美道德主义。

道德和审美的结合中包含着一种中国方案,就是上文所说的"比德"。孔子在《论语》中说"岁寒,然后知松柏之后凋也",以此来喻"君子之道",传达君子有节、不屈不折的道德理念。他还说"仁者乐山,智者乐水,智者动,仁者静;智者乐,仁者寿",在"仁"和"山"、"智"和"水"之间产生了比附关系,这铸就了一种思维,这种把自然物与自然现象自觉地与人们的精神生活、伦理道德观念联系起来的思维,叫作"比德"。"比德"构成了中国文化的一个传统,也构建了中国文化的形象与符号体系:梅兰竹菊。这些植物不再作为自身,而作为某种道德的象征出现,风雨雷电等自然现象也被进行了道德化的阐释。在这种思维中,任何自然物和自然现象都可能被"德化"。"比德"传统进一步泛化为一种意象性思维,把咏物和咏德统一在一起,泛化为意象论,以至于任何事物都有其德。"比德"传统使得对任何自然存在的欣赏,都可以被转换为对道德理念的反思,这就和康德所揭示的美的道德的象征的理论不谋而合,这可以说明道德判断和审美判断在反思层面上是如何结合在一起的。

另外,道德情感和审美愉悦之间还有联系。在对道德事物的直观中会产生情感感动,这种感动通常被视为审美的一种效果,但二者有差异:审美愉悦本质上是自由愉悦,而道德情感核心是对象令人产生了尊敬（respect）、钦佩（admire）：有人做到了我应当做到而没有做到的事情，我就会对其产生钦佩之情——这是 18 世纪的道德主义者对道德情感之发生的解释。这个观念可以解释当我们在阅读《礼记》中的人物故事，以及屠格涅夫的小说《麻雀》、王尔德的《快乐王子》、欧·亨利的《最后一片常春藤叶》等作品时所产生的情感感动。这种感动和审美时产生的情感感动至少是交叠的，在具体的审美经验中，道德情感与审美情感之间无法进行截然的区分，因此在情感感动这个层面上，审美与道德是结合在一起的。举例来说，"问世间情为何物，直教人生死相许"（元好问），这首诗是诗人目睹了大雁的殉情所作，这是令人感动的，这种感动或许只是一次个体情感的移情，但也可以是对大雁所体现出的忠贞之德表示敬意，这二者无法区分开。

敬意（respect）和自由愉悦之间是有差异的，后者更强调自由，但两者都能带来愉悦，并且两种愉悦都是非功利性的：道德以自身为目的，没有别的目的，道德的目的就是自尊，其中产生肯定性的情感，与自由愉悦很相似。所以，文艺中的浪漫派总是把道德情感与审美情感统一在一起。实际上，人类也不愿意把二者区分开，审美道德主义甚至可以成为一种批评的原则，就是把艺术家的"德性"与作品的风格进行类比。这在中国文化中也有历史渊源，比如颜真卿为人刚毅雄强，这也成了书法的风格；赵孟頫的书法秀媚润丽，但也导致了对他的道德指责。

审美道德主义范式把道德理念、比德、艺术创造和审美愉悦奇妙地组合在一起。这个观念赋予了审美实践意义和社会价值，让审美有可能成为一种教育手段，也让道德教化可以以审美的方式展开，从而不至于过于枯燥，这就是为什么审美与道德从一开始就被交织在一起，即便能够分开，人们也不愿意分开。审美道德主义今天仍然是一种主流的审美观。

第三节　审美的完美主义

对对象之"完善"或"完美"的判断，在一些民族的文化实践中，一直被视为一种审美。完美判断作为一种审美，就是在一个具体的事物和这个事物所包含的或应当遵从的"理念"之间进行比较判断，具体事物越是贴近理念，就越是"完善"或"完美"（perfect），因而也越"美"！这种审美观有漫长的历史传统，可以称为"毕达哥拉斯—柏拉图传统"。这个传统把"理想性"意义上的"完美"和数学意义上的"普遍性"结合在一起，把审美视为对于事物之"完美"的感知与表现。对于一个古典时代的人来说，什么样的事物才是完美的？大约可以概括为三重内涵：可以用"数"来表达的事物在构成上的"完美"，这一点在毕达哥拉斯的思想中得以确立，比如可以形成数学公式描述的圆形、等边三角形，以及天体运行的规律等；事物与其"理念"相统一，达到理想性意义上的"完美"，这一思想来自柏拉图，理念作为概念，指称的是事物的"应是"或是理想状态，一个事物越是与它的概念相一致，就越完美；事物在价值与形式上的"完美的统一"，就是指内容与形式的统一、美与善的统一。直观并且判断出事物在这三个层次上的某种完美，在古希腊罗马时代就会被视为审美的。

这个观念在基督教兴起之后，受到基督教教义的强化，在圣经《旧约·创世记》中，上帝看到自己所创造的无一不是"完美"的，这样一来，被创造物的存在就有其完美状态，或者说上帝创造的世界本身就是完美的，这就把"完美"上升到宇宙论与本体论的高度。世界有其完美状态，而上帝就是完美的原因。这个信念成为基督教美学最核心的观念：

> ……上帝是最为完善的完善，最为充实的充实，最形象的形象和最美的美。我们讲美的人、美的灵魂、美的马、美的世界以及这样那样的美，却忘却了在这样那样的美之中有美本身；如有可能的话，你去看一看美本身。依此方式，你就会看到上帝；他并非由于其他的美而成为美的，而是存在于一切美的东西之中的真正的美。①

在这种宗教信念中，它所说的美，实际上是我们所说的"完美"一词，因为它是真善美的统一状态。问题是怎么理解这个"完美"？基督教神学家们又回到了毕达哥拉斯—柏拉图传

---

① 塔塔科维奇：《中世纪美学》，褚朔维等译，第282—283页。

统:"数"的意义上的完美与"理念"意义上的完美。这样一来,基督教美学实际上用上帝的权威性确立了完美在审美中的核心地位。

文艺复兴时期的思想家阿尔伯蒂在解释艺术中的"美"是什么的时候指出:"有三项基本构成包含着我们所追求的所有:数字,我称之为比例,布局(*numerus, finitio, collocatio*)。除此之外,还另有一项起源于这些构成之间的相互连接与关系,它使得美的表面闪耀着奇妙的光辉;我们将它称之为和谐(*concinnitas*)。"关于这种美,阿尔伯蒂进一步解释道:"美是一个事物内部的各个部分之间,按照一个确定的数量、外观和位置,由大自然中那绝对的和根本性的规则,即和谐所规定的一致与协调的形式。"①

阿尔伯蒂关于美的概念呈现出明确的两重性:美作为完美的比例②与和谐,也是文艺复兴艺术的审美精神;美作为适当性——换言之,即美是形式的协调相适,也是形式与内容的合宜。这构成了文艺复兴时期人们对于"完美"的基本认识。之后在18世纪,审美的完美主义范式得到了系统的理论表达。英国的思想家夏夫兹博里相信:真、善、美是同一的。这种同一状态源于宇宙潜在的"秩序",以及在此基础上的精神的秩序;同时,在沉思与静照这一"秩序"时人会获得精神愉悦,这种愉悦被视

---

① 阿尔伯蒂:《建筑论——阿尔伯蒂建筑十书》,王贵祥译,第291页。

② Marcus Frings. "The Golden Section in Architectural Theory." In *Nexus Network Journal* vol. 4, no. 1 (Winter 2002), pp. 9–32.

为"美感"。这一秩序成为"真"的根据与"美"的原因,当我们以这一秩序为原则而行动时,这就是善。因此,我们对于美的愉悦和对于美德的满意是对宇宙潜在秩序的共同反应。

这一秩序所保证的事物存在状态,就是和谐——"和谐是普遍性的理性缘由的结果,和谐也是我们的思想的基本客体;真理就在对普遍秩序及其终极原因的知性认识中,而美德就是我们的行为有助于对这一秩序之认识;美在于对这一秩序的感性认识"[1]。这就把真善美统一起来,并且以"和谐"一词命名了这种统一状态。在这个统一中,具决定性的是"宇宙秩序"。这个秩序决定了世界的统一性。下面是对夏夫兹博里基本观点的陈述:

> 这个世界之中的所有东西都是统一的。正如树枝与树是统一的,树与滋养它的土地、空气和水也是直接统一的。正如肥沃的泥土适宜于树,橡树或榆树那强壮挺立的树干适宜于葡萄或常春藤的盘绕的枝条,……在静观地球上所有事物的时候,我们必须将它们视为附着于同一个树干上的整体。对于更大的世界的系统也是一样。看那相互依存的事物!看那太阳与这个生生不息的地球,地球与太阳的其他行星的相互关系!看这个整体的秩序、统一与关联![2]

---

[1] Paul Guyer. *A History of Modern Aesthetics*, vol. 1, p. 39.
[2] Shaftesbury. "Characteristicks." In *The Moralists*, II. iv. vol. II. pp. 52–53.

普遍性所具有的"秩序、统一与关联"是神圣而又理性的精神之存在的产物与确证。在这个观念的基础上,夏夫兹博里假设我们精神的最基本的事实是,觉察宇宙普遍秩序之时,我们的反应总伴有最深度的满意:"那印入我们的脑海,或者与我们的灵魂紧密交织在一起的,没有什么是超越我们对于比例和秩序的感觉与理念的,因此,'数'的全部力量,以及最富强力的艺术的全部力量,都建立在对它们的管理与应用上。这正是和谐与混乱的区分。"①这个观念是毕达哥拉斯—柏拉图传统的再次还魂。夏夫兹博里的美学观可以做这样一个概括:"关于宇宙的真理是——宇宙是有其基本秩序的,美德存在于我们情感的秩序中,通过情感的秩序我们能够对宇宙的秩序有所贡献;对美的认知处于对宇宙秩序的认识之中;对美的创造——在这方面我们自身是美的中介性的源泉——存在于对交响乐和建筑等事物的创造中,它们的特征正是秩序与和谐。"②在这样一套美学观念中,由宇宙秩序所保证的"完美",成为宇宙的最高状态,也成为美的事物与艺术应当去追寻的东西,尽管宇宙的秩序似乎不可思议,但具体的事物的完美是可以思议的,设想事物有其完美状态,并且以这一状态为创作的原则与欣赏的尺度,就成为艺术与审美的法则。

什么是"完美"?——"秩序""比例""和谐"。这三个词结

---

① Shaftesbury. "Characteristicks." In *The Moralists*, II. iv, vol. II. p. 51.

② Paul Guyer. *A History of Modern Aesthetics*, vol. 1, p. 45.

合起来，大概就是18世纪的人所说的"完美"。为什么对完美的感性与判断是审美的？按他们的观点：我们在外部客体的秩序与和谐的显现中获得深度的愉悦，但更能在思考我们所生产的、包含着和谐与秩序之形式的事物中获得愉悦，而所有形式的神圣给予者是所有愉悦的源头。这样，柏拉图主义和基督教传统再次回到了关于审美的认识中来，对于"完美"的判断由此成为审美的基本内涵。

18世纪的人通常把"美"定义为"客体的完美"，并且认为完美的事物能够让我们愉悦。对这种在18世纪达到顶峰的"审美的完美判断的范式"，可以做这样的概括："一种更高类别的美是由完美、美和善的紧密统一而产生的。这不仅激起了人们的满足感，也带来了真正的内在的愉悦，它常常使整个灵魂获得力量，对这种愉悦的欣赏就是幸福。"[①] 由此推论：审美就是感知与反思事物中的完美！

这套审美范式对于古典主义的艺术有深远的影响。在艺术领域中，有三个层次的"完美"：第一个层次指技艺上的完美；第二个层次是形象、场景、主题等构成因素各自的完美，各自达到其理想状态，以及三者之间的关系的完美；第三个层次则是指作品发挥的社会功能达到了"美好"或"善"，实现了其有用性。这三个层次的"完美"可以被统摄为一个更高的理想，即三个层面上达到的全面的"完美"，这层意义上的"完美"在美学

---

① Paul Guyer. *A History of Modern Aesthetics*, vol. 1, p. 401.

史上和艺术史上都曾经作为审美的最高理想与艺术的最高状态而出现过。这个理想在中国的表达是"尽善尽美",在古希腊人的话语中是 kaloskagathos——"美善"。

现代人的审美放弃了完美范式,新奇的、创造性的、富于想象力与激情的东西自 19 世纪以来取代了"完美",成为现代人在审美上的追求。但对完美的追求像琥珀中的花朵一样仍然存在于当代人的艺术与审美之中。在一部分工艺美术中,这种追求保持了下来:工艺过程的完美,技艺的完美,形式的完美!对完美的追求在音乐中,在一部分造型中,具有不可撼动的地位。完美美学并不因为过时而被放弃,相反,它化身为现代人的审美中的一种倾向,它似乎已经成为一种保守主义的审美观,一种精英主义的艺术观,一种古典主义的审美观。我们可以说,追寻完美的,就是古典的;而追寻自由的,就是现代的。但是,大师级的人物,总是可以在完美中呈现出自由感。在自由感与完美之间有一种张力,纯粹的自由感让人觉得无聊,而单纯的完美让人觉得乏味。我们的审美,总是在完美之中寻求自由,在自由创造中试图达乎完美。在完美与自由感之间,需要一个参照性、张力性的关系,用完美引领自由,否则艺术会沦为胡闹,丧失尊严。技艺的完美,主题的完美,内容与形式之关系的完美,虽然不再是我们的美感的核心,但完美判断作为一种审美范式,是各民族审美观念的共通的部分和共同珍视的部分。

以上三种审美范式,无论中西方,在其文化的发展史上,都产生了重要的影响,构成了中西方共通的审美观念。但这三种观念发生在"现代"之前,在这些观念中,审美总是依附在人类的其他认知活动中,不具有独立性。现代人的精神生活和对于审美的需要,远比这三种审美观及相应的审美与艺术活动复杂,但这三种审美范式构成了审美的经典范式,是现代审美观想要突破的并与之对话的审美观,因此本书称其为审美的"古典范式"。

第八章
审美的诸种范式（二）：现代范式

从18世纪中后期开始，随着美学这个学科的确立，以及康德所建立的"纯粹审美"理论，审美确立起了自己的自律性，由此，美学史家们将这个时期称为"审美现代性"的开始。在"审美现代性"的阶段，有一些新的审美范式产生了，其中最重要的是康德所确立的建立在自由愉悦基础之上的"纯粹审美"模式。这个模式是本书关于"审美"之叙述的出发点，也是本书讨论诸种审美范式时的基本参照，因此在第五章中提前进行了述评；而"纯粹审美"产生的同时，还有一些审美范式也产生了，它们是，以情感感动为中心的浪漫派的范式，以特征认知为主导的认知主义范式，审美的崇高判断范式，以及观念论（唯心主义）的审美范式。

第一节　审美的情感感动范式

人们的心灵会在外部世界的刺激下做出一定的反应，听一个故事、一首歌，看一出戏、一部电影，都可能产生感动，感动之后总可以获得一种情感上的释然,仅此而已,无须做出任何判断,也不需要认识到什么,但感动确实发生了。今天人们普遍接受这样一种观念:审美的过程,是一次情感感动的过程,但这在18世纪之前并不是共识,情感感动指心灵受到外部刺激而做出的反应。在中西方的美学史上,情感感动最初曾被排斥在审美的领域之外。在中国古代,儒家的诗教传统提倡"温柔敦厚",讲求情感的节制,对外物的感动可以发生,但最后要归于"静";在西方,柏拉图对于艺术所引发的情感感动持有一种戒心,关于审美中情感感动的发生,柏拉图有这样一个担心:

在现实生活中遇上不幸,灵魂中的那个部分受到强制性的约束,想要痛哭流涕以求发泄,这是一种本性的需要,诗人的表演可以满足我们身上的这种成分,使之感到快乐,而在这个时候,我们本性中的最优秀的成分由于从来没有受到过理性甚至习惯的教育,会放松对哭诉的警惕,理由是它只是在看别人受苦,这个人宣称自己是好人,但沉浸在痛苦之中,赞扬和怜悯这种人并不可耻。此外,它还认为自己得到的这种快乐非常好,不能因为反对全部诗歌而让这种快乐一起遭殃。我认为,这是因为很少有人能够想到,别人的感受也会不可避免地影响我们自己。在那种场合下滋长起来的悲哀之情,轮到我们自己受苦时就不容易制服了。[1]

---

[1] 柏拉图:《柏拉图全集》第二卷,王晓朝译,第629页。

他显然认为情感感动的滋长，会让情感统治我们，会让人软弱，会"引导我们生活在痛苦的回忆之中，只知叹息而不能充分取得帮助的那个部分，是无理性的、无益的，与懦弱联系在一起"①。正是基于这个理由，柏拉图要将悲剧诗人赶出其理想国，他认为艺术引发人诸如"哀怜癖""感伤癖"的情感本能，是人受控于情感的软弱表现，这种软弱无助于理性与城邦的发展。这是柏拉图主义的基本观点之一，在这个观点的基础上产生了审美上的反情感主义传统，即一种通过静照来超越情感的发生，从而希望通过审美达到心灵的宁静状态。这会在观念上把情感感动排斥在审美之外，即便承认审美中有情感感动，也会认为这种感动是层次不高的。

对情感感动的这种否定性态度在亚里士多德的理论中得到了一种解决：亚里士多德观察到人们听宗教音乐的时候会陷入一种如痴如醉的状态，由此也会带来心灵的平静。它实现了对忧郁状态的一种超越，这一过程也会伴随愉悦。古希腊人用"卡塔西斯"来描述这一现象，这个概念是情感感动论审美范式的灵魂。

"卡塔西斯"（katharsis）概念脱胎于亚里士多德的《诗学》，是其悲剧理论的重要组成部分。在《诗学》中，亚里士多德给悲剧下了这样的定义："悲剧是对一个严肃、完整、有一定长度的行动的摹仿……通过引发怜悯和恐惧使这些情感得到疏泄。"②这

---

① 柏拉图:《柏拉图全集》第二卷，王晓朝译，第626页。
② 亚里士多德:《诗学》，陈中梅译，商务印书馆，2006年，第63页。

个定义中的"疏泄"即"卡塔西斯",这个词在古希腊语境中有三种含义:一是"洗涤,洗净";二是宗教中的"净化,净罪";三是医学上的"倾泻,排清,催吐"。这个词在汉语中被译为"净化""疏泄"和"陶冶",这三种翻译从不同方面回答了审美活动中情感感动的作用,各有侧重:情感感动在医学层面有保持身心平衡的宣泄作用,在宗教层面有心灵的净化作用,以及道德教化和熏陶的作用。由于这三个作用,审美中的情感感动就是一种积极的有价值的身心反应,这是对柏拉图主义质疑情感之效果的反驳。

由于文艺复兴时期亚里士多德的《诗学》的巨大影响,"卡塔西斯"成为诸种世俗的艺术和审美活动对自己辩护的最有力的武器,18—19世纪浪漫派文化兴起之后,它理所当然地成为情感感动审美观的理论根基。但仅此还不够。在现实生活中,在艺术欣赏当中,在自然美与自然崇高面前,人们会感动,进入一个激情澎湃的状态,心灵会产生振奋之感,这个现象怎么解释?

英文中指称"激情"的通常是两个词,一个是 passion,一个是 enthusiasm。前者是动力式的热情,而后者有特殊的精神内涵。"Enthusiasm"这个词的源头在于柏拉图主义,柏拉图以这个词来指称神灵附体的迷狂状态。这个状态也是充满激情的状态,在柏拉图的理论中,这种激情状态是艺术创作的本真状态,是灵感激发的必然条件,似乎也是审美的必然状态。这个词所代表的不仅仅是狂热与激情,它与灵感本身也有区别,而且会引起复杂的情感状态,而在情感发生的同时,又会产生对非凡之物的领会，这个链条构成了"enthusiasm"的内涵，这也是浪漫主义美学观的核心观念。这个观念给出了一个关于审美的新的范式：在情感感动中感悟某种意义与价值。这构成了卡塔西斯之外关于情感感动之意义的另一种阐释。

还有第三种阐释情感感动之价值的路径：情感感动会带来心灵的更新与激活，给生命带来活力。我们的情感通常处在中性状态，无悲无喜，这是一种日常状态，也是一种庸常状态，但我们的心灵不满足于处在这个状态中，总想从中摆脱出来，结果就会向两个方向摆脱，一个是痛苦（pain），一个是快乐（joy），这两极是由诸种激情（passion）构成的。无论向哪一极摆脱庸常状态，都会带来新奇（novelty），而新奇来自我们的好奇（curiosity）。这就是说，由于好奇，由于想摆脱庸常状态，所以我们会去找机会体验令人快乐之事和令人痛苦之事。这是因为："即便在独处时，我们的激情也使我们处于如此活泼的匆忙和激荡中，相比于这种情绪，任何其他的情形都是无精打采和沉重的。因此我们是出于天性，去追求能够激起我们的热情的对象，尽管这些对象影响着我们，并且伴随着没日没夜的痛苦与灾难，但人类通常会遭受更大的不幸，如果他没有了激情，比强烈的激情本身更让他痛苦。"[①]这就是激情对于生命的意义——摆脱心灵的庸常状态。但还有更深刻的意义："必须透过一切心灵的自由时显

---

① Abbé Jean-Baptise Du Bos. *Critical Reflections on Poetry, Painting, and Music, With an Inquiry into the Rise and Progress of the Theatrical Entertainments of the Ancients.* Trans. Thomas Nugent, ch. I, vol. I. London: John Nourse, 1748, p. 9.

出那受苦的人，也必须透过人所受的一切痛苦时显出那独立的精神，或者能够独立的精神。"[1] 也就是说，情感感动体现着个体的自由。

情感感动基于以上理由被审美化了：当我面对一个对象，我不需要去问它是什么，我不需要判断它的价值，只是觉得某事或某物让人感动，感动当中包含某些强烈的情感，激情或者悲伤等等。这个状态是我们对某物产生了一次身心反应的过程，这个过程里面可以没有认知，没有判断，但它依然可以被视为一次审美经验。这就是情感感动论审美范式，或者浪漫主义范式，这种范式自 18 世纪后期浪漫主义运动诞生，直到今天仍主导着人们的审美。在这套审美模式下，"审美"一词本身发生了松动："审"不再是反思性的审视，而是身心对外部刺激做出的反应；"美"不再仅限于美，各种能引起情感的事物都可以被纳入范畴。这意味着"审美"这一行为走出了传统的"品鉴"（taste）的学说，变成了心灵寻求一次复苏（revival）、宣泄的过程。与此同时，情感感动自身也具有了人文价值。人们对"情感—想象—创造"具有了一体化的认识，情感推动想象力，激发着人的创造。而通过艺术鉴赏，人身上的情感被不断细腻化，想象被不断更新，进而推动创造。

情感感动的意义在 20 世纪又有新的发展，情感感动的"净

---

[1] 席勒：《席勒文集》第六卷，张玉书选编，张佳钰、张玉书、孙凤城译，人民文学出版社，2005 年，第 67 页。

化"能力使人的情感通过表现（express）得以宣泄，有疏导和疗愈的作用，因此在临床心理学出现了艺术治疗或审美治疗。同时，人们还是想弄明白，情感感动是怎么发生的，为此出现了感应说、移情说、完型同构等理论，以及当代由心理学家和脑神经科学家主导的"情动"的研究。

情感感动的审美范式极大地拓展了审美行为的对象和内涵，任何一次由外物引起的心灵的变动都可以被视为审美经验，无论对象美丑；任何情感的激活都可以被宽容地纳入审美，审美不再是静照，而成为感动。这无疑推动了审美泛化，也拉近了审美与日常经验的关系。

第二节　审美的认知主义范式

审美是不是一种认知行为？有一种美学观念认为是，这是因为人类在对对象进行知性认知时，成功的认知会伴有愉悦发生。这种愉悦由于源于理性精神的自我满足与自我肯定，因此具有非功利的精神性。这和美感很像，因此从18世纪后期开始，这种认知被某些理论家视为一种审美。什么样的认知？——关于对象之存在的充足理由的认知。

按18世纪的目的论哲学的基本观念，自然物的存在是客观合目的性存在，事物有其客观的内在属性，通常是事物的本质规定性，也就是事物之存在的一般性或者本质，比如勾股弦定理对于每一个直角三角形来说都是本质规定性，就这个本质而言，每一个具体的直角三角形都是合这个目的的；同时，根据充足理由律，世界的变化是有原因的，世界的变化是有依据的，任何判断都必须有充足理由，每一个事物必然有一个成因，这个成因决定了事物的存在及其特殊性，事物的成因超越事物的感性存在与直观存在，是比后两者更为重要的本质。充足理由律是广义的因果律，一切经验世界的存在，都可以从四个层面的因果关系进行认识：继承因、外因、内因、时间因。对事物之存在的充足理由的认识，构成了人类经验认识的基本内容。这就形成一套思维方式：第一，我们看到一个事物时会想它的功能是什么，我们用功能定义事物，功能就是为了实现目的而拥有的能力，它被目的左右，这就是目的论思维；第二，事物为什么是这样的？这必然有原因，这个原因总可以用继承因、外因、内因、时间因来进行分析与描述，事物总是这样一些原因的结果。

根据这套思维，一切事物的存在都是有充足理由的，没有什么是偶然的。致力于探讨事物产生的目的、意图的思维方式构成了理性对外部世界思考和探究时遵循的范式、思维的规则。在践履这套规则时，它与审美有何关系？表面上看没有关系，但有一个有趣的现象：每一个目的的实现都会伴随一种愉悦，在事物身上发现合目的性或充足理由律时，就会发生愉悦，这在经验中是存在的。这带来一个问题：当我们在对象身上发现合目的性进而获得愉悦时，这是审美吗？

18世纪美学一直承认对对象的完美判断是审美,直到1790年康德出版《判断力批判》,这个观念才从理论上被推翻。完美判断是一种合目的性判断,但完美判断有神学的理由,它和基于充足理由律的认知判断还有区别。目的论思维确立起了这样一种面对经验个别的态度:第一,我们面对一个经验个别时,总是设想它可以被统摄进一个"一般",这个一般构成它的规定性。那就意味着,这个一般就是这个个别的目的,所以通过这种规定性,我们完成了一种对事物的认识。第二,个别事物的多样性是可以统一的,而这里的"一",就构成了被它所统摄的"多"的目的,这就预设了"多"一定是合"目的"的。由此可以获得两层意思:第一层,一切运动变化都有其必然性,并且有一个目的;第二层,事物存在的每个环节,都可以理解为某个意图的实现。

第一层意思可以用来解释事物存在与发展的规律,第二层意思可以用来解释事物之发展的连续性与必然性。目的论是处理一般和个别之关系的,把个别归给一般时,一般成了个别的规定性,形成我们对个别事物的认识;而把事物理解为一个过程时,又完成了时间性上的统摄,是将其理解为许多原因的结果,形成了我们对于事物的发展变化的认识。这种认识在当代的知识体系中更多地被列为科学认知,它们不是审美的,因为它们不以愉悦为目的,但是成功的认识总是伴随着精神愉悦。这样一来,当我们认识一个事物时,由于认识行为伴有愉悦,这就很像在审美,因为审美也是面对一个个别对象,而以愉悦为终点，所以，对对象的科学认识可以被宽容地纳入审美。

这个观念在 18 世纪的美学中有一个朦胧的表达，叫"美在关系"。法国的美学家狄德罗认为，之所以存在美，是因为作为有机整体的客观实在具有某种实在性的"关系"，美的本质正是这种实在性的关系。而且在狄德罗看来，"美总是由关系构成的，我不是指与好看相对的美，而是指另一层意义，我敢说那种意义更具有哲理性，更符合一般的美的概念以及语言和事物的本质"①。这样，狄德罗就从认识论出发，将美的本质看作一种人通过知性（理性）认识到的实在性的"关系"。那么人的知性如何把握到这种关系呢？为了回答这个问题，狄德罗把"关系"做了一定的分类，分成了三种：真实的关系、见到的关系、智力的或虚构的关系。

第一，真实的关系——客观实在自身的"关系"。狄德罗认为："我把凡是本身含有某种因素，能够在我的悟性中唤起'关系'这个概念的，叫作外在于我的美。"② 这些存在着美的关系是实在的，不以人的意志为转移。这一观点更多地体现在狄德罗的《画论》中，如："如果我了解艺术的奥秘，我就会知道艺术家对公认的比例应该遵守到什么程度……"③ 按照狄德罗的说法，这种关系可以是同一事物的各组成部分之间的形式因素，即形式

---

① 狄德罗：《关于美的根源及其本质的哲学探讨》，《狄德罗美学论文选》，张冠尧、桂裕芳译，第 31 页。

② 同上，第 25 页。

③ 狄德罗：《画论》，《狄德罗美学论文选》，张冠尧、桂裕芳译，第 365 页。

的规定性,这种规定性可以用比例来表达。

第二,见到的关系——悟性所注意到的实在关系。狄德罗说:"凡是唤起这个概念的一切,我称之为关系到我的美。"[1]当主体通过自身的认识能力把握到了真实实在的关系,存在于关系中的美也被主体所把握。这里所说的关系实际上是继承因、外因、内因、时间因等因素。

第三,智力的或虚构的关系。狄德罗用雕塑家的想象、创作之于石块的关系,强调了即使形象纯粹是假想的或是虚构的,其美的本质依然是"存在于事物本身的真实的关系"[2]。这实质上是"现实之表象"与"现实"的关系。

这三个层次的关系被狄德罗视为对象之美的原因,而这种美是通过主体的知性的认知发现的,因而,认知行为被视为一种审美行为。关系在这个理论中是合目的性与充足理由律的通俗的说法,审美认知主义还强调对对象中所包含的一般性与个性特征的统一。比如对于自然物的审美,发现一片树叶中包含着合规律性,是令人愉悦的;感知并反思出一只猎豹在其身体快速奔跑中的和谐感和身体各部分的合目的性,是令人愉悦的,这都被纳入对自然的审美之中。随着实证科学的发展,一些实证科学家会把研究的结果以艺术的方式呈现,比如地理学家画

---

[1] 狄德罗:《关于美的根源及其本质的哲学探讨》,《狄德罗美学论文选》,张冠尧、桂裕芳译,第25页。

[2] 同上,第31页。

的地貌性质的风景画、动植物学家画的标本，以及一部分艺术家对于解剖学的研究、对色彩学的研究，文学家和新闻记者对社会现实的记录与研究，精神分析学家对心理病症的分析等等。这些艺术形式的目的不是"美"，而是"真"，也就是对象的客观合目的性，即其存在的充足理由的呈现，这就诞生了一个现代审美观念："真即美。"

最能解释这个概念的是"博物画"。比如18世纪的植物学家创作的关于一种植物的水彩画，画作的根本目的在于记录植物的特征：色彩、叶脉、花蕊、茎纹脉络等等。这些特征构成了这种植物的一般性，通过这些特征我们就能判断画中的植物是什么植物，因此这张画是这种植物之纲、目、科、属的一般特征，它反映着这种植物的"应是"。但这些作品也必须呈现这种植物的个体特征，这些特征构成该植物的"种"的规定性，再具体一些，还有一些差异，体现着这一棵植物的独特性。因此，对于一张以植物为主题的画儿来说，它必须反映一种植物在属种意义上的"应是"，它所呈现出的应当是这个属种的典型样态。这是剔除差异后事物留下的必然，这是植物一种本真的样态，是原型（idea），是对对象之特征（character）的呈现，也是原型与特征的统一。

基于此类绘画的功能，人们在观看一张博物画时，首先要通过画面的细节判断出所绘的是什么植物以及它是什么属种，这保证着这个图像的"真"；而这个图像是不是美，这是从属于真的。同理，人们在看一张肖像画或者素描的时候，首先会去判断有合规律性意义上的"准",再去看有经验特征意义上的"像",一张人物肖像的素描,既要准,又要像,是合规律性与特征化的统一。这就形成了一种欣赏艺术作品的方式:判断作品对对象之呈现的准与像,从而获得真实感。

这本质上是一种认知经验,但是随着实证科学的发展,它影响到了人类的审美观,这种审美观在观念上的表达,最初是歌德确立起来的。歌德有实证科学家的气质,他会仔细观察他所要画的和所要用语言描绘的对象,发现其"特征",这个特征既是一般性意义上的特征,也是个性意义上的特征;然后把这个特征用画笔或文学语言描述出来,这种被呈现出的特征,在歌德看来是事物的"美"。他用这样的观点研究色彩之美,也用这个观念来研究自然物之美,但歌德并没有停留在事物的一般性上,而是把一般性的某种表现状态视为真正的"美":

> 艺术并不打算在深度和广度上与自然竞争,它停留于自然现象的表面;但是它有着自己的深度,自己的力量。它借助于在这些表面现象中见出合规律性的性格、尽善尽美的和谐一致、登峰造极的美、雍容华贵的气氛、达到顶点的激情,从而将这些现象的最强烈的瞬间定形化。[1]

---

[1] 这是歌德为狄德罗的《画论》译本所做的评论,转引自卡西尔:《人论》,甘阳译,上海译文出版社,2004年,第186页。

在这句话中,"最强烈的瞬间"实际上成了真正的审美对象,或者说,审美就是发现这个瞬间,艺术创造就是呈现这个瞬间。这意味着,审美是发现那个定形了的瞬间,或者事物的个性化的存在。20世纪的美学家卡西尔继承了歌德的这个思想,提出了这样一个观点:

> 艺术家并不描绘或复写某一经验对象,——一片有着小丘和高山、小溪和河流的景色。他所给予我们的是这景色的独特的转瞬即逝的面貌。他想要表达事物的气氛,光和影的波动。一种景色在曙光中,在中午,在雨天或在晴天,都不是"相同的"。①

在他的这个观点中,有一种真正意义上的"现代性"——追求多样性、差异性与可能性。我们的感官知觉以发现经验物的共性与统一性为目的,而我们的审美知觉则寻求差异性与丰富性。感官知觉的目的是发现稳定的特征,而审美知觉则着力于感受无限的可能性与多样性,或者说,是与稳定特征不同的东西,也就是独特的东西。卡西尔揭示出现代艺术观的这样一个共识:"展示事物各个方面的这种不可穷尽性,就是艺术的最大特权之一和最强的魅力之一。"②"美感就是对各种形式的动态生

---

① 卡西尔:《人论》,甘阳译,第184页。
② 同上。

命的敏感性,而这种生命力只有靠我们自身中的一种相应的动态过程才可能把握。"①

"歌德—卡西尔"的观念形成了一种辩证统一:事物的体现其本质规定的普遍特征和事物的不可穷尽的个性特征的统一。认识这种统一态度代表着这样一种审美范式:审美是一次认知,是对对象存在之合目的与充足理由的认知,既包含对它的本质规定性的认知,也包含对其个性化的特征的认知,还包含对事物之存在所包含着的诸种关系的认知——这是狄德罗的"美在关系"说所强调的。在认知中获得认知愉悦,这是一次审美。这种审美范式可以简明地概括为"真即美"。

第三节 审美的崇高论范式

在 18 世纪的审美经验中,最受思想界关注的是被称为"sublime"(中文译为"崇高")的审美现象,这个现象源于这样一种关于自然审美的经验:波涛汹涌的大海,高耸入云的崇山,无尽的荒漠,迅雷狂飙……这些自然景象会带给人一种精神感受,这种感受最初是大自然以其雄强有力而引发的恐惧感;但如果以欣赏的态度来观看这些自然景象,又会产生某种精神愉悦,这种感受和这种自然之景,在美学史上被称为"崇高",对

---

① 卡西尔:《人论》,甘阳译,第 192 页。

崇高的感知与判断被称为崇高判断。

这个现象是不是审美现象？这是 18 世纪美学的一个难题：如果把"审美"定义为寻求精神愉悦的行为，那么崇高判断难以被纳入审美，因为被称为"崇高"的现象在经验上的特征在于，它因为雄强巨大而令人恐惧与惊骇。但这种负面的情感最终会转化为一种精神的愉悦，美学家们因为它最终引发了精神愉悦而将其纳入审美，承认这是一种审美现象，但必须要解释：这种从恐惧惊骇到精神愉悦的转化是怎么发生的？

"崇高"概念有其漫长的学术史发展。"崇高"（sublime），来自拉丁文 *sublimus*，意为"高高在天空里"。《法兰西大辞典》译为"超逸、伟大、高贵，美的最高程度，仅用于精神范围"[①]——这是 17 世纪的人对于"崇高"一词的认识，它最初出现在古罗马时代托名朗吉努斯所作的《论崇高》一文中，在讨论为什么古希腊伟大的作家会写出伟大的杰作时，朗吉努斯给出了一种答案：

> 天之生人，不是要我们做卑鄙下流的动物；它带我们到生活中来，到森罗万象的宇宙中来，仿佛引我们去参加盛会，要我们做造化万物的观光者，做追求荣誉的竞赛者，所以它一开始便在我们的心灵中植下一种不可抵抗的激情——对一切伟大的、比我们更神圣的事物的渴望。……你试环视你四周的生活，看见万物的丰富、雄伟、美丽是多么惊

---

① 布瓦洛：《诗的艺术》，范希衡译，人民文学出版社，2010 年，第 164 页。

人，你便立刻明白人生的目的究竟何在。所以，在本能的指导下，我们决不会赞叹小小的溪流，哪怕它们是多么清澈而且有用，我们要赞叹尼罗河、多瑙河、莱茵河，甚或海洋。……唯有非常的事物才往往引起我们惊叹。①

唯有非常之事物，才能带给我们心灵的震撼，带给我们惊叹，这是一种非凡的体验；去感受更神圣、更伟大、更非凡的事物，这才是人生的目的。让心灵从感性、感官的愉悦中走出来，走向那非凡之境、超然之境，这样就可以高高在天空里，这样才可以写出非凡的文章。怎么才能去观照非凡之物？朗吉努斯给出了一个现代人非常爱听的回答："据说，自由能培养有能者的智力，感发他们的高尚的希望，彼此竞争的精神和争取高位的雄心随着自由而展开……"②朗氏的逻辑是，因为我们有自由之心，所以我们才会去欣赏非凡之物，而对非凡之物的欣赏，可以让我们从奴役，还有爱金钱和爱享乐的利欲中超拔出来，获得心灵的自由。崇高风格的作品有何意义？——"真正崇高的东西有这么一个特点，就是人们听到它的时候，它提高灵魂，并使灵魂对自己有一种较高的评价，因为它使灵魂充满喜悦与一种莫名其妙的高贵的骄傲，仿佛灵魂方才听到的那些事就是自己做

---

① 朗吉努斯：《论崇高》，《缪灵珠美学译文集》第一卷，章安祺编订，中国人民大学出版社，1988年，第114页。
② 同上，第122—123页。

出来的一般"[1]。这是从审美角度对崇高风格的文艺作品的价值概括，是崇高风格的根本意义。——这实际上构成了17世纪之后人们热爱崇高的根本原因。

17世纪法国的文人布瓦洛继承了朗吉努斯的崇高观，他认为崇高能"激起一种灵魂的升腾"[2]，崇高是"可能做出的、将来曾有的最伟大的事物"（另一句法国名言是"崇高是伟大的极峰"）[3]；崇高是至高的功效，是最高点和顶峰……在布瓦洛所举的案例中，圣经《旧约·创世记》成为崇高的典范，摩西是最为崇高的形象。在这种崇高观中，崇高不仅仅是对有限人生的超越，而且是对永恒与神圣之物的追寻。崇高精神中包含着对上帝的爱，对真理的信念与对高雅趣味的追寻，因此是一种超越日常情感与日常心灵状态的精神境界。这种境界是非功利性的，是形而上学性的，是彼岸式的，是神性的，是精神性的，是神圣而高尚的。崇高由此成为一种基督教的道德观和理性主义的人生观以及人文主义的生活观相结合的产物，追求一种有价值、有尊严、有德性、无私欲、无功利、无所畏惧的生活。

与法国人不同的是，17世纪英国人关于崇高的经验，与朗

---

[1] 这段引文转引自布瓦洛:《诗的艺术》，范希衡译，第184页。缪灵珠译本是这样的：真正崇高的文章自然能使我们扬举，襟怀磊落，慷慨激昂，充满了快乐的自豪感，仿佛是我们自己创作了那篇文章（《缪灵珠美学译文集》第一卷，第82页）。

[2] 布瓦洛:《诗的艺术》，范希衡译，第168页。

[3] 同上，第178页。

吉努斯无关,最初是对于上帝的情感反应,后来扩大到人对于大自然的经验。[1] 从人对上帝的情感反应来阐释崇高是基督教的传统,但从对大自然的情感反应来阐释,却是 17 世纪文化发展的结果。从 17 世纪初期开始,欧洲人,特别是英国人把旅行作为一种青年教育的手段[2],这就使得英国的青年贵族们大都具有对自然之奇观的具体经验。这一时期产生了许多游历性质的诗歌与小说,在扬帆渡海、翻越崇山峻岭之时,在穿过幽深的峡谷、蛮荒的旷野之时,青年人会有什么样的情感反应?英国人使用了"崇高"(sublime)一词来指称大自然带给他们的情感和心灵状态。它指称着一种大自然的状态:大自然令人感到恐惧,让人感到神秘,也让人沉思,并激荡着观看者的心灵。这种状态被 18 世纪初的英国人称为"崇高",它的对立面是自然的美。

这种心灵状态和 18 世纪初期英国人所讨论的一种情感状态是相通的——enthusiasm(热忱)。1708 年,英国思想家夏夫兹博

---

[1] 对这一观点的深入阐释,见 Malcolm Budd. *The Aesthetic Appreciation of Nature: Essays on the Aesthetics of Nature.* Oxford: Clarendon Press, 2002, pp. 66-67。

[2] 对这一问题的详细描述,见 Edward Brodsky-Porges. "The Grand Tour: Travel as an Educational Device: 1600-1800." In *Annals of Tourism Research 1981*, VIII (2): 171-186。虽然文中说"阿尔卑斯山(或任何其他令人生畏的自然屏障)是一个对无所畏惧者来说是讨厌的,对新手来说是绝对可怕的旅行。因为大自然经常是敌人,在那个时代,旅行去游览自然美景和雄伟壮观是不可能的,著名的学术中心和城市才是目标"(p. 181),但途中所见,必然不乏自然的雄伟、壮观与美。

里专门就"enthusiasm"立论,为它辩护与正名:

> ……当心灵看见或以为看见某些奇异或超常的事物时,它便会有恐惧、欣喜、困惑、畏惧、崇敬等诸如此类的情感……
>
> 当心灵所感到的这些观念或意象巨大到人类狭隘的心胸难以容纳的时候,就会产生某种狂放与猛烈的激情。所以,"感召"(inspiration)可以被正确地称作是"神圣的激情"(divine enthusiasm),因为这个词正表示"神的显灵",也被最早的基督教创立者所称为神学家的哲学家所运用,以表达人类情感中所有的崇高(sublime in human Passions)。[1]

"enthusiasm"的内涵,也构成了"崇高"在18世纪初的基本内涵。

恐惧能够直接打动灵魂,恐惧总是伴随着惊讶、疑惑、困扰,并且激起我们自我保存的本能,这是恐惧的独特魅力;而某一些恐惧居然能带给我们愉悦,这怎么解释?一种解释是,恐惧能够让我们振奋与激昂,因此它是"欣喜的恐惧"(delightful horror)。这就是欣喜与恐惧的结合[2],这种结合是怎么完成的,构成了18世纪崇高理论的主要问题。

最初人们认为欣喜的恐惧之所以发生,是因为感同身受之

---

[1] Shaftesbury. *Characteristiks of Men, Manner, Opinions, Times*, p. 53.

[2] Robert Doran. *The Theory of the Sublime from Longinus to Kant*. New York: Cambridge University Press, 2015, p. 124.

后发现与自己无关,由此而产生的庆幸,实际上还是释然,也是安全感的获得。1754 年,英国理论家伯克在其《关于崇高与美两个观念的哲学探究》一文中,讨论了审美中复杂的情感现象,并将某一些情感现象称为"崇高"。

伯克认为在逃脱某种急迫的危险或当脱离某种残忍的痛苦煎熬时的心境,是从痛苦向中性的回归。在这一回归过程中,我们的心情处于庄严肃穆的状态,带有一种敬畏,笼罩在恐惧的阴影下的一种恬静之中,这种感受就是崇高感。崇高感在他看来本质就是受到惊骇之后自身处于安全之境,是安全感引来的释然之愉悦。按这一解释,任何适合激发痛苦和危险,以及引发敬畏之情的东西,只要它引发了肉体的紧张但又不威胁到主体的实际安全,都可以是崇高的本源。[1] 伯克详尽地罗列了恐怖、模糊、力量、匮乏、巨大、无限、困难、宏伟、光、突然、中断、野兽的叫声等经验现象,并产生惊讶、敬畏、崇敬和尊重四种情感。[2]

在这样一种经验分析中,崇高经验中包含着悲伤、欣喜、恐惧、庄严与恬静,以及恐怖的安谧,等等。这种分析说明,在感知与直观对象时,我们的心理处在一种复杂的状态中,事物的美会让我们感到愉悦,但事物的那些令人感到恐惧与悲伤的状

---

[1] 伯克:《崇高与优美——伯克美学论文选》,李善庆译,第 154—155 页。
[2] 此段落给出的英文词,见 Edmund Burke. *A Philosophical Enquiry into the Origin of Our Ideas of the Sublime and Beautiful*. Edited with an introduction by Adam Phillips, pp. 34-35。

态,仍然会带给我们另一种愉悦——欣喜(或者说释然)。这构成了把崇高判断视为一种审美的理论依据。

"崇高"这个观念在18世纪的德国美学家那里得到了深化与发展。1863年,康德撰写了一篇长文,叫《论优美感与崇高感》,他认为崇高的情感本质上是敬重(respect),他说:"崇高的性质激发人们的尊敬,而优美的性质则激发人们的爱慕。"①

康德把敬重视为一种具有道德色彩的情感,从他的理论中可以区分四重敬重②:一是肯定的自我尊重(positive self-respect),是一种对应了人类的自我完善(self-perfection)义务的、对道德律令产生的尊重感。二是否定的自我尊重(negative self-respect),指避免自我在身体上、心理上或道德上受到伤害,是自尊自爱。三是否定的尊重他人(negative other-respect)和肯定的尊重他人(positive other-respect),前者指他人做到自己应当做到而没有做到的事,从而产生尊重,后者是对他人的爱,涉及提升他人的幸福。四是对于道德律令的尊重(respect for the Moral Law)和对于人性的尊重(respect for Humanity)。由于一个人的崇高感源于德性,而其德性是其被尊重的原因,这些原因无非就是以上四重敬重,因而可以推论说,崇高感源于敬重这种情感。而敬重的情感来自德性的四个方面,因而可以推论,崇高

---

① 康德:《论优美感与崇高感》,何兆武译,商务印书馆,2001年,第6页。
② 以下所述四重敬重概括自 Diane Williamson. "Respect in Every Respect." In *Kant and the Faculty of Feeling*. Eds. Kelly Soresen and Diane M. Williamson. Cambridge: Cambridge University Press, 2018, pp. 228-238。

感的根源在于人类德性中的四重敬重。

那么在崇高的自然影像中,人类敬重什么? 康德的看法是:

> 在我们的内心发现了某种胜过在不可测度性中的自然界本身的优势。……在这种优越性之上建立起完全另一种自我保存,……人类在这里,哪怕这人不得不屈服于那种强制力,仍然没有在我们的人格中被贬低。①

这意味着康德所说的"敬重"是"自我尊重",人对自身理性的超越性的敬重。由此康德说:"真正的崇高必须只在判断者的内心中,而不是在自然客体中去寻求,对后者的评判是引起判断者的这种情调的。谁会愿意把那些不成形的、乱七八糟堆积在一起的山峦和它们那些冰峰,或是那阴森汹涌的大海等等称之为崇高的呢? 但人心感到在他自己的评判中被提高了……"②这种人内心中感到的提升感,英国人也观察到了,并且强调过崇高所引发的激昂与振奋的心理效果。感到自身被提高了,是因为我们超越了对象的大,这种超越是人的理性的使命,而理性在激发内心的崇高感时显然达到了它的使命,这时我们会产生一种情感,叫敬重。"对自然中的崇高的情感就是对于我们自己的使命的敬重,这种敬重我们通过某种偷换而向一个自

---

① 康德:《判断力批判》,邓晓芒译,杨祖陶校,第101页。
② 同上,第95页。

然客体表示出来（用对于客体的敬重替换了对我们主体中人性理念的敬重），这就仿佛把我们认识能力的理性使命对于感性的最大能力的优越性向我们直观呈现出来了。"[1]在此康德解释了为什么我们对理性的敬重，会呈现为对自然客体的敬重，因为是我们对一个自然客体的直观，引发了我们的超感官能力，完成了对对象之大的超越，从而获得崇高这种情感。这种情感之所以令人愉悦，是因为理性提升了自己并敬重自己，但由于这种情感最初的动因是直观一个无法被感性作为整体把握的自然客体，结果这种敬重就被偷换到自然客体上。

康德的这个理论，深刻且全面地回答了18世纪美学的这个最重大的问题之一：为什么那些被称为"崇高"的自然客体一开始令人感到恐惧与不安，最终却让人们产生了敬意与愉悦。康德的回答说明了崇高判断为什么是一种审美，也为崇高判断的审美价值奠定了理论基础。

18世纪产生的崇高判断，由于最终能获得愉悦，因此在18世纪的人的观念中是算作一种审美的；由于崇高判断产生，审美走出了"美"的领域，一切能令心灵振奋、激动，能给人以精神鼓舞的感性对象，都可以被纳入审美中。人类的心灵由此走出了美的狭小领域，而走向更广阔的自然领域和更深邃的精神之域。审美的崇高范式打开了审美的领地，并为后世诸种审美经验的拓展打开了空间。

---

[1] 康德：《判断力批判》，邓晓芒译，杨祖陶校，第96页。

第四节 审美的唯心论范式

唯心论范式指 18 世纪末期到 19 世纪中期在德国诞生的一套审美观，这套审美观的起源是康德美学中关于审美理念的部分，特别是康德所说的"美就是对审美理念的表达"；这套观念在康德的体系中是作为对纯粹审美观的补充而提出的，也是为了解决审美与道德之关系而提出的。康德复活了古老的"理念"观念——"对经验进行统握的概念"，简称为"理念"。在他看来，"理念"这个概念有一个非常诱人的长处：它是某种不仅永远也不由感官中来、在经验中永远也找不到与之相符之物的东西，是事物本身的蓝本，而且也不像范畴那样只不过是开启可能经验的钥匙。它是理性的对象，但由于它必须在经验对象中呈现出来，所以它也是感性的对象。更关键的是，只有通过具有综合的统一性的"理念"，经验性的判断才得以实现，比如对德性的评判，必须先有道德理念。

理念不是经验世界的原型，也不是知性概念，而是对知性认识的再统握或者说综合统一能力。这种能力有其先天根源，这种根源康德称之为"纯粹理性概念"，或者叫"先验理念"。

理念主要有这样一个功能：知性的对象是经验个别，可是我们人类的认识不愿意停留在个别经验之上，我们总是在大前提的全部范围内，在某个特定的条件下思考一个确定的对象，然后再在一个理性推论的结论中将某个谓词限定于该对象上，这叫作追寻普遍性，或诸条件的全体性或总体性。康德认为"先验理性"概念无非是有关"总体性"的概念。

追寻总体性意味着，我们总是相信，我们所处的这个经验世界，总是包含在一个更大的整体中，我们是这个整体的一部分，这个部分有其特性，而这个整体的其他部分作为条件影响着我们。理念作为理性思维的工具，就是这样一些指称总体性的概念：总体性、普遍性、绝对（无条件者）。作为总体性的理念就其先验层面而言是由灵魂、自然和上帝三者构成的，这构成了形而上学的基本领地，它也奠定了诸如上帝存在、意志自由、灵魂不朽、自然无限等信念。

康德的这个理论在之后兴起的德国观念论（idealism）思潮中得到了呼应与深化。德国观念论是指由康德发轫，后由费希特、谢林、黑格尔、叔本华等哲学家弘扬的一种体系化的哲学。这个哲学体系的核心是 idea。这个体系成就了这样一套美学观：美是理念的感性显现；也成就了这样一套审美观：审美是对理念的感性直观。

这种审美观在中国也叫唯心主义审美观。唯心主义本质上是在剖析"被经验到的世界"，而不是客观世界，它是对被认识到的主体性世界的研究。在这个由认识产生的主体性的世界中，主体是自我决定者，主体及其智性，或者说心灵，是经验世界的前提，是知识所依据的基础；而主体的心灵是由诸种理念构成的，因而，就人认识到的世界而言，这个世界是按人的理念而被建构起来的。因此人的精神，作为主体的自我，就是人所建构出的世界的本体。唯心主义不得不预设理念的客观实在性。他们要面对这样的问题：理念是不是可以被直观？为了解决这个问题，形而上学家们的办法是让可以被直观的感性形式与可以被反思的理性内容在更高的层面上统一起来，让理念处于可以被直观的状态，也就是让理念感性化，这样就可以通过感性直观而直达理念。而理念是"概念和现实的统一状态"，因此他们设定，这种融感性存在与观念存在为一体的"理念"，就是"美"；而审美就是对理念的直观，谢林称之为"美感直观"。

美感直观的对象由美感创造，而"美感创造不仅开始于对貌似不可解决的矛盾的感受，而且按照一切艺术家以及一切具有艺术家灵感的人们的供认，还结束于对无限和谐的感受"①。这句话所说的"矛盾"是德国古典美学阐释审美活动的要害。黑格尔说：

> 我们要肯定的是：艺术的使命在于用感性的艺术形象的形式去显现真实，去表现上文所说的那种和解了的矛盾，因此艺术有它自己的目的，这目的就是这里所说的显现和表现。②

在这段引文中，"显现真实"与"和解了的矛盾"是同义的，也就是说和解了的矛盾就是真实。什么矛盾？黑格尔从道德伦

---

① 谢林：《先验唯心论体系》，梁志学、石泉译，商务印书馆，1997年，第299页。
② 黑格尔：《美学》第一卷，朱光潜译，第68页。

理说起,认为道德中包含着意志的普遍性与个人化的情感的矛盾,之后黑格尔马上引申出:

> 这种对立不仅在道德行为的窄狭范围里可以看到,而且在一切自在自为的真理与外在现实存在之间的那种本质的分别和冲突中也可以看到。抽象地去了解,这就是普遍性与特殊性的对立,普遍性要保持独立存在,不依存于特殊性,特殊性也要独立存在,不依存于普遍性;更具体地说,这种对立在自然界中就是各有特性的抽象规律与杂多个别现象之间的对立,在心灵界中就是人的心灵性与感性的对立,灵与肉的冲突,为职责而职责的要求,即冷静的道德意志的命令,与个人的利害打算、情欲、感官倾向和冲动,以及一般个人癖性之间的对立;内心的自由与外在自然界的必然性之间的尖锐矛盾;也就是本身空洞的死的概念和具体的活生生的现实之间的矛盾,即认识和主观思维与客观存在和客观经验之间的矛盾。①

这是一种思维方式:认为一切事物都是矛盾的统一体,矛盾是现实的、必然的,对对象的认识,就是分析其中所包含的矛盾,并且追问与反思矛盾的和解状态。矛盾可以是理性与感性的分裂,自然与人的分裂,生动的现实与抽象出的观念之间的

---

① 黑格尔:《美学》第一卷,朱光潜译,第65页。

对立；也可以是灵与肉、现实与理想、情感与理性、自由与规律等的对立。这个状态黑格尔称之为"真实"，指可以被反思与反映出的具有普遍性的"矛盾"，特别是"矛盾的解决"，而矛盾和解之后的那种统一状态，黑格尔称之为"理念"，他说："美是理念的感性显现。"①

这个命题中包含着这样一种审美观：审美就是直观对象，反思出其中包含着的矛盾冲突和矛盾冲突的和解状态，也就是事物的理想状态，这个状态也就是对象的"美"，审美就是追寻与反思对象所体现出的矛盾的和解。这就把审美视为一种理解活动，一种意义与价值的判断活动。黑格尔的这个观念影响巨大，它构成了相对于"形式美学"的"内容美学"的基本内涵。但是这个和解了的矛盾太理想化了，观念论美学还有更简明的表达方式。

在叔本华的理论中，理念是根据律之外的事物在各个方面的一般性！外在于根据律意味着，那个"一般性"是事物的规定性，是本质，它没有也无须根据了；说理念是"一般性"或者说特性，是因为叔本华的下面这段话："在人类生活纷纭的结构中，在世事无休止的变迁中，他也会只把理念当作常住的和本质的来看待。生命意志就在这理念中有着它最完美的客体性，而理念又把它的各个不同方面表现于人类的那些特性，那些情欲、错误和特长，表现于怎么仇恨、爱、恐惧、勇敢、轻率、狡

---

① 黑格尔：《美学》第一卷，朱光潜译，第142页。

猾、伶俐、天才等等等等；而这一切一切又汇合并凝聚成千百种形态（个体）而不停地演出大大小小的世界史……"[1]当艺术表现出这些特性或者说一般性，它就表现出了"理念"！对理念的认识和表现，是艺术最根本的任务；而审美就是"领会已认识到的理念"。

如果把理念理解为人类"精神"的特性，或者某种一般状态，这比"和解了的矛盾"浅近一些。基于这种理念观，艺术就是对理念的表现，而审美就是直观被表现的理念。这样，观念论美学的建构起了这样一套审美范式：直观和反思对象中所包含的精神理念；直观和反思对象中所包含的矛盾并感悟其和解，即其理想状态。这种审美观的出发点虽然是唯心主义的理念论，但要求的是对对象所包含着的"精神内涵"与"理想"的感悟与反思；这个观念还有更宏大的一面，比如把理念从"人的精神之特性"扩大为时代精神、民族精神、阶级理想、宗教信念等。在对象中直观与感悟这些总体性的精神，这实际上是一种理性主义的审美观，通常也被简称为审美之中的"黑格尔主义"。

---

[1] 叔本华：《作为意志和表象的世界》，石冲白译，第256页。

第九章
审美的当代范式

自20世纪初期以来,在审美实践中和哲学家的理论创造中,一些传统的审美观念获得了新的内涵,改变了20世纪的艺术实践;一些新的审美观出现了,正在影响着当代人的审美;还有一些审美观正在试图颠覆三百年来以自由愉悦为标志的审美观念。其中已经成为独立的审美范式的审美观有形式主义的审美范式、现象学的审美范式,以及尼采主义或者身体主义的审美范式。

第一节 审美的形式主义范式

形式主义的审美观是一个有悠久历史的传统观念,远肇亚里士多德和中世纪的经验主义者。他们相信审美是对对象的色彩、大小、形态上的合比例性或者特征化,特别是诸种构成因素的多样统一等形式因素的直观,当这些形式因此令人觉得愉悦时,这种形式直观就是审美。这个理论在历史的长河中有诸种变化或深化,比如美在黄金分割(维特鲁威)、美在诸要素的合宜(阿尔伯蒂)、美在蛇形线(荷加斯)等等。审美中的形式主义在20世纪获得了大发展，但其利用的理论资源是18世纪的康德美学和19世纪后期的心理学美学。

康德的纯粹审美理论确立了审美是对对象的表象，特别是表象的形式所进行的反思判断，由此获得自由愉悦。当对象的形式能激活想象力的自由游戏同时又具有知性所能认识的合规律性时，它就是美的。康德的理论在20世纪获得了青睐，为20世纪的形式主义审美提供了理论资料。同时，19世纪的一批实验心理学家用心理实验的方式来研究形式的特征与人的审美愉悦之间的关系，产生了移情说（立普斯）等理论。这些理论认为，形式因素会引发不同的心理反应，在形式与情感之间有某种必然性的联系，这些理论在20世纪由心理学家阿恩海姆完善为完形心理学。通过这些理论，人们相信：审美是对对象之形式的直观，而形式本身可以引发某种情感。这个过程是非概念的，是非功利的，因而这种情感是自由的，也是审美的。这些理论最终可以被统摄为审美之中的形式主义范式，这种范式在艺术批评中影响深远，也有具体的内涵。

审美形式主义最外层的含义是形式的合规律性，在于对象之形式的合规律性带给人的愉悦。人们普遍认为形式美有其几何学意义上的规律，而人类有先天能力来感知这些规律。这些规律可以被提炼出来，并通过相应的训练成为人们在直观对象时的普遍感觉，比如美术对于"三大构成"的训练，音乐对于节奏与旋律的训练。

"三大构成"是指人类对造型规律的认识。借助知性分析，我们可以把复杂的形式、色彩等用科学的方法还原为基本要素，如形、色、质、构思、构图等多方面内容，这些方面的研究被提炼为平面构成、色彩构成、立体构成三大方面。

在平面构成当中，主要探讨在平面中形态的表现力，这种表现力体现在对其形式要素如点、线、面、立体空间的二维表现的把握，以及其与视知觉之间的关系应用上；体现在对非数理结构的偶然形态的认识，以及对符合数理规则的构形方法（如离心构成、向心构成、平衡、对比等）的运用上；还有对不同的平面材料（如纸张、层板、玻璃板等）、着色材料（如水彩颜料、油彩颜料、水墨、漆等）的质感，不同工具（如毛笔、色粉笔、马克笔等）及相应的技法在艺术作品中的作用的把握上。

在色彩构成中，原色、间色和复色之间的关系，冷色和暖色之间的关系，色彩和人的知觉心理之间的关系等，构成了色彩关系。具体而言，把握色彩的三大基本属性（色相、明度、纯度），认识色彩与视知觉之间的关系（如色彩的形象，色彩的对比、同化等视错觉），掌握调色的原则与方法，了解配色的规律等，这就是色彩构成。

立体构成探究的是对象在三维空间中的表现。在立体构成中，其形态要素包括点、线、面、立体空间等，它们区别于平面构成中的诸要素而具有三维性。在三维空间中，对重力的影响及其运动问题的考量，对作品多角度的表现性的把握，都使得立体构成相较于平面构成具有更多的要素。此外，在立体构成中，材料（如木材、石材、陶瓷、金属等）本身所具有的属性及其处理手法（对材料进行加工、将材料的能量视觉化等），对于把握艺术作品同样是至关重要的。

从三大构成的角度对一个视觉对象的反思判断，构成了形式审美的最基础的部分。对于音乐艺术与诗的艺术来说，旋律和节奏构成了形式直观的基础。旋律本身包括了节奏、音高、音长、音的力度、和声等一切我们试图分解而成的音乐元素，但旋律又不是以上的任何一种，旋律必须要包含以上因素的统一性，却又不是单独元素或所有元素的相加总和，当诸种声音的构成因素的总和体现出了某种合目的性时，才构成旋律。而节奏则是某种构成因素的重复性，是某种形式的"合目的性"的重复出现。对于音乐而言，不同的发音器具还有不同的音色，单色本身也是音乐形式美的一部分。

形式的合规律性和这些形式给人的感觉之间，形成了一种稳定的关系。这种关系或许有其心理的与先天的内涵，这是心理学家和脑神经科学家乐于探索的领域；而在审美与艺术实践中，这种关系是审美者进行直观与反思的对象。通过直观到这种规律而获得的愉悦感，构成了形式美感的基本内涵。对形式之规律的感知，可以在后天的训练中被强化，当然也有人天生就对某种形式敏感，比如色彩或节奏等。无论是先天的形式感还是经验中习得的形式感，在形式直观中都会发挥作用。在具体的审美活动中，审美者总是用既有的形式感去直观对象的形式。当审美者觉得某个东西"好看"或者"好听"，这意味着，对象的形式构成符合了主体的形式感。这种相符合构成了对于对象的肯定，从而产生肯定性的愉悦；这种"好看"或"好听"也意味着，对象之形式的合规律性被直观地把握到了，但又没有被意识到，由此形成了康德所说的"美是一个对象的合目的性形式，如果这形式是没有一个目的的表象而在对象身上被知觉到的话"①。这就是形式美感的秘密所在。

在最基础的形式规律之外，形式还有更感觉化的部分，可以称之为"形式的韵味"。对形式语言的倾听与领会需要专门化的训练。长期的训练会使得艺术家与审美者获得一种"敏感"。这种敏感源自对于艺术创作中的形式因素的谙熟，特别是对形式语言的历史演进与具体复现的谙熟，艺术家需要成为形式语言的"行家"。那些在行家之间使用的如"黑话"一般的术语，比如调子、肌理、强弱、笔触、味道、感觉、质感、笔性、墨气等等，是对形式规律的熟悉达到一定程度之后所获得的一种精神感觉，是形式所传达出的一种韵味；这种韵味可以被感受到，但难以言传，而表达这种难以言传的韵味的艺术语言往往是最专业化的批评的范畴。

形式审美还有精神化的部分，即形式的意义。1911年，有一位叫康定斯基的形式主义艺术家，或者说抽象派的艺术家，撰写了一本叫作《艺术中的精神》的书，他以实验的方式探索色彩和线条及其组合方式带给我们的精神反应。在这种做法背后是他对音乐艺术的理解，他认为音乐是完全抽象形式的艺术，却

---

① 康德：《判断力批判》，邓晓芒译，杨祖陶校，第72页。

能带给我们情感和心灵上的感动,如果把色彩和线条当作音符,是不是也必然会有这种效果?康定斯基相信有这种效果,还认为这一效果有必然性,因此,探索形式,比如色彩与线条,点、线、面的组合关系对于心灵的影响,这就是他后期艺术创作的中心与理论的核心,在他看来,"形式中最为重要的问题,乃在于形式是否产生内在必然性"①。这个内在必然性,就是形式对心灵的必然影响。他认为绘画中色彩、线条等形式因素和谐统一的关键最终在于对人类心灵有目的的启示激发,人的心灵有这种被启示、被激发的内在需要;康定斯基认为这种内在需要作为原则,是普遍存在和唯一纯粹的艺术标准和原则。能够满足这种内在需要的形式,有其稳定性与必然性,康定斯基称这种形式为"纯粹结构形式",结果,在形式和色彩语言中,那种说不清道不明却又确实有吸引力的抽象形式,就像他的画所呈现出的那种形式感,依托着心理学和形而上学,成为艺术的"本质",由这种形式引发的心灵感受,成为艺术最纯然的目的与效果。康定斯基用他的书名表达了这样一个结论——形式有其精神性。

1913年,英国的艺术批评家克莱夫·贝尔,写了一本叫《艺术》的小册子,他也从形式的角度切入艺术,并且同样从"形式所引发的意义"的角度认识艺术,提出了形式主义者最核心的艺

---

① 康定斯基:《艺术中的精神》,李政文、魏大海译,中国人民大学出版社,2003年,第124页。

术观——"有意味的形式"。什么是有意味的形式?"在各个不同的作品中,线条、色彩以某种特殊方式组成某种形式或形式间的关系,激起我们的审美情感。这种线、色的关系和组合,这些审美的感人的形式,我称之为'有意味的形式'。'有意味的形式'就是一切视觉艺术的共同性质。"[1]凡能激起审美情感的形式就是有意味的形式,显然,形式和由形式引发的心灵感受之间的关系,构成了贝尔对于艺术的根本认识,"有意味的形式"这个命题是对现代抽象艺术、表现主义艺术等艺术形态最简洁的概括。

这个命题中包含着这样一种审美观:"在讨论审美问题时,人们只需承认,按照某种不为人知的神秘规律撕裂和组合的形式,会以某种特殊的方式感动我们。"[2]这种感动在他看来就是审美,这也构成了诸种形式主义者和表现主义者共同所执的审美观。

形式还有其更深刻的内涵——生命形式。哲学家卡西尔认为:"展示事物各个方面的这种不可穷尽性,就是艺术的最大特权之一和最强的魅力之一。"[3]问题是,这些不可穷尽性还是需要在艺术中呈现出来的,为此卡西尔说,艺术是对对象的定形化。对对象的定形化最初是单纯的形式问题,对对象的形式进行再形式化,是为了加强与凝聚;定形还同时是对情感的定形,使情

---

[1] 克莱夫·贝尔:《艺术》,周金环、马钟元译,中国文艺联合出版公司,1984年,第4页。

[2] 同上,第6页。

[3] 卡西尔:《人论》,甘阳译,第184页。

感得以强化，照亮一些情感，并且赋予情感以审美的形式，使情感成为自由与积极的情感，这就使得情感的力量同时也成为艺术的力量。定形化的过程也就是创造的过程："艺术家的眼光不是被动地接受和记录事物的印象，而是构造性的，并且只有靠着构造活动，我们才能发现自然事物的美。美感就是对各种形式的动态生命的敏感性，而这种生命力只有靠我们自身中的一种相应的动态过程才可能把握。"① 通过这一创构活动，动态的生命感就可以形式化地呈现出来。通过把对象的某一个瞬间定形化，形成了艺术家对于客观实在的再诠释——不是用概念诠释，而是用感性形式。"强化"与"照亮"，以及"创造性的表现"，这构成了形式主义美学最核心的观念。

卡西尔把艺术的形式分为造型形式、诗歌形式、音乐形式。这三种形式都是艺术家创造的结果，这些形式将"最强烈的瞬间定形化"，这句歌德的名言，成了卡西尔对艺术创造的本质性认识。通过在形式上的照亮与强化，艺术创造出一个形式的世界，借助这个世界，生活摆脱了沉重的物质负担而转化为纯粹的形式。在这个世界中，精神不再为物质世界所困扰，它最深沉的和最多样化的运动，它的动态生命力，借这个世界呈现出来。

这个过程是双向的。一方面，它是艺术家的生命形式的表达，艺术家从自己的角度，在自己的时代中对永恒的人性、生命主题进行思考和重新阐释，从一个新的广度和深度解释生活，

---

① 卡西尔：《人论》，甘阳译，第192页。

并且把这种思考与阐释通过符号化和形式化呈现出来，艺术家自己的生命感受、生命内在的动态化过程借这些形式直接呈现出来。另一方面，读者通过阅读参与艺术家的创造过程，通过对艺术品的直观，对其表达的生命形式进行把握，使人的整个生命都发生运动和战栗，从而更新自己的生命。这意味着，审美的过程，就是审美者和审美对象的生命形式相互激发的过程，是生命之间的相互感应的过程。审美本质上是洞见生命形式，感受生命形式，在对各种形式的动态生命力的敏感中，我们的美感形成了，而激发出这种美感，这就是艺术所创造出的形式的使命。

卡西尔对于生命形式之感动与感悟的观念，对于当代的表现主义艺术、形式主义艺术、意象论、生命论，都具有奠基作用，这构成了审美形式主义范式最深刻的理论根源；而形式规律的判断、形式韵味的品味、形式意义的领会等观念都可以在其中获得最终的根据。

第二节　审美的现象学范式

现象学对于20世纪的审美观念有深远的影响。现象学能够和审美结合起来，是因为现象学在描述我们对于对象的"经验"，而审美活动也有经验性的一面，现象学把审美从一种"判断"，扭转为对对象的"经验过程"，奠定了"审美经验论"的方法论基础，也奠定了一种经验化的审美观。

当我们经验到一个对象的存在时，我们认识到的不是"对象自身"，而是"被我们经验到的对象"，现象学的主要目的正是对被主体经验到的现象做直接的研究和描述。现象学的特征可用胡塞尔的格言来表达："诉诸事物本身"——亦即对具体经验到的现象采取尽可能摆脱概念前提的态度，以求尽可能忠实地描述它们。胡塞尔的后学及大多数现象学家都认为，通过对经验或想象所提供的具体实例做有系统的描述和细心的研究，可以洞察并获得这些现象的经验过程所具有的基本结构和经验中诸要素的实质性关系，也就是描述经验、分析经验，揭示出经验是怎么获得的、怎么构成的。这种研究本来的目的是研究一个"存在者"是如何被我们经验为一个"现象"的，之后转化为对象之存在是如何显现出来的，即从对经验对象的描述转化为对对象之存在的显现的揭示，产生了现象学直观、意向性构成与审美区分等观念，还产生了审美经验现象学与艺术作品本体论等观念，这些观念都改变了当代人对于"审美"的认识。

现象学和美学之间的关联，建立在"现象学直观"这个概念之上。这个概念有一个口号——"面向实事本身"，目的是要达到纯粹现象或纯粹意识。这项工作不能借助于推理或证明，只能在直接的直观中实现，这在胡塞尔看来是"一切原则的原则"，这也是所有现象学家的共同纲领。达到这种直观的方法叫现象学还原，现象学还原的第一步是"终止判断"，即悬置（epoché）。它包括两个方面，首先是中止我们关于经验世界的存在信仰，不是把事物的存在当作我们认识事物的起点，而是把这种存在判断作为认识的终点；其次，把过去关于哲学、宗教、理论、观念和常识的内容统统放在一边，不以它们为认识的前提和出发点。这是一种对世界的纯粹的直观态度，这种直观的目的，是要让对象在经验中直接呈现出来，从而能够得到对象最直接的存在——"本质"，所以"现象学直观"也叫"本质直观"。那么，什么是现象学所说的"本质"？本质是意识对象的普遍的不变的形式和结构，是诸多变更中的常项。这个本质不在意识之外，它是胡塞尔所说的纯粹先验意识，是现象学直观中通过悬置而获得的"现象学剩余"，即纯粹的我思之我，也叫作"先验自我"。

先验自我具有构成性和意向性——这就是现象学方法的第二个层面。构成性是先验自我的基本功能，它指先验自我依据意向性所产生的动态行为，只有在这一行为之中，世界才成其为我们的对象，对象世界就是先验自我的构成物。意向性是先验意识的基本属性和本质结构，它是说先验意识总是指向某物的意识，先验意识的本质就在于用自身去消融外在对象，使之成为"为我之物"。胡塞尔提出意向性理论是为了解决认识之谜，即"认识如何能够确定它与被认识的客体相一致，它如何能够超越自身去准确地切中它的客体？"[①]在这里，意向性就像是纯粹意识发出的光，而意识对象就是被照射到的对象，"在第一清醒的'我思'中，从纯粹自我发出的'光芒耀眼的'射线都射向目

---

① 胡塞尔：《现象学的观念》，倪梁康译，上海译文出版社，1986年，第22页。

前作为意向相关物的'对象'、事物、事实等"①。这样一来,在纯粹意识领域中,意识的作用和意识的对象统一在了一起,并存在着一种平行关系。思维和存在在这个意义上达到了统一,关于对象的纯粹意识,实际上也成为对象的纯粹存在;主客体的统一也在这一思想中实现统一:对于同一对象的意识,由于意向作用的变化,所构成的意向对象也在不断变化。

这种现象学直观,是不是审美的?

不是。审美应当以愉悦为目的,而现象学直观的目的是真知;审美是对象之形式的主观合目的性,而现象学直观导向纯粹自我与纯粹意识。但是,现象学美学家们显然意识到,除了这个目的,现象学直观的其他性质与审美是可以叠合的,比如直观、非概念性、无目的性、感性的普遍性,特别是现象学直观所强调的在直观中对象的自明性显现,以及意象的意向性构成,这对于审美理论来说,是绝好的深化。因此,现象学家们实际上把现象学直观审美化了,并开始把审美当作一种经验过程,且对这个经验过程进行描述。这种描述最先由胡塞尔展开,而后,杜夫海纳和英伽登、盖格尔等人全面地描述我们欣赏艺术的过程,而这种描述,总是从现象学直观开始的。

那么,这个经验过程作为审美过程是怎么开始的?胡塞尔用"精神图像"这样一个概念解释过这个问题:审美对象按现象学的方法完全可以看作一种精神图像或图像客体,在胡塞尔对

---

① 转引自涂成林:《现象学的使命》,广东人民出版社,1998年,第76页。

于意识活动的整体描画中,图像意识作为一种想象活动属于非直观行为的领域,它必须以直观的感知行为为基础,通过对于感知材料的变异或衍生来构成关于事物的图像。胡塞尔把关于事物的图像又区分为图像意识中的三种对象或客体。

第一种客体是"物理图像"或"物理事物"。一张油画,它首先是印刷用的纸张、绘画用的颜料及色彩、画布的尺寸及形状等等,是我们首先接触到的对象或客体。第二种客体是"图像客体"或"精神图像",这种客体又被称为"展示性的客体",也就是通过那些物理图像展示出来的一种新的图像,比如"有弹性、有活力的"睡莲等等。第三种客体是"被展示的客体",也就是画家所依据的实在的睡莲等,胡塞尔又称之为"图像主题"或"实事"。

那么,审美对象属于其中的哪一种呢?胡塞尔分析了对于丢勒的铜版画《骑士、死和魔鬼》的欣赏或意向活动过程:"我们在此区分出正常的知觉,它的相关项是'铜版画'物品,即框架中的这块版画。其次,我们区分出此知觉意识,在其中对我们呈现着用黑色线条表现的无色的图像:'马上骑士'、'死亡'和'魔鬼'。我们并不在审美观察中把它们作为对象加以注视;我们毋宁是注意'在图像中'呈现的这些现实,更准确些说,注意'被映现的现实'即有血肉之躯的骑士。"[1]

在这段文字中,胡塞尔明确指出,我们的正常知觉所把握

---

[1] 胡塞尔:《纯粹现象学通论》,李幼蒸译,商务印书馆,1997年,第270页。

到的作为"物"而存在的铜版画,以及画面上的线条和图像等"物理事物",都不是我们的审美对象,只有由这种物理图像构成的精神图像——有血肉之躯的骑士才是我们的审美对象。这个观点非常具有启发性,是把审美对象与一般的认识对象区分开来的唯一办法。

胡塞尔进一步指出,"这个进行映象表现的图像客体,对我们来说既不是存在的又不是非存在的,也不是在任何其他的设定样态中;不如说,它被意识作存在的,但在存在的中性变样中被意识作准存在的"①。按照这一分析,从物理图像向精神图像转化的过程,就是审美地观看对象的过程。审美对象作为图像客体,"既是存在的又是不存在的",也就是说,这是一种对于其所意指的实在对象进行终止判断或中性变样之后产生的特殊对象。

"中性变样"这个术语,是指通过现象学悬置而实施的还原,使对象被理解为恰如其在意向性经验中所呈现出的存在。悬置的功能就是中性化意向显现之外的所有存在,排除掉超越于显现之外的任何形式的存在,由此而强化存在和显现的同一性,这叫作"中性变样"(neutrality-modification)。现在,在胡塞尔的理论中,通过中性变样而获得精神图像,就算是"审美"。

这种理论把审美从目的论判断,改变为现象学直观与现象学还原;从对合目的性的反思,转化为通过现象学直观而对对象之存在状态的中性变样。这是一个理论模式的重大转变,通

---

① 胡塞尔:《纯粹现象学通论》,李幼蒸译,第270—271页。

过这一转变，审美从对意义与价值的反思判断，转变为对对象之存在的经验过程。

如果现象学直观中的中性变样就是"审美观看"，那么在审美中对于意义与情感的把握是怎么实现的？为此现象学家们提出了"体验"概念。胡塞尔在《逻辑研究》中把体验描述为以意向性为本质特征的各类意识的总称，因此"体验"一词指称着意向性构成物，本质上是对"意义"的建构。如果某物被称为体验，或者作为一种体验被评价，那么该物就通过它的意义而被聚集成一个统一的意义整体。体验实际上是包含着直觉式的生命活动与寻求普遍性的概念活动的某种融合，体验不仅仅是生命感受，而且是真知的开始，它是合目的性的意向性构成物。

在现象学的视野中，体验是意向性构成物，是意义统一体，是生命性的体现，也是真知的开始。所有这些性质，马上被引入审美领域中，特别是艺术经验中。通过体验，艺术作品从一"物"转化为一个意向性构成的意义统一体，成其为艺术作品，艺术作品的规定性似乎就在于成为审美的体验。因而，现象学意义上的体验就被直接转换为"审美体验"。在审美体验中，某物抛开了一切与现实的联系而成为艺术作品，更重要的是，体验者的生命活动，也就是他最真切的存在，直接而持久地融入艺术作品中，使得艺术作品成为"他的艺术作品"，成为一个被体验者填充过的意义丰满的艺术作品。这个观念来自伽达默尔，在这个观念中，审美的第一步是导向中性变样的直观，而后在这种悬置性的直观之后，体验开始进行意向性构成活动。通过这一过程，一个具体的对象就可以成为审美对象，而这个审美对象实际上是审美体验中的构成物。这个构成物包含着某个无限整体的经验，这个经验具有可诠释性，使其成为超越了"确定性"的意义整体。因此，体验对于确立艺术作品，对于确立审美对象来说，就成了决定性的东西。

在对对象的中性变样之中审美产生了，而审美又是通过体验达到对对象自身的纯粹认识，这种纯粹认识在现象学的理论中，就是"审美"的。在这一理论的基础上，通过中性变样而实现的对对象的纯粹认识——体验，就被称为"审美体验"。审美体验是胡塞尔所说的中性变样与体验的结合体。"体验"这种活动所创造出的意向性构成物相对于对实在之物的认知，被纯粹化了，这个概念显然与现象学还原、与纯粹直观有某种内在关联。在体验中，我们直接和"对象的存在"发生共同在场性的关系，在这种关系中，对象是作为"自身"而存在的。而在审美体验中，艺术作品作为存在者，它和审美者发生了纯粹的体验关系，这把它从自身的存在世界中拔了出来。因此，审美体验对于对象的认识是有所选择的，它的对象是"作品自身"。所有非审美的因素在审美体验中是不被关注的，如目的、作用、内容、意义。在审美体验中，"对象自身"被认识到了，达到了对于对象的自明性的认识，对象因此被纯粹化了，这个过程就成了现象学家们所认为的审美的过程，现象学直观和审美的观看由此被结合在一起。

现象学意义上审美的观看意味着，不是把对象与所观看的事物和某个普遍性的东西、已知的意义、已设立的目的结合在一起，它并不通向某个"具体的普遍性"，因此，审美的观看，或者说审美体验是直接与对象的"本身"打交道的。在审美体验中，我们通过感性，甚至是感觉，与对象自身产生直接的交流，对象"自身"在审美体验中是直接呈现出来的。但审美体验同时作为意向性构成活动，最终导向某个普遍性，即便我们的感觉也总是从普遍性的角度去看感官给予我们的个别的东西；即使每个感觉都有其特殊的范围，但感官给予我们的每一次特殊感知，实际上都是一种抽象，因此主体之"存在"在感知这个层面，是被确证的，或者说，在这个层面上开始显现了出来。

在这种存在论状态中，对象的存在直接呈现出来，而主体的存在也以最实在的方式显现，因而，"审美的观看"这个术语标示着对象与主体在存在论上的特殊状态，倘若用海德格尔的术语，可以用"本真""澄明"或者"无蔽"来言说。

"澄明之境"这个概念的诞生要归功于海德格尔。"澄明之境"这个词，德语中是"Lichtung"，英文的表达是"clearing"，在汉语中被译为"澄明之境"（也被译为"明澈"）。这个词是海德格尔的现象学用来表达对"林中空地"（"Lichtung"的字面意思）的存在论意义之阐释。这个概念包括以下几层含义：第一个层面是无蔽，是林中空地般的"澄明"，这是基于现象学直观对存在者之存在的理解。存在者如其本然地显现自身，不带任何主观色彩，没有任何遮蔽。在这里，澄明并非指存在者的通透，而是指一个境域。正是在这境域中，存在者才显现出来，才在场。第二个层面是涌现，是聚集，是存在者显现出自身从而构成一个"澄明之境"。这一涌现是存在者从遮蔽之中冲出,由不在场而在场,并且在入场之际即与世界诸因素相聚集而成其本质。这既是一个解蔽的过程,也是一个聚集的过程,只有当存在者从遮蔽中涌现并且成其本质后,才有澄明之境;而澄明之境也意味着遮蔽、隐匿,是存在者从中而出的黑暗。在"在场"这一从隐而显的过程中,隐是一切的起源,它更为原始。正是在它的庇护下,才有"无蔽",在场者才能显现出。

"澄明之境"这一现象学的观念在20世纪的美学中被审美化了,对象的存在论状态——澄明状态或者无蔽状态,被视为美的本质,而审美就是进入这种无蔽状态中去,现象学直观是进入澄明之境的方法。在这种纯粹直观中,进入林中空地,进入对象的澄明状态中去,这构成了海德格尔的存在论可能给出的一种审美观。这套审美观的确可以用来阐释艺术作品和自然之美,它具有一种实践性,也就是说,澄明之境可以作为一种审美观而用来阐释艺术作品。事物的纯然自在,事物之存在的澄明状态,由此成为一种美。

澄明之境是现象学直观的结果,是对"物"之存在的自明性的感悟,而这要求主体放弃前见,超然物外,进入对物的聚精会神的直观之中。这种超然物外的状态并不谋求欲望的满足,也不沉迷、自失于对象之中,在放弃"判断"、放弃主体性投射的同时,带着敬意和肯定与对象面对面,既直观物,又接受物的直观,达到"悠然有住处,物我两相忘"(陆游《曳杖》)的状态。这本质上是主体之心灵的自由状态,这个状态无所待,无所挂碍，无所念。这使得主体获得了一个重新面对对象的契机。在这种纯然直观中，既可以直观物自身，又可以感受到原初事件的发生。在这一事件中，存在者涌现出来，意义世界聚集并绽出，这也是主体与生成着的世界的一次相逢，事物的本真状态与自我的本真状态由此得以显现出来。在澄明之境中，主体是自在的，是自由的，这是它与康德的审美主体观相通的地方；而不同之处在于，澄明之境要求主体是敞开的，直面世界之在，而不采用任何主体性行动去改变与处理对象。澄明之境中的主体，是放弃了主体性的主体，它是自由且自在的，它不投射什么，也不在外部世界中捕获什么，也无须去证明什么，更不去判断。

从审美对象的角度来说，"澄明之境"并不是一个确定的对象，它是主体与客体都需要呈现出来的自身存在的"状态"。一个对象和一个对象的澄明状态，二者的差异在于，前者是一个实存，是直观的对象，而后者是在直观之后要领会与感悟到的事物的自在状态。从实存的角度来说，二者是同一的，但从存在论的角度来说，对象的澄明状态，是解放了的、无目的的、自在的、无蔽的。作为纯然自在的澄明之境，是去蔽的结果，而不是直观的对象。"去蔽"这一行为决定了"对象"和"对象的纯然自在"二者之间的联系与差异，这种差异在宋代的青原行思大禅师说过的一段话中有鲜明体现："老僧三十年前未参禅时，见山是山，见水是水。及至后来，亲见知识，有个入处。见山不是山，见水不是水。而今得个休歇处，依前见山只是山，见水只是水。大众，这三般见解，是同是别？有人缁素得出，许汝亲见老僧。"① 三十年前的山水，是对象的实存，而当下从一个歇处所见的山水，则是纯然自在之山水，二者的差异在于，对象本身并没有变，而主体的观看方式变了。如果进入澄明之境是一种审美，那就意味着，对象的纯然自在不是审美对象，而是审美的结果。

从效果上，也就是从"愉悦"的角度来说，进入澄明之境会令人的心灵产生愉悦。这种愉悦的本源在于：对象之纯然自在所带来的明晰性是与主体对"真"的感悟相关的，是"万物静观皆自得"中的自得感。主体进入澄明之境意味着它获得了自在、自由，而对象的澄明状态意味着对象的自在与独立，因而，自由感仍然是澄明之境所带来的审美愉悦的核心。因此，澄明之境所带来的愉悦，首先是真理感与自由感的统一。"澄明之境"这个观念的魅力还在于，它把审美这样一种主体性的观照与投射活动，转化为主客体在审美中达到各自的本真呈现与物我合一。在澄明之境，客体以其纯然自在展现自己，获得了一种尊严感；主体以"本真之我"呈现自身，主客体都超出一切功利性的计较，进入整体性的超越状态，这个状态本来应当是一种本源性的存在论状态，却被审美化、诗学化了。

现象学作为一种工作方法，是描述与洞察人类的"经验"及其过程的方法，在审美领域中，它使得审美经验的机制与过程得到了分析与整合，这反过来成为一种行为指南。也就是说，如果审美经验是如此这般获得的，那么审美也就是一个如此这般

---

① 普济著，苏渊雷点校：《五灯会元》，中华书局，1984年，第1135页。

的过程。现象学所奠定的审美经验论，最终成为审美的操作指南：首先对对象进行纯粹直观，然后通过中性变样使其成为图像景观，而图像景观在意向性构成（体验与想象）中成为意象，而这个意象是情感与意义的载体，获得意象的过程就成了审美过程；或者，在直观中，对象自身得以呈现出来并处于澄明状态，物之自在与人之自在、自由都得以呈现出来。这个对象之存在显现出来的过程，也是一种审美过程。

第三节 审美的尼采主义范式

审美行为自古希腊到19世纪下半叶，都被视为一种静照行为，是沉思与心灵的平静的统一，审美行为最初是为了对抗源于欲望的冲突、源于激情的狂热。审美作为静照，是与"行动"或者"实践"相对立的，脱离生产实践而进入静照，过一种以静照为主导的生活，是自古以来知识分子的理想生活状态。建立在静照观念之上的审美观，是这套生活观的辅助，或者说，是静照生活的基本内容和通达静照之路。这种静照的审美观在德国古典美学家，特别是康德至黑格尔的美学中得到了体系化的表达，但是在19世纪中后期，出现了新的审美与艺术观。这种新的审美观在哲学家尼采的思想中获得奠基，并在20世纪的精神分析、身体现象学、福柯理论和当代的身体美学中得到理论阐释，进而在当代艺术中成为一种审美实践。

这种新的审美观的奠基人是德国哲学家尼采。尼采在攻击音乐家瓦格纳的一篇文章中写道:

> 我对瓦格纳音乐的非难源于生理方面。于是,我缘何当初要给这非难套上一个美学模式呢?当我聆听瓦氏的音乐时,我的"实际情况"是:呼吸不畅,脚对这音乐表示愤怒,因为它需要节拍而舞蹈、行走,需要狂喜,正常行走、跳跃和舞蹈的狂喜。我的胃、心、血液循环不也在抗议吗?我是否会在不知不觉中嗓子变得嘶哑起来呢?我问自己,我的整个身体究竟向音乐要什么呢?我想,要的是全身轻松,使人体功能经由轻快、勇敢、自信、豪放的旋律而得到加强,正如铅一般沉重的生活经由柔美、珍贵的和谐而变美一样。我的忧郁冀盼在完美的隐匿处和悬崖畔安歇,所以我需要音乐。①

显然,尼采将肉体的反应与对艺术的欣赏结合在一起,并且以此为一种评价对象的尺度。由此,尼采完全摆脱了审美的静照传统。他为什么会这样想?在19世纪的人文思想中,有一个观念崛起并慢慢取代了之前形而上学所确立起来的一些超越性观念,比如上帝、真理、绝对、至善等等,这个观念就是"生命"。生命活动是具体的,它由吃喝拉撒睡,由想象、梦幻、直

---

① 尼采:《快乐的科学》,黄嘉明译,漓江出版社,2000年,第291页。

觉、情欲、本能等构成，生命是由具体物质条件、肉身状况以及精神状况等因素决定的，并且是一切精神活动与文化活动的前提。尼采曾经这样表达生命活动的具体性——"'拯救人类'，这与其说取决于神学的奇迹，不如说取决于：营养问题"[1]；"究竟我为什么要叙述这些微不足道的琐事呢……我的回答是，这些琐屑小事——营养、地域、气候、休息，一切自私自我的诡诈——这是超越一切的概念，比迄今为止人们所认为的一切重要的东西还要重要"。——"这乃是生命的基本条件！"[2]

生命活动直接呈现在肉身上。尼采由此形成了一个观念：一切文化现象、一切艺术，如果是振奋生命的，是让肉身感到强力、感到轻盈而愉快的，那就是好的，反之就是不好的。他以此来批评瓦格纳、莫泊桑以及一批浪漫派艺术家，而肯定莫扎特、贝多芬、古希腊艺术和文艺复兴三杰，也以此来反对基督教和佛教。"肉体—生命"，这构成了尼采重估一切价值的尺度。根据这一尺度，尼采挑战了西方文明以理性与精神为基础的人生价值观：一切有益于生命及其延续的，就是有价值的；一切抵制生命、否定肉身存在与生命的，就是无价值的、需要被打碎的。尼采称之为用铁锤来思考——生命是敲击一切文化现象的铁锤，能经得起敲击的就保留，经不起敲击的就打碎。这种激进的文化价值观，被称为"尼采主义"。

---

[1] 尼采：《看哪这人：尼采自述》，张念东、凌素心译，中央编译出版社，2000年，第20页。

[2] 同上，第38页。

从这套以肉体—生命为中心的哲学来看,审美能不能经得起生命之锤的敲击?尼采给了这样一个回答:

> ……兽性快感和渴求的细腻神韵相混合,就是美学的状态。后者只出现在有能力使肉体的全部生命力具有丰盈的出让性和漫溢的那些天性身上;生命力始终是第一推动力。讲求实际的人,疲劳的人,衰竭的人,形容枯槁的人(譬如学者)绝不可能从艺术中得到什么感受,因为他们没有艺术的原始力,没有对财富的迫切要求。凡无力给予的人,也就无所得。①

"兽性快感""渴求"这些词的出现并被归为美学的状态,是对审美非功利性的挑战。诸种欲念的满足正是肉体的生命力的一部分,将肉体生命的快感,或者一种强力感,视为艺术的原始力,视为审美的快感,这是对18世纪的人所珍视的自由感、和谐感、秩序感、完美等被纳入美感的那种令精神愉悦的感受的挑战。这个挑战把肉体生命的一些亢奋状态视为艺术创造所应具有的状态和艺术欣赏所应引起的状态:

> 种种状态,使我们把事物神圣化和变得丰盈了,并且使事物诗化,直至这些事物重又反映出我们自身的丰盈和

---

① 尼采:《权力意志》,张念东、凌素心译,第253页。

生命欲望，它们是：性欲；醉意；食欲；春意；轻蔑；壮举；残暴；宗教情感和奋激。但其中三种要素是主要的：即性欲，醉意和残暴——这三者都属于人的最古老的喜庆之乐，它们在最初的"艺术家"身上似乎占压倒优势。①

性欲、醉和残暴这三种状态是生命力的丰盈状态，是艺术创造的原动力。而这三者中，醉又是能够将性欲与残暴统一于其下的最高状态，"醉"在尼采眼中简直就是人类一切创造力的源泉：

> 那种人们称之为醉的快乐状态，不折不扣是一种高度的强力感……时间感和空间感改变了：天涯海角一览无遗，简直像头一次得以尽收眼底；眼光伸展，投向更纷繁更辽远的事物，器官变而精微，可以明察瞬息；未卜先知，领悟力直达于蛛丝马迹，一种"智力的"敏感；强健，犹如肌肉中的一种支配感，犹如运动的敏捷和快乐，犹如绝技、冒险、无畏、置生死于度外……人生的所有这些高潮时刻相互激励；这一时刻的形象世界和想象世界化作提示满足着另一时刻：就这样，那些原本有理由互不相闻的种种状态终于并生互绕、相互合并。②

---

① 尼采：《悲剧的诞生——尼采美文选》，周国平译，生活·读书·新知三联书店，1986年，第253页。
② 同上，第350页。

醉的状态与静照的状态是相对的，醉是全身心的非理性状态，醉是表现性的，而不是沉思的。尼采认为艺术创造所需的生命状态是醉，是"禀性强健，精力过剩，像野兽一般充满情欲"；而艺术欣赏所引发的生命状态"一方面是旺盛的肉体活力向形象世界和意愿世界的涌流喷射，另一方面是借助崇高生活的形象和意愿对动物性机能的诱发；它是生命感的高涨，也是生命感的激发"[1]。生命感的高涨显然被视为审美与艺术活动的目的，尼采以此重新定义了艺术："艺术，无非就是艺术！它乃是使生命成为可能的壮举，是生命的诱惑者，是生命的伟大兴奋剂。艺术是对抗一切要否定生命的意志的唯一最佳对抗力，是反基督教的，反佛教的，尤其是反虚无主义的。艺术是对认识者的拯救——即拯救那个见到、想见到生命的恐怖和可疑性格的人，那个悲剧式的认识者。艺术是对行为者的拯救，也就是对那个不仅见到而且正在体验、想体验生命的恐怖和可疑性格的人的拯救。艺术是对受苦人的拯救——是通向痛苦和被希望、被神化、被圣化状态之路，痛苦变成伟大兴奋剂的一种形式。"[2]——艺术是生命的兴奋剂，这种兴奋作用，显然取代了审美，或者是静化的作用，成为艺术的核心目的。

兴奋的生命是具有生命感的，生命感不仅仅是精神性的，也是肉体性的，是肉身与精神的统一状态。将生命感视为审美

---

[1] 尼采:《悲剧的诞生——尼采美学文选》，周国平译，第351页。
[2] 尼采:《权力意志》，张念东、凌素心译，第443页。

与艺术欣赏的目的，其颠覆性的意义在于：从具体审美经验上看，审美不仅仅是静照，审美必能引起观者在情感上的变化，而情感变化必能导致生理上的和身体上的一些反应，如陶醉、性欲、愤怒、舒适、感伤等等，关键是如何看待这种反应。亚里士多德认为这些反应是需要通过宣泄而被扬弃的，是达到心灵平静的一个过程；尼采则认为这些反应本身就是目的，它们就是生命力提高的表现，是强健肉体的表现。"艺术＝健身"这个式子也可以改为"审美＝健身"。审美确实可以引发特殊的身心反应，这是事实，问题是怎么评价由审美引发的身心反应？把肉身引入审美中，这有违18世纪的人强调审美这一行为的初衷，因而是审美问题的巨大转变；美学生理学或审美生理学事关重大，关系到对整个审美观念的重估与对审美行为的重构。

尼采的这一主张意味着当我们在面对一个感性对象时，感到振奋、感动、手舞足蹈、泪流满面、紧张激动等时，都可以算"审美"；在艺术创造与艺术欣赏中，激情、欲望、想象力，一切生命活动力都得到了刺激与强化，这也算是审美。这令人难以接受，却深刻地影响了20世纪人们对于审美的认识。"审美"（aesthetic）这个词本来就有"感性"的含义，尼采的追随者们，特别是现代艺术家们，把感性感受的兴奋状态、肉体生命的兴奋状态视为审美应当达到的状态，这就是审美之中的尼采主义。尼采主义在20世纪得到了现象学，特别是梅洛-庞蒂的身体现象学的声援。

梅洛-庞蒂的身体现象学的中心原则是，人们关于世界最基本的经验是通过身体作为一个统一的"感觉—运动"场的运作而在前反思中产生的，而不是基于形而上学和认识论所认为的作为理性存在的人类心灵对客观世界的超然沉思，这是与理性主义哲学及康德哲学的不同之处。这样的主体不可能是纯粹的意识，而应该是一种"身体—主体"。梅洛-庞蒂借鉴了胡塞尔的"悬置"或中止判断的方法，给所有关于世界的客观概念"加括号"，从而回归到一种植根于生活世界的鲜活的身体经验，并将世界揭示为现象。从20世纪50年代后期开始，梅洛-庞蒂以"世界的肉"（*flesh of the world*）代替了早期的"身体—主体"概念，并表明经验的发生在于看和被看、触摸和被触摸的可逆性翻转，存在一种我和事物之间的相互重叠。[1] 事物的完整存在只有通过一个具身（作为具体的肉身）的感知者才会显现，这一过程源自人与世界的共同的感性构成元素"肉"，即"事物在我体内有一个内在的等价物；它们在我身上唤起了它们在场的化身模式"[2]。由此，梅洛-庞蒂从基于身体的知觉现象学走向了一种更为彻底

---

[1] Maurice Merleau-Ponty. *Visible and the Invisible*. Ed. Claude Lefort, trans. Alphonso Lingis. Evanston: Northwestern University Press, 1968. 引文与中译本略有不同，中译本见莫里斯·梅洛-庞蒂：《可见的与不可见的》，罗国祥译，商务印书馆，2008年，第166页。

[2] Maurice Merleau-Ponty, "Eye and Mind." In *The Merleau-Ponty Aesthetics Reader: Philosophy and Painting*. Eds. G. A. Johnson and M. B. Smith. Evanston: Northwestern University Press, 1993, pp. 125-126. 引文与中译本略有不同，中译本见莫里斯·梅洛-庞蒂：《梅洛-庞蒂文集》第8卷《眼与心·世界的散文》，杨大春译，商务印书馆，2019年，第36页。

的感性本体论,而审美在这种感性本体论的基础上,生长为一种基于肉身感性经验的感知活动。

通过这种感性本体论,"审美"(aesthetic)这个词最初的含义"感性学"得到了强调,"审美"这个词在当代更多地被理解为"感性化"与感性学,也就是关于肉身感知的学问。这个观念相对于立足于静照上的审美观,是反审美的,或者说——Undoing Aesthetics,这是当代美学家韦尔施用的一个短语,直译应当是"取消感性"或"取消审美"。[1] 取消了会怎么样?在他关于"日常生活审美化"的命题中我们可以发现,被取消了的"审美"实际上回到了感知活动,用肉身化的感性愉悦取代审美愉悦或者静照美学。

将肉体—生命的愉悦纳入审美与艺术欣赏中,这对于审美来说是一场自我颠覆,或者说是审美的泛化:能够让我们的肉体与生命获得刺激、更新与愉悦的文化形式、运动形式及社会交往形式都可以因此被纳入审美中。由此,18世纪中期产生的纯粹审美观念,最终在现实中发展成一种融合了肉身与生命感受之愉悦的复合的审美观,这种审美观渗透到了文化中的各个部分,最终全面推动了日常生活的审美化。

审美的诸种范式,是从历史上出现过的诸种审美观与审美实践中提炼出来的,这些审美观各领风骚,都有自己的全盛时

---

[1] Wulfgang Welsh. *Undoing Aesthetics*.

期，每种审美观都有历史反响，也有自己传递与深化的谱系，从而形成关于审美的诸种"主义"。这些范式之间有相互反对与冲突的一面，也有历史发展进程中的相互取代与吸收的一面，但它们通常是并置的。这种并置是因为每个时代体现着某种审美范式的艺术作品和审美经验被博物馆和图书馆并置在一起，共同构成了人类的文化积淀；更因为，人类的审美是多元的，每个人在不同的境遇与条件下会执不同的审美观，这些审美观或许是相异的、矛盾的，但彼此并不消灭对方。在审美方式上，文明史采取了一种更宽容的方式：各美其美，美人之美，美美与共。

第十章
艺术美

艺术的"审美性"本应是艺术最核心的属性，但近一百五十年来，随着艺术史学和艺术相关科学，如艺术社会学、艺术人类学、艺术传播学、艺术经济学等学科的发展，艺术承担的诸多社会功能得到了越来越多的重视，这让艺术的审美性在相关艺术体系中被弱化了，但艺术作品仍然是最普遍的审美对象。审美的诸种范式当然适用于艺术作品，通过这些范式欣赏艺术作品而获得的愉悦可以被称为广义的"艺术美"。但艺术作品作为人工创造物，它在审美上还有一些特殊性。简单地说，由于它是人类创造的，作为被创造的存在，人类的创造行为所具有的属性，是它的审美属性的基础。这种以人类"创造性行为"为对象的审美，构成了艺术作品狭义的"艺术美"。

有两个观念共同构成了艺术美的源头与原理，一是自由创造，二是自由愉悦。二者构成了"艺术美"这个词的基本内涵，包含着这样几层意思：首先，艺术是非功利性的，没有实用目的，或者说艺术是从实用目的中解脱出来的人类的技艺与生产活动，这就是艺术的非功利性；其次，这种没有现实功用目的的人类行为，又以人的精神愉悦与情感感动为主观目的，这种愉悦和情感感动由于不建立在具体的功用性之上，因此是一种非功利性的自由愉悦和自由情感，这是审美愉悦的根本特征，艺术作品存在的目的就是引发这种愉悦和这种情感；再次，艺术是自由创造的结果，不是按规则与程式进行的行为或生产，而且这种创造的自由可以被欣赏者感知到，作为自由创造的结果并引发自由愉悦，这就是现代意义上的"艺术"的根本特征，符合这种特征的艺术，就叫作"美的艺术"，由于它摆脱了实用目的，因此也可被称为"纯艺术"。对"美的艺术"的审美，都应当建立在对"美的艺术"的定义上。

第一节　美的艺术

今天我们所使用的"艺术"一词，其源头是"美的艺术"（fine art）这个词。据艺术史学家克里斯特勒追溯，"美的艺术"一词产生于18世纪中期，他将法国人夏尔·巴托视为"写专论确立美的艺术体系的第一人"[①]，因为巴托在其出版于1746年的著作《归结为同一原理的美的艺术》（*Les Beaux arts réduits à un même principe*）中以是否以"愉悦情感"或"人的需求"为对象将艺术分为"美的艺术""机械的艺术"等三类，并将"美的艺

---

① 保罗·奥斯卡·克里斯特勒:《文艺复兴时期的思想与艺术》，邵宏译，广西美术出版社，2017年，第232—233页。

术"的范围划定为音乐、诗、绘画、雕塑、舞蹈。①近七十年来，克里斯特勒的这个观点被普遍接受了，成为跨文化与跨时代的共识，这意味着，我们今天说"艺术"一词时，其主要内涵就是"美的艺术"。

"美的艺术"这个观念把以愉悦为目的的技艺和其他人类与实用性相关的技艺区分了开来，这一点得到了18世纪美学家和知识界的普遍接受，狄德罗、孟德斯鸠、达朗贝尔（D'Alembert，他根据巴托的原则，将"美的艺术"的范围重新划定为音乐、诗、绘画、雕塑、建筑，他以"建筑"代替了"舞蹈"）②都在理论上肯定了巴托的划分，巴托"美的艺术"体系也影响了之后欧洲大陆的一批美学家，如卢梭、休谟、康德、门德尔松等人。时至今日，巴托所划分出的五个门类的艺术，加上建筑（包括园林），再加上20世纪跻身其中的电影，构成了"美的艺术"的体系。

这七种艺术，如果可以用一个术语来概括，那么它们一定有其统一性，如此必须回答：它们因为什么而被看成一类事物？"美的艺术"这一术语的发明人，18世纪的法国神甫巴托对这个问题的回答是由两个层面构成的，一个层面是这些事物使人愉悦，另一个层面是这些愉悦来自模仿。前者是效果与功能，后者

---

① 夏尔·巴托：《归结为同一原理的美的艺术》（节选），高冀译，《外国美学》第32辑，2020年第1期，第8页。
② 保罗·奥斯卡·克里斯特勒：《文艺复兴时期的思想与艺术》，邵宏译，第235页。

是行为。在这本书的献词中,他提炼出的关于艺术的原理是:

> 所有这些原理在书中都被归结为对真实与简明之物的鉴赏,对优雅且不加任何矫饰的自然之物的鉴赏。这种鉴赏蕴含着一切美德的萌芽,让您一旦接触到艺术,便立刻产生亲近感。①

在巴托的这个概括中,"美的艺术"之"美"(fine),就是指"真实、简明与优雅、自然",且美的艺术是以令人愉悦为目的的。在进行艺术类型的划分时,巴托提出了这样一个新的尺度:

> 有的艺术以人的需求为对象。从人诞生之日起,自然似乎就对其无暇顾及,并让人经受寒冷、饥饿以及种种恶的侵袭。人唯有靠勤劳工作,才能获得必要的治疗和防护。这便是机械艺术的来源。
> 其他艺术则以愉悦为对象。这些艺术只可能诞生于快乐,以及另外一些源于富足和安宁的情感。我们称之为最典型的美的艺术,如音乐、诗、绘画、雕塑,还有动作的艺术,即舞蹈。
> 第三种类型包括既追求实用、又使人愉悦的艺术,如

---

① Clarles Batteux. "Epistle Dedicatory." In *The Fine Arts Reduced to a Single Principle*. Trans. James O. Young. Oxford: Oxford University Press, 2015.

演讲术和建筑。它们因需求而出现,因趣味而臻于完善。它们居于另外两种类型的艺术中间,并分享其愉悦性和实用性。①

愉悦显然是划分三种艺术类型的尺度,这一点是18世纪艺术观的创新之处。那么,艺术带来的是什么样的愉悦?巴托没有对这种愉悦进行深入分析。18世纪最主流的美学理论认为,审美愉悦来自"对于完美的感觉":

> "愉悦"源于对我们或其它事物中的"完美"或者"卓越"的感觉。其它事物的完美也是令人赞同的,比如理解力,勇气,特别是他人的美,或者动物甚至无生命物的完美,一张画或者一件手工艺品的完美,等等。②

这段话中所说的"完美"(perfect)是指"秩序""比例""和谐"三个词的结合。18世纪的德国美学家沃尔夫举了绘画、钟表制造和建筑的例子来说明他所主张的愉悦源自对"完美"的直觉:

> 如果我看一幅画——而这幅画与被表现的某物相似——并且沉思这一相似性,那么我就会得到愉悦。一幅画的完美

---

① 夏尔·巴托:《归结为同一原理的美的艺术》(节选),高冀译,《外国美学》第32辑,2020年第1期,第8—9页。

② Paul Guyer. *A History of Modern Aesthetics*, vol. 1, p. 51.

是由它之中的相似性构成的。……在对相似性的直觉中会产生愉悦，因而这愉悦也是从对完善的直觉中产生的。我先前已经说明钟表的完美产生于时间的正确显示。无论谁看到钟表准确地显示时间都会从中获得愉悦。因而这里的愉悦也是来自对于完美的直觉性的认识。同样的，如果一位建筑的行家或者鉴赏家沉思一座根据建筑的法则修建的建筑，他就能认识到其中的完美，由于经验确证他能在之中获得愉悦，这就清楚地表明，愉悦源自对于完美的直觉。[①]

这段引文中的结论是18世纪艺术理论的核心观念，但其中的问题是，钟表制造并不是"美的艺术"，有许多工艺也有对"完美"的追求，几何学与天文学同样关注"完美"，因此，仅仅靠"非功利性的愉悦"，不足以把艺术与科学、与道德行为区分开来，还需要通过"对非功利性的愉悦"进行进一步的细分，来确立"美的艺术"的内涵，这个任务是由康德完成的。

康德对"美的艺术"（schönen Kunst）的看法继承了巴托的基本观念。康德知道巴托关于"美的艺术"的划分，并接受了这个划分，但他深入地辨析了一种自由的、以非功利性的愉悦为目的的艺术是否可能。康德从自然美处得到了相应的启示。他认为人们对于自然美的智性的兴趣，不仅仅关乎对象的形式，还关心对象的存有，而模仿性艺术所能引起的是鉴赏者的一种以

[①] Paul Guyer. *A History of Modern Aesthetics*, vol. 1, p. 56.

装饰（或社交）为目的的经验性的兴趣，从这个意义上，自然美是高于艺术美的，因为对自然美的兴趣与对道德的兴趣是具亲缘性的，而模仿性的艺术的美，源于一种以装饰为目的的虚荣的兴趣。他举了个著名的例子来说明他对模仿的艺术的否定：

> 有什么比在宁静夏夜柔和的月光下，在寂寞的灌木丛中夜莺那迷人而美妙的鸣啭，得到诗人更高赞赏的呢？然而我们有这样的实例，即人们并没有在那里发现任何唱歌的夜莺，而是某位诙谐的店主为了使那些投宿到他这里来享受乡下新鲜空气的客人们得到最大的满足，而以这种方式欺骗他们，他把一个恶作剧的男孩藏进灌木丛，这男孩懂得如何最近似于自然地模仿这种鸟鸣（用芦苇或嘴里的哨管）。一旦人们发现这是个骗局，就没有人会继续忍受着去听这种先前被认为是如此有魅力的歌声了；其他任何鸣禽的情况也是如此。①

这个案例说明，鉴赏模仿的艺术不会引发巴托所说的那种非功利性的愉悦，它总是被经验性的功利性兴趣引领着，而"模仿"本身是不是能带来愉悦，康德也是怀疑的。那么，自然美是如何让我们获得直接的兴趣的？康德认为："大自然在其美的产物身上，不是通过偶然，而是仿佛有意地按照合目的性

---

① 康德：《判断力批判》，邓晓芒译，杨祖陶校，第145页。

的安排和作为无目的的合目的性,而表现为艺术;它的目的既然我们在外面任何地方都找不到它,我们当然就在我们自身中寻求,确切地说,在构成我们存有的终极目的的东西中、亦即在道德使命中寻求。"① 这句话所说的自然美是"仿佛有意地按照合目的性的安排和作为无目的的合目的性",而传统意义上的艺术正是合目的性的,但显得是无目的性的。康德由此设计了一个定义"美的艺术"的方案——让"艺术"显现出"自然的美"。

艺术是合目的性的,自然之美是直接的,是无目的的合目的性。如果"美的艺术"能摆脱"模仿的艺术"的间接性,摆脱"机械的艺术"的合目的性,达到无目的的合目的性,让欣赏者产生直接的兴趣,那么就可以获得自己的独立性。为此康德给出了关于艺术的一般观念——"自由的艺术"(free art)。

"Free art"(德文是 freie Kunst)这个词是康德艺术观的主体,其内涵有两重:第一重是指"liberal arts"这个传统概念。这个传统概念来自古典时代,"liberal"最初的意思是"自由民的",也就是把希腊人的艺术分为自由民所从事的和奴隶所从事的艺术,前者是"liberal arts",通常译作"自由的艺术"(指三科四艺:修辞、语法、逻辑;数学、几何、天文、音乐),后来也译为"文科",康德接受了这个词所指的"自愿且自主地从事艺术"这层意思,所以康德的英译者常常把"freie Kunst"译为"liberal

---

① 康德:《判断力批判》,邓晓芒译,杨祖陶校,第143—144页。

arts"。第二重意思是由"自由创造"而来的艺术，这是康德主要想表达的意思。"Free art"显然是针对"机械的艺术"和"模仿的艺术"而言的，康德通过比较自然美之后，认为"自由的艺术"的内涵先要有三个方面的特征：

首先，他认为："我们出于正当的理由只应当把通过自由而生产、也就是把通过以理性为其行动的基础的某种任意性而进行的生产，称之为艺术。"[1] 以理性为基础，意味着是以"主观合目的性"为基础，但又是具任意性的。这是双重的自由，前者构成了主体的自由，即以主体的理性构想为出发点，也以主体为目的；后者构成了行为的自由。以理性为基础的自由决定了艺术是人创造的，因为只有人才有理性，它为理性的需求服务，而不是为某个外在目的，在这个意义上它是反对"机械的艺术"的，而行为的自由则是反对模仿的。

其次，"自由的艺术"是非概念性的，或者说非知性化的，因为"只有那种我们即使最完备地知道但却还并不因此就立刻拥有去做的熟巧的事，才在这种意义上属于艺术"[2]。这说明自由的艺术是行动的技艺而不是知识，不是知性认知的结果，而是由知性与理性之外的行动的能力决定的。

再次，"自由的艺术"像游戏一样，是使人快适而又能得出合乎目的的结果的行为，而不是为了报酬的强制性行为。自由

---

[1] 康德：《判断力批判》，邓晓芒译，杨祖陶校，第146页。
[2] 同上。

的艺术与雇佣的艺术相对,自由的艺术是非功利性的,以愉悦为目的,而不是为了报酬。这是它和手艺的区别之一。同时,康德接受了这个观点:让艺术摆脱它的一切强制而从劳动转化为单纯的游戏,这样能促进自由的艺术。

这三条主要是通过自由的艺术与其他艺术之区别,而完成对前者的定义,第一条也反对了艺术中的模仿论。这三个观念奠定了现代艺术观的基础——美的艺术是自由的艺术。非功利性和自由愉悦构成了美的艺术的基本内涵,而我们对于美的艺术的欣赏,因此必须以自由愉悦为尺度,必须从非功利性的角度来直观艺术和评价艺术。

第二节　艺术美与自由愉悦

艺术是用来审美的——这是现代艺术观念的核心部分,"美的艺术"应当是"审美的"。什么是审美?现代审美观可以这样来概括:直观一个对象,我们会获得对象的表象,而表象是人的知性和想象力共同的结果。一旦在表象中二者有一种自由游戏般的和谐,并引发"想象力和知性的自由游戏中的内心状态",而这种内心状态是普遍能传达的,通过反思判断力我们可以判断出这种内心状态,就会产生愉悦,对象因此就可以被判定为"美的"。[①]

[①] 概括自康德:《判断力批判》,邓晓芒译,杨祖陶校,第52—53页。

这种愉悦康德称之为"自由愉悦"。对这种审美观还可以给出一个更简明的概念：审美是对表象力的自由游戏所带来的自由愉悦的反思判断。正是以这种自由愉悦为基点，现代艺术确立起了自己的根本特征。

总体来说，艺术美是对艺术所带给我们的"自由愉悦"的指称。艺术美带给我们两种自由愉悦：直接的自由愉悦和间接的自由愉悦。直接的自由愉悦是指艺术作品的感性因素，如色彩、线条、节奏、结构等因素可以直接作用于人的感官，比如色彩表现为主导的绘画、装饰艺术，以及音乐，都会带来感觉上的快适，是感觉的松弛与紧张之间的自由变化所带来的愉悦，康德称之为"感觉的美的游戏"。音乐和色彩性艺术带给我们的是能普遍传达的感觉，成为审美对象的并不是这些感觉本身，而是"这感觉所属的那种感官的各种不同的情绪程度（紧张度）的比例，也就是这感官的调子"[①]。这意味着单纯的声音本身，声音的质感，是感官的快适，即"好听"，是"美的游戏"：要么是听觉感觉和知性的自由游戏，要么是听觉感觉与理性的自由游戏。而色彩性艺术，如果是单纯的色彩，那么是感觉的快适；如果是以色彩的构成关系为表现对象的，则是"美的游戏"，是视觉感觉和知性的自由游戏。这一类可以称之为"感觉的美的游戏"的艺术（现代派艺术大部分可以归于此类），带给我们的是直接的自由愉悦。

---

① 康德：《判断力批判》，邓晓芒译，杨祖陶校，第169页。

艺术所带来的间接的自由愉悦是指，艺术作品自身作为人类因某种目的而创作的结果，具有合目的性的构成原则，而艺术作品的目的往往是功利性的与观念性的，往往承担着某种器物性的功能，比如宗教用的法器，或者意识形态宣传用的图像。对艺术作品之内容的认识所带来的愉悦，并不是一种自由愉悦。但是现实的情况是，有许多艺术作品，其原来的功能与目的，往往被遗忘与忽略，这就会出现这样一个情况：作品是合某种功利目的的，但这一目的被遗忘了，结果我们能够感受到作品是合目的性的，但又不知道是什么目的，这会造成人为的作品之无目的的合目的性。这些作品因此可以带给我们自由愉悦。这大概就是上面提到的康德这句暧昧的话想要表达的意思："美是一个对象的合目的性形式，如果这形式是没有一个目的的表象而在对象身上被知觉到的话。"[1]这就意味着，一只元代的青花梅瓶，它本身是合目的性的存在，但当今天它被放进博物馆或者放在酒店的大堂里做摆件，那么它的原来的目的就被遗忘了，它的目的就不会被我们所知觉到，尽管它曾经是合目的性的。这是一种奇怪的感受，知道对象是合目的性或者合规律性的，却不知道是什么目的或规律，从而把审美者从合目的性的认知中解放出来，享受合目的性的形式，却不被目的所约束或引导，这是一种间接的自由愉悦。

在艺术中，还有一个现象：当一个艺术家进行艺术创作时，

---

[1] 康德：《判断力批判》，邓晓芒译，杨祖陶校，第72页。

如果他的创作不受技术、程序、流派及前贤的影响，或者说，超越了他者的影响，达到无法而法、博采众长而有自己的风格与气度，走出了必然王国而到达自由王国，那么，这个艺术家的创作就进入了一种自由游戏的状态，这个状态在中国的艺术史上非常被推崇，比如张旭在写草书时的状态、吴道子绘画时的状态、李白斗酒诗百篇的状态，他们在创作中进入了一种自由游戏的状态，无所拘束，从心所欲，甚至无心无欲。这种状态在自然美和具体的艺术作品中可以被感受到：如果我们把自然之美、自然之奇崛，作为大自然自由创造的结果，那么自然之美感，正是这种创造的自由感，这是我们可以感受到的；在人类的艺术作品中，一幅由到达了自由王国的艺术家自由创造的成熟之作，不同于一个临摹性的、刻板的、程序化的、滞涩的作品，不同于一个由工匠式的熟巧制作出的作品，其创造性和创造性本身的自由感是其美感的来源。自由创造这种状态本身是令人愉悦的，这意味着，是自由创造这一行为，而不是某种意义的实现或功能的满足令我们愉悦，因此，这是一种非功利性的、非概念性的愉悦，是自由愉悦。

但这观念还有一种更激进的状态：一部分当代艺术家通过一种非技艺化的、无目的的、无意识的即兴创作行为，创作出具有偶发性的、无意图的、无内涵的艺术作品，这些作品激进地呈现着"自由创造"这个观念，表现着"非功利性"与"无目的性"这些观念，尽管他们的创作并不是真正意义上的自由，而是被偶然性操控的一次随机之作，但这种行为仍然可以用自由创造来为自己辩护,或者用这种行为去对抗或挑衅一些现成的艺术观与艺术体制。这在当代艺术中体现在达达主义、大地艺术、涂鸦艺术、抽象表现主义等艺术创作中,尽管这些类型的作品由于在内容上的茫然而令人觉得乏味,但毕竟它们用一种不太高明的方式强调了自由创造和通过自由创造获得的自由愉悦。

艺术美与自由愉悦的关联还体现在,艺术家还可以通过对形式语言的探究,捕捉纯形式带给我们的感受,由此去提炼、概括形式因素所具有的意味,这种艺术的审美效果,可以用康德所说的由纯形式引发的自由愉悦来进行解释。因此,当代的形式主义、立体主义、抽象主义、野兽派、国际表现主义,都可以用康德的自由愉悦理论为自己辩护,宣称自己的艺术是非功利性的、无目的的、非概念的,是直觉式的自由创造。艺术中的形式主义以此把自身的美感,落实在自由愉悦之上,并且把形式化的艺术作为追求自由愉悦的一种有效手段。

在艺术美之中,还有一个部分与自由愉悦相关——作品中的形象与作品的整体构成所呈现出的气韵生动。"生动"这个词指称这样一个状态:对对象之形象的呈现,不仅仅具有真实感,更关键的是,让对象具有动态感和生命感,这种动态感,这种生命感,使形象具有了生机与活力。这种生机与活力会像自然物一样,让我们感到欣喜,这实际上是自然物和人的"生动"在艺术中的间接呈现。这种生动在美学史上常常被视为艺术美的本质,黑格尔就认为:"……艺术的要务正在于消除单纯自然与精神之间的差异,使外在形体成为美的,彻底塑造过的,受到生气灌注的,在精神上是活的形象。"①而按席勒所言:"活的形象,这个概念用以表示现象的一切审美特性。"②

把艺术作品塑造的形象所体现出来的充满生气与精神活力的、栩栩如生的、生动的状态视为艺术之"美",这是各个民族普遍的审美经验,这种"生动感"并不受制于对象自身的美丑与善恶,它是非概念性的;这种生动感也无关乎功利目的的满足。从这个意义上说,由生动感引发的愉悦,是一种自由愉悦。只要艺术塑造出了生动的形象,它实际上也就借助这一形式激发了自由愉悦。

"生动"的感受还不止于形象。实际上,对艺术语言的运用,比如笔触、墨法、肌理、光影变化、线条变化、造型、节奏等方面,都有其生动的一面,这种生动是由技艺上的熟练、精巧与天赋造就的,是对艺术语言的精妙之处的领会及其运用的结果,中国古人对技艺的评价有"能、神、妙、逸"之说,其中的妙与逸,就指称着这种艺术语言上的、技艺上的生动。

"生动"还可以是整幅作品体现出的整体的韵味与生气。当一件作品有一种统一性,形成了自己的调子或气息,有一种可感觉到的整体性,亦即18世纪欧洲人所说的作品有"精神"或者有种"说不清的什么",或者中国古代的批评语言所说的"风神"或"气韵",并且产生了言有尽而意无穷的效果,那么这样的作品就是生动的。这与作品的主题及其传达的内容没有直接

---

① 黑格尔:《美学》第二卷,朱光潜译,第166页。
② 席勒:《审美教育书简》,冯至、范大灿译,北京大学出版社,1985年,第77页。

关系，而与作品的艺术境界、与艺术家的自由创造有关，是作品整体呈现出的一种内在的整一性。这种整一性，使作品是灌注生气的，并且形成一个黑格尔所说的"完美的整体"："整个形象仍然是气韵生动，和精神生活是处在不可分割的同一体内，本身坚固的部分与本身柔弱的部分并不是互相脱节的，精神并没有脱离肉体而上升，而是双方形成一个完美的整体，流露出精神的镇静自持、雍容肃穆的气象。"①

虽然艺术中的自由愉悦有形式主义倾向，但艺术在技艺上的自由，想象力的自由游戏在各个构成要素上的生动，是艺术之美的最直观的部分；内容上的真理性当然是不可或缺的，但没有自由愉悦，艺术就不是审美的。

第三节　艺术美与自由创造

大自然会创造出美的自然，无论是自然之美，还是自然之崇高，都是大自然自由创造的结果。大自然的创造是非功利性的、无目的性的，但又不经意间体现出了某种合目的性。大自然创造出的自然美，按康德的分析，是鉴赏者的想象力的自由游戏与知性的合规律性的统一，是自由游戏与自由愉悦的统一。对此可以更进一步地概括：自然美的本质，是自由感。按这种对于自然美的认

---

① 黑格尔：《美学》第二卷，朱光潜译，第230页。

识,艺术是人按某种目的而生产的,那么它能不能具有这种自然的"美"?康德否定了机械的艺术和模仿的艺术,机械的艺术的生产是被实用目的控制的,是不自由的;模仿的艺术是欺骗的和装饰性的,不是非功利性的,那么"美的艺术"之"美",应当体现出自由游戏与自由愉悦。但问题是,怎么才能创造出这样的艺术?

只有当艺术家成为"天才"这种自然之子,可以像大自然一样进行非功利性的、非概念的、无目的而又合目的性的、无法被模仿的创造,才能创造出"美的艺术"。这类作为自然之子的艺术家,康德称之为"天才"。天才是自然之子,是自然本身的产物,只有自然之子才能像大自然一样进行创造;只有天才才能靠自身的独特能力,创造出"美的艺术"。"美的艺术"一定是天才的艺术。这是康德美学得出的一个非常激进的结论,因为它把"美的艺术"收缩得非常小,小到只有"天才"创造的才是"美的艺术"。这显然是一种理想化的艺术观,但这个艺术观提出了一套现代艺术遵循的根本原则——自由创造及其独创性。

艺术作品的生产过程,是一个合目的性的过程,既要遵循技艺上的熟巧,又要体现创作本身的目的,从本质上讲它是不自由的,但这样的话,它就达不到"美"。作为"美的艺术",它必须体现出自由游戏与自由愉悦。这就要求艺术的创作过程,必须有自由游戏的一面。康德想出了一个这样的办法:

> 所以美的艺术作品里的合目的性,尽管它是有意的,但却不显得是有意的;就是说,美的艺术必须看起来像是自然,

虽然人们意识到它是艺术。但一个艺术品显得像是自然却是由于,尽管这产品惟有按照规则才能成为它应当所是的那个东西,而在与这规则的符合中看得出是一丝不苟的;但却并不刻板,看不出训练有素的样子,也就是不露出有这规则悬于艺术家眼前并将束缚套在他的内心能力之上的痕迹来。①

美的艺术必须看起来像是自然,这意味着艺术虽然是合目的性的,但不是有意合目的性的;它虽然服从规则,但仍然有一种自由感。无法而法的自由创造和技艺上的"出神入化",一直是艺术创造的至高境界,这个观念在艺术领域中是普遍经验。问题是,这个状态是怎么达到的?这需要完成两个辩证统一:艺术创作中合规则的生产与艺术创作的自由之间的统一;艺术创作的合目的性,或者说合观念性与艺术作品的无目的性之间的统一。这似乎是只有大自然才能完成的统一,那么就由大自然来完成。康德为此在理论上设想出了把艺术家自然化,让艺术家成为自然之子——天才。

首先,美的艺术是规则与自由创造的统一。"美的艺术不能为自己想出它应当据以完成其作品的规则来。既然没有先行的规则一个作品就仍然绝对不能被叫作艺术,那么自然就必须在主体中(并通过主体各种能力的配合)给艺术提供规则,就是说,美的艺术只有作为天才的作品才是可能的。"②不遵循规则的自由

---

① 康德:《判断力批判》,邓晓芒译,杨祖陶校,第150页。
② 同上,第151页。

创造是天才的特性，但天才自己为艺术提供规则。在这个意义上天才的创造又是合规则的，合自己的规则，因此，天才是规则与自由创造的统一。

通过这种自由创造，天才实现了独创性、典范性和理念传达三者的统一[①]，这就奠定了现代艺术观的基本原则：艺术创作是非熟巧的独创，它不能来自模仿。艺术创作的过程不是一个可知性认识的过程，这种独创的艺术堪为典范，并颁布规则，但天才不知其然而然。天才本质上是"没有任何科学能够教会也没有任何勤奋能够学到的那种幸运的比例"[②]。这种幸运的比例别人也学不去，无法在人与人之间传递，但大自然会偶然地在另一个个体处让它再次出现。这个个体不需要指导，他所需要的只不过是一个榜样，以便让他在自己身上意识到这种幸运比例的存在。

在这种天才面前，既有的方法、技艺上的熟巧、创作法则、师承、典范等都是无意义的，他的作品无法被仿造，无法被因袭。天才就是"一个主体在自由运用其诸认识能力方面的禀赋的典范式的独创性"[③]。自由创造及其独创性，由此变成了我们这个时代对于艺术的核心要求，不自由的和非独创的艺术，只是由于宽容，才被纳入艺术中来。问题是，这种自由创造是靠什么能力实现的？

[①] 对天才之内涵的全面阐释，见康德:《判断力批判》，邓晓芒译，杨祖陶校，第151页。

[②] 同上，第161页。

[③] 同上，第163页。

靠（作为一种理性理念的）审美理念、想象力和知性。审美理念作为想象力的一种加入给予概念之中的表象，这表象在想象力的自由运用中，将诸多表象结合起来，让人从一个概念联想到许多不可言说的东西，从而让作品有"精神"。审美理念既具有理性概念的一般性，但又有表象的多义性，是概念的确定性与意义的丰富性之间的统一。

天才拥有丰富的想象力，而想象力的任务是为知性提供材料。知性在艺术创作中保证着艺术的合目的性，但天才的知性却以一种奇特的方式呈现出来，这种知性没有任何科学能够教会，也没有任何勤奋能够学到，它能够"为一个给予的概念找到各种理念，另一方面又对这些理念加以表达，通过这种表达，那由此引起的内心主观情绪，作为一个概念的伴随物，就可以传达给别人"。天才能够对理念加以表达，又能够引起内心的主观情绪，这是一种独特的"精神的才能"，它可以通过具体的媒介，比如语言，或绘画，或雕塑，把内心状态中不可言说的东西通过某个表象表达出来并使之可普遍传达。这种特殊的传达能力，是天才之知性的体现。

天才的这种知性能力本质上是"一种把想像力的转瞬即逝的游戏把握住并结合进一个概念中（这概念正因此而是独创的，同时又展示出一条不能从任何先行的原则和榜样中推出来的规则）的能力，这概念就能够没有规则的强制而被传达"[①]。这种能

---

① 康德：《判断力批判》，邓晓芒译，杨祖陶校，第162页。

力让想象力的自由游戏和意义传达结合在一起,也就是让自由愉悦与通过审美理念进行的意义传达结合在一起。

通过天才,康德确立起了天才的"自由创造及其作品的独创性"这个现代艺术的核心观念。这个观念在 19 世纪之前是不可思议的,因为艺术在技艺上,由于师徒相传式的艺术教育和以临摹为主的造型能力的训练,使得艺术家们在材料与工艺过程中,都是按规则与程式展开的,鲜能自由创造并获得独创性;在内容上,造型艺术在宗教、神话和历史中寻找题材,集中在相对较小的范围内进行命题创作,还要满足订货人的要求,因而在内容上不是一个自由创造的领域。但是天才能自由创造,拥有天才才能的人创造出了具有独创性的作品,这些作品不因袭,非矫枉,孤踪独响,悠然自得。这种自由创造的自由感,一方面是艺术语言的应用与技艺上的独特性与自由感,这会带来自由愉悦;另一方面是审美理念在内容方面带来的独创性,这会使得作品具有独到的精神内涵;二者共同成为"美的艺术"的规定性与尺度,成为艺术之"美"的内涵。

第四节 艺术美与真理性内容

自由愉悦只能阐释艺术的形式美,艺术的精神内涵的部分怎么解释?康德认为在自然之崇高的判断中,理念会参与其中,"自然的崇高"是想象力以其自由游戏而与理念的协和一致所产生的"内心情调"合目的性相统一的结果,是想象力和理性理念的游戏通过它们之间的对照而表现出的主观合目的性。[1] 这就使得崇高判断具有精神内涵,而艺术的精神内涵也可以这样获得,只不过在艺术中是"审美理念"[2]与想象力自由游戏。康德甚至认为:"我们可以一般地把美(不管它是自然美还是艺术美)称之为对审美理念的表达:只是在美的艺术中这个理念必须通过一个客体概念来引发,而在美的自然中,为了唤起和传达那被看作由那个客体来表达的理念,却只要有对一个给予的直观的反思就够了,而不需要有关一个应当是对象的东西的概念。"[3] 既然"美"就是"审美理念"的表达,那么"美的艺术"就是表达"审美理念"的艺术,由于道德理念和审美理念的亲缘性关系,"艺术美是理念的感性显现"这一命题就是顺理成章的。

"审美理念"是康德艺术理论的核心,也是现代艺术观的核心。他最终提出了这样一种艺术观——天才通过想象力感悟到"精神"或者"审美理念"这种内心状态中不可言说的东西,并通过想象力将之独创式地借某种媒介呈现出来,这就是艺术。[4] 结合他对自然之崇高的认识——想象力的自由游戏与理性理念

---

[1] 这个结论的得出见《判断力批判》第26、27节的论述,中译本见康德:《判断力批判》,邓晓芒译,杨祖陶校,第95、97页。
[2] 对"审美理念"的提出、内涵、在康德美学体系中的作用等问题的更深入的讨论,见刘旭光:《论"审美理念"在康德美学中的作用——重构康德美学的一种可能》,《学术月刊》2017年第8期,第141—151页。
[3] 康德:《判断力批判》,邓晓芒译,杨祖陶校,第165页。
[4] 概括自康德:《判断力批判》,邓晓芒译,杨祖陶校,第161页。

的和谐的内心情调,我们可以引申出"艺术美"(Künsteschönheit)的本质——想象力的自由游戏与审美理念的和谐的内心情调。这个观念在德国古典美学的发展中得到深化。席勒在其所著的《论美书简》中有一篇名为《艺术美》的文章,提出:"美的根据到处都是现象中的自由。我们关于美的表象的根据是自由中的技艺。"①由此可以推论艺术作品之美是自由的双重表现:一重是对象的自由状态,另一重是艺术家自由地描绘对象。

这个观念显然是对康德的"美的艺术"之观念的引申,但席勒将其转化为一些更具有口号性质的表述——美即"现象中的自由"②!"我们所谓美的东西,仅仅由于它的技艺中的自由才获得这种称号……一切通常称为生硬的东西,不是别的,就是与自由相对立的东西。"③通过这些具有煽情性的命题,席勒把"自由的艺术"这一观念,与"艺术美"结合起来,让自由成为"艺术美"的本质,并且把审美与艺术欣赏转化为这样一种观念——展示自己的自由与维护别人的自由。④这个观念再转向为一个现代性的呼告:审美趣味的王国是自由的王国——美的感性世界应该是类似于道德世界的最好的象征,在我之外的任何一个美的自然产品,都是幸福的公民,它大声呼吁着:"像我一样地自由

---

① 具体的表述见席勒:《审美教育书简》,张玉能译,译林出版社,2012年,第125页。
② 同上,第123页。
③ 同上,第137—138页。
④ 同上,第138页。

吧！"[①]康德对"美的艺术"的原理性奠基，在席勒并不忠实的阐释下，成为以自由为中心和目的的艺术，"自由的艺术"与"美的艺术"两个观念统一了起来，自由感成为艺术作品的美感，自由创造成为艺术技艺的本质，"对象"的自由状态成为艺术的对象。观照自由——这构成了席勒对于艺术与审美的两种行为的共同本质。

但是，这个审美理念在内涵上是空洞的，它只是理性理念的表象化，无法呈现更具体的社会历史内涵。而且，审美理念实际上是天才的自然能力，只要是来自自然的能力，就还不是真正自由的。这一点在黑格尔美学中得到了弥补。黑格尔继承了康德关于"自由创造"的观念，也继承了康德的"审美理念"的观念，但不同之处在于，康德将自由创造的主体与审美理念的来源，确立为"天才"这一自然力量，他参照自然美来建构艺术美，但黑格尔把自由创造的主体与理念的主体，都确立为人的"自由理性"。

自康德以后，"艺术是自由的"这一观念深入人心，黑格尔继承了这一点："艺术确实不是无所依赖的自由的，而是服从于某种目的的。但是我们所要讨论的艺术无论是就目的还是就手段来说，都是自由的艺术。……只有靠它的这种自由性，美的艺术才成为真正的艺术，只有在它和宗教与哲学处在同一境界，成为认识和表现神圣性、人类的最深刻的旨趣以及心灵的

[①] 席勒：《审美教育书简》，张玉能译，第138页。

最深广的真理的一种方式和手段时，艺术才算尽了它的最高职责。"① "自由性"是"美的艺术"的根本规定性，艺术的目的是自由选择的，艺术的过程是自由创造的，但黑格尔立即给予了"美的艺术"一个任务：认识和表现神圣性、人类的最深刻的旨趣以及心灵的最深广的真理。这个任务显然不是"天才"所能完成的任务，这是对一个智慧的心灵的要求，是只有理性才能完成的任务，为此，黑格尔认为"美的艺术"一定是建立在自由理性的基础上的。

"自由理性"是什么意思？它有这样几重意思：首先，我们生活在一个感性的世界里，我们可以通过直观和知性把握这个世界，但还有一个具有深度的世界，一个超感性的世界，这个世界是现实世界的彼岸，是直观和感觉达不到的，是自然和心灵中永恒而实在的东西，但人类的理性可以认识到它，理性可以从此岸，也就是感性世界和有限世界中解脱出来，进入或者说认知到这个超感性的世界，从这个意义上说，人类的认识能力中只有理性才是自由的。其次，感性世界所现出的形状是一大堆杂乱而偶然的东西，被感性事物的直接性以及情况、事态、性格等偶然性歪曲了②，但理性可以把这个世界理解为一个整体，可以捕捉到其中真实而客观的部分。理性不受这个世界的约束，它可以自由地对这个世界进行整理与加工，并发现其中的真实。

---

① 黑格尔：《美学》第一卷，朱光潜译，第10页。
② 同上。

再次，理性可以满足心灵的这样一种需要："人要把内在世界和外在世界作为对象，提升到心灵的意识面前，以便从这些对象中认识他自己。当他一方面把凡是存在的东西在内心里化成'为他自己的'（自己可以认识的），另一方面也把这'自为的存在'实现于外在世界，因而就在这种自我复现中，把存在于自己内心世界里的东西，为自己也为旁人，化成观照和认识的对象时，他就满足了上述那种心灵自由的需要。"[1]——以上三重内涵的结合就是"自由理性"的内涵。

当人类的艺术创造基于"自由理性"时，艺术就可以"使现象的真实意蕴从这种虚幻世界的外形和幻相之中解脱出来，使现象具有更高的由心灵产生的实在。因此，艺术不仅不是空洞的显现（外形），而且比起日常现实世界反而是更高的实在，更真实的客观存在"[2]；就可以用来表现客观世界中的"普遍力量"和"本质存在"，可以用来发现"自在自为"的东西；就可以在外在世界中自由地确证自己。当艺术家以其"自由理性"进行艺术创造时，艺术作品可以在内容上，摆脱模仿论和实用目的的束缚，而成为心灵确证自己和理性展示自己的领地。自由的艺术至此贯彻了自己的自由，"美的艺术"在内容方面也实现了自己的自由。

黑格尔的努力，使得艺术成为心灵的最高旨趣之一。席勒

---

[1] 黑格尔：《美学》第一卷，朱光潜译，第40页。
[2] 同上，第12页。

曾经意识到艺术的使命是实现人的感性与理性的统一，黑格尔则兑现了这种统一，他认为艺术作为自由理性的产品，可以发现世界的各个方面所包含的矛盾冲突，并且能够为冲突找到和解之路，"艺术美"在他看来，就是被表现出来的"矛盾的和解"。这就是说，美的艺术总是反思并解决某些矛盾，尽管在现实中这些矛盾得不到解决，但在艺术中，矛盾应当得到和解。当艺术表现这些矛盾时，黑格尔称之为"艺术的真实"；而当矛盾在艺术中得到解决时，黑格尔称之为"艺术美"。——"艺术的使命在于用感性的艺术形象的形式去显现真实，去表现上文所说的那种和解了的矛盾，因此艺术有它自己的目的，这目的就是这里所说的显现和表现。"[1]

从康德关于自由愉悦与自由创造以及审美理念的表现，到席勒所说的"观照自由"，再到黑格尔把艺术美理解为让"自由理性"来和解精神与现实中的矛盾，"艺术美"（beauty of art）这个观念挣脱了模仿论对于真实的要求，挣脱了道德主义关于功能性的要求，也挣脱了理性主义关于完美的要求。"自由"观念贯彻到艺术的手段、目的、鉴赏、美感各个方面，一个以"自由"为拱顶石的艺术观念体系确立起来，并随着审美现代性的传播而对中西方各民族国家的艺术观产生了深远的影响。

从审美的角度来观照艺术的自由与艺术的美，并且用"自由"来定义"艺术美"，最终形成了这样一种艺术观：艺术是非

---

[1] 黑格尔：《美学》第一卷，朱光潜译，第66页。

功利性的，是审美的；艺术的美来自艺术家的自由创造与作品所引发的自由愉悦，以及艺术所呈现出的自由理性对世界的反思与认识。关于"艺术美"的这一系列观念一直持续到20世纪初期，第一次先锋运动挑战了这个观念，20世纪中期的第二次先锋运动再次挑战了这个观念。

所有关于"美的艺术"的挑战，可以归结为以下几点：一是怀疑艺术的非功利性，工艺美术、时尚艺术、设计艺术都是功利性的，非功利性造成了艺术与生活的脱节，因此人们试图通过艺术生活化而重新把艺术与生活结合起来；二是怀疑艺术与自由愉悦的关系，功利性的满足、道德情感、欲望、真实感、质感等被自由愉悦反对的观念，重新以挑战者的姿态进入当代艺术中；三是对自由理性的反对，拒绝把艺术的内涵理性化，以感性化、浅表化、直观化、氛围化来反对艺术对于意义与价值的反思，以感性感受取代自由理性，让艺术成为一团感觉；四是对于自由创造的怀疑，把自由极端化为随意与偶发，而不是从心所欲不逾矩，放弃与想象力的自由和知性的合规律性的统一，放弃与理性理念的统一。

挑战很激烈，使得"美的艺术"这个观念不得不做出应变："fine art"这个词今天进一步收缩为以造型艺术为主体的"美术"，在观念上也收缩为"纯艺术"，但这个观念还没有被放弃。问题是"艺术美"这个观念似乎被当代美学遗忘了，人们不再认为"美"是艺术的目的，也不甚明了"艺术美"究竟指什么。艺术中的先锋运动在美学上造成了对"艺术"的定义困难，也迫使人们放弃了用"美"来规定"艺术"。理论家们更倾向于对艺术所引发的感性经验进行分析,比如比尔兹利在其《美学》一书中,提出审美经验自身拥有三种特性——整一(unity)、强烈(intensity)和复杂(complexity)。[1] 他完全不记得让艺术与其他人类技艺区分开的是"自由愉悦",比起整一、强烈和复杂,自由感是更有效的定义"艺术"的方式。比尔兹利的反对者迪基则提出了一种更加相对化与社会化的关于"艺术"的定义:"在分类意义上的艺术品是(1)人工制品;(2)被某个或某些人以特定的社会体制(艺术界)的名义,因其所具有的一系列特征,授予了可供人欣赏的资格。"[2] 这是把艺术的规定性给予了"特征",而特征是由艺术界决定的。这是一种相对主义,拒绝了从非功利性的精神愉悦的角度对艺术美的规定,而归之于通过"制度分析"所获得的某种社会经验。问题是哪些特征构成了艺术的"规定性"?一个被广泛接受的观念是,"在所有的理论中,最重要的和必须阐明的是它们对艺术之所以优秀的原因的争论——对情感深度、深刻的真理、自然美、精确性、处理的新鲜度等等,作为评价标准的争论——整个争论都集中在一个常在的问题上,即什么使一件作品成为好作品。要理解美学理论的作用,不是把它设想为定义,这在逻辑上是注定要失败的,而是把它解读为严肃

---

[1] Monroe C. Beardsley. *Aesthetic: Problems in the Philosophy of Criticism*. New York and Burlingame: Harcourt, Brace & World, Inc., 1958, p. 529.

[2] George Dickie. *Art and the Aesthetic: An Institutional Analysis*. Ithaca and London: Cornell University Press, 1974, p. 34.

制定的建议的总结,以致力于用某种方式去关注艺术的某些特征"[1]。莫里斯·韦兹的这个著名观点似乎没有想过用"艺术美"来概括这些特征,这个观念显然被放弃了。

当代的艺术理论,总体来说倾向于从功能性的(functional)和程式性的(procedural)角度定义艺术。[2] 在前者看来,审美是艺术的一种功能,但不是规定性的功能;在后者看来,艺术之所以为艺术,是由某种社会体制决定的,自由创造并不是决定性的。以自由愉悦为目的的艺术审美和以自由创造为中心的艺术创造论不再成为艺术的规定性。这背后,一方面是因为在一个大众文化占主导地位的时代,在一个多元化的时代,反本质的思维拒绝把艺术收缩到一个目的上,并且希望能够把更多的东西纳入艺术中来;另一方面是人们对于"审美"的内涵,特别是自康德以来的以非功利性的自由愉悦为中心的审美观,产生了怀疑,这种怀疑的代表性人物是社会学家布尔迪厄和伊格尔顿。

在布尔迪厄看来,被康德反思出来的功利的与非概念的"纯粹鉴赏判断",是资产阶级的审美配置或性情,相对于人民群众的"天真的目光",它构成了对于民众的趣味的拒绝与剥夺。[3]

---

[1] Morris Weitz. "The Role of Theory in Aesthetics."载汤森德(D. Townsend)编:《美学经典选读》,北京大学出版社,2002年,第306页。
[2] 斯蒂芬·戴维斯:《艺术诸定义》,韩振华、赵娟译,南京大学出版社,2014年,第3页。
[3] 布尔迪厄:《区分:判断力的社会批判》,刘晖译,商务印书馆,2015年,第48页。

由此可以推论出，"自由愉悦"本质上是资产阶级的一种标榜。而伊格尔顿的《审美意识形态》(1990)更加极端，在他看来，现代美学理论开始于自我欺骗，结束于绝望：18世纪乐观地把审美作为个人解放和社会进步的工具，往好了说是对新兴资本主义社会本质的一种错觉，往坏了说是为资本主义社会服务的一种虚伪企图。他还认为，20世纪的艺术理论，无论是弗洛伊德的、马克思主义的还是后现代主义的，基本上都是现代人类在面对法西斯主义和资本主义恶魔时的异化和无力的表现。[1]

当下艺术正在丧失审美性，以自由愉悦为尺度的审美和以审美为目的的"美的艺术"，都陷入被虚无化的境地之中，而这个境地在艺术领域中最直观的表现，就是艺术丧失了自己的规定性，成为感觉主义的领地。但必须看到，艺术即审美，在今天的文化体系之中，艺术之所以有如此高的地位，是因为从18世纪中后期开始人们确信艺术是美的，是为审美而做的，它以自由愉悦和自由创造为其审美性之所在，它把"艺术美"贡献给文明，并因此成为人类文化的最核心的部分。虽然当今时代人们赋予了艺术更多功能，可以从更多角度研究艺术，可以围绕着艺术产生诸种学科与立场，但这一点必须得到明确：艺术是为审美而创造出来的，这也是艺术批评与艺术鉴赏的最基本的尺度。

---

[1] 概括自伊格尔顿：《自由的规则》，载伊格尔顿：《审美意识形态》，王杰、傅德根、麦永雄译，广西师范大学出版社，2001年，第一章。

第十一章
审美教育

审美是寻求自由愉悦的行为,这个行为有没有现实的社会意义?如果没有,在功利性很强的社会,它就会被否定,被限制。在人类文明史上,柏拉图、一部分基督教的教派、中国古代的墨家,以及一些严格的儒家学者,都有对寻求愉悦这样一种活动本身的怀疑,都对审美活动存有不满,认为审美不是一项严肃的人类活动。在此类指责面前,审美需要为自己辩护,也需要阐明自身的精神价值与社会价值。在关于审美的所有辩护中,以及在建构审美的社会意义的尝试中,最重要的就是"审美教育"这一理想及相关实践。

审美为什么能"教育"人?审美是一种寻求精神愉悦的活动,这是一个共识,愉悦是审美的目的与必然结果。因此,凡以审美来教育人,一定是要利用由审美而获得的"愉悦",使其成为诸种教育的手段,甚至这愉悦本身就是教养。

第一节 审美教育的诸种路径

虽然"审美教育"这个观念在文明史上出现得较晚,但人们可以用这个观念去进行回溯式的追认，把所有那些将"审美"的某种属性纳入其中的教育，都算作"审美教育"。我们需要先对审美教育的理论路径进行一次历史梳理，然后再来看，其中哪些因素构成了审美教育的原理性观念。

第一种审美教育观，是在教育活动中利用审美和艺术活动会带来的"愉悦"：当教育活动中采用了审美活动所引发的愉悦感，用这种愉悦感来软化教育本身的强制性与机械性，从而提高教育的效果，这构成了关于美育的一种古老的看法——寓教于乐。这就构成了审美教育最为普遍的观念。但这个观念所认为的——伴随着"愉悦"的教育活动一定会取得更好的效果，这一点需要证明，就像为了减轻药之苦而给药裹上糖衣，糖衣只能骗过味觉，但不会增强药效。这个观念为了避免这种指责，只好在审美活动与教育之间加入"兴趣"：通过审美活动提高受教育者对被教授之对象的兴趣，通过培养兴趣增强教育的效果。"培养兴趣"这个观念在18世纪是"趣味教育"的一部分，但正如康德后来所区分开的，对某些事物有兴趣并不是个审美问题，趣味是与个体的偏好和满足感有关的。如果审美不是趣味问题，那么用趣味来增强教育效果也就不是审美教育。从这个意义上讲，寓教于乐并不是审美教育，而是更世俗化一些的"快乐教育"。令人产生快乐的方式有许多，审美只是其一，因此不能从快乐教育的角度去定义审美教育，但如果因为教育利用了由审美引发的愉悦，就将这种教育称为"审美教育"，这确实是一种关于审美教育的观念，但这种美育观的基础是糖衣式的欺骗和"快乐"的补偿效应。这种审美教育观实际上是对审美教育的世俗化的误解,它的重心是"快乐"与"教育"的关系,而不是"审美"与"教育"的关系,但它毕竟吸收和利用了审美中的愉悦,因此实际上是影响力最为广泛的审美教育观。

第二种被追认为审美教育的观念,指利用审美带来的情感感动而对人的情感的疏导和对人的行为与心理状态的引导,由此产生教育意义。它源于古希腊的"卡塔西斯"的传统。亚里士多德观察到,人们在听音乐的时候会处于这样一种状态:

> 我们可以看到这些人每每被祭颂音节所激动,当他们倾听兴奋神魂的歌咏时,就如醉似狂,不能自已,几而苏醒,回复安静,好像服了一帖药剂,顿然消除了他的病患[用相应的乐调]也可以在另一些特别容易感受恐惧和怜悯情绪或其他任何情绪的人们,引致同样的效果;……于是,所有的人们全部由音乐激发情感,各各在某种程度上被除了沉郁而继以普遍的怡悦。①

这个现象说明听音乐可以让人们从沉郁的情感中走出来,给人以情感上的振奋。另外一个现象是亚里士多德在人们观看悲剧的经验中发现的:悲剧通过引发怜悯和恐惧使这些情感得到卡塔西斯。

---

① 亚里士多德:《政治学》,吴寿彭译,商务印书馆,1983年,第431页。

引发强烈的情感并疏泄该情感，让观看者回归到心灵的平静状态，这构成了卡塔西斯的基本内涵。这个观念在17世纪时，法国的戏剧家如高乃依、拉辛，以及德国的莱辛，用它解释戏剧对于人的情感的影响，认为观众的情感通过卡塔西斯得到了"净化"，而意大利和英国的戏剧家们则认为观众的情感得到了"宣泄"。在中国，这个观念被阐释为情感的"陶冶"。[①]净化意味着戏剧产生的情感，应当有所选择，应当去引发观众正面的情感；宣泄意味着无论戏剧引发了什么情感，这种情感得到宣泄后，心灵都会回复到平静状态，从而给人以愉悦；陶冶说则是把艺术给人的情感影响与怡情悦性的中国传统诗学观念结合起来，认为欣赏艺术所引发的情感会产生令人心灵温柔敦厚的效果。

这个传统的基础是审美活动中情感感动的发生，这种感动确实可以使欣赏者获得因情感感动而产生的愉悦，也确实对于欣赏者的情感状态，有积极作用。这就使得审美可以从以下几个方面产生积极效果：其一，强化审美者的情感感受力，令其情感更丰富、更细腻。其二，对审美者的情感状态进行疏导与净化。其三，培养其同情心。其四，对于天性粗野者，令其性情文雅化，趋向于温柔敦厚；对于性情柔弱孤郁者，令其心灵振奋与强健。或许还有更多的效果。由于审美对于情感的感动作

[①] 罗念生：《卡塔西斯笺释——亚里斯多德论悲剧的作用》，《剧本》1961年第11期。

用，人们会认为审美是进行情感教育的一种手段，甚至是唯一手段。由于现代临床心理学对于艺术治疗的研究，以及心理学对于"情动"（affect）的研究，当然也因为弗洛伊德等人的人文心理学，审美与情感感动的关系被用于情感教育，这就把审美教育转化为情感教育，也包含着把审美中所获得的情感手段化的利用——先动之以情，后晓之以理。

　　这种审美教育观实际上是把审美作为心理疏导的辅助手段，但当代的情动观提出了更宏大的设想："情动—情感（affect-emotions）是人类的一种更高层次的、更基本的动力，而不是一般和历史上所认为的，情感是人类存在的主要动力。"[1] 如果情感感动可以成为人类诸种社会活动的基本动力，那么审美中的情感感动也可以成为这样的基本动力，这无疑可以用来肯定审美中的情感感动的社会价值。另外，审美之中的情感感动是可以操控的，弗洛伊德在他的《怪怖者》（"The Uncanny"）中谈及叙事力量对情动的操纵时说道："讲故事的人对我们有着**独特**（peculiarly）的指导权力；通过他带给我们的情感，能够引导我们的情感流，让我们的情感流朝一个方向发展，或者向另一方向流动，哪怕是在同一件材料上，这个故事讲述者也经常能获得各式各样的效果。"[2] 根据这种可控性，通过不同的审美对象、

---

[1] Duncan A. Lucas. *Affect Theory, Genre, and the Example of Tragedy.* Springer International Publishing; Palgrave Macmillan, 2018, p. 9.

[2] Sigmund Freud. "The Uncanny." In *Art and Literature*. Trans. James Strachey. London: Penguin Books, 1985, p. 375.

不同的艺术作品来进行情感上的引导，从而实现情感教育，那就是可行的。在这个意义上讲，审美教育就被转化为一种可控的情感引领，再以这种情感为其他事情的动力。问题是，审美和艺术是如何让人感动的？通常人们会用"物感说""感应说"或者"移情"（也称"共情"）来回答这个问题，而这种回答最终落到了心理学的研究领域中，这就是为什么格式塔心理学会受到美学的关注：审美中的情感感动，最终是一次心理同构的结果。这就确立起一种关于审美教育的原理：通过审美进行一种可控的情感引领来完成对审美者的情感教育。在这一原理中，审美被设定为一种情感感动活动，它的根基是完形心理学所能解释的一种在物理、生理与心理现象之间具有的对应关系。

由于情感感动现象在文化的各个层面都会被利用，因此，只要利用了审美和艺术所带来的情感感动，就会被视为一种新的美学，比如宗教美学。诸种宗教都有一种情感主义倾向，因为信仰是直接作用于情感的，不是作用于理性的。信仰者不是因为理解了神才信神，而是因为信众在一种情感氛围中，觉得神在，于是信了神的存在。这个氛围是要靠艺术化和美化特写的空间与行为来实现的，比如宗教建筑、宗教音乐、圣像艺术、宗教仪式，这些艺术与活动可以给人美感，也可以打动信仰者的情感，这当然可以被看作一种审美方式。这种审美所产生的情感效果可以引导信众在精神上对神的在场的体认，这就把美感跟心灵上的那种宗教情感融合在一起。从这个意义上说，诸种宗教一直在利用审美进行教育：以审美来培养宗教情感，并传播宗教化的道德信念。

第三种审美教育观是一种认知主义的审美教育观，是指在教育中利用审美中的感性形象来进行理性认知。这种审美教育观认为审美可以起到一种认知作用，这种认知作用在历史上有三种观念：第一种观念认为，事物之所以美是因为它充分实现了自身所包含的"理念"，或者说它的"一般性"，这是由柏拉图主义、新柏拉图主义和黑格尔主义共同构成的一个理论传统。这个理念可以是道德理念，如善良、宽厚、仁爱；也可以是理性理念，如自然、自由、绝对、无限等；还可以是如天国、救赎、解放、精神、气韵等"审美理念"[①]。理念是反思的对象，这种观念把审美理解为对一个感性对象的反思行为，只要在其中反思出了某种一般性，就完成了审美。第二种观念认为，事物的美，是对社会历史发展的一般性所做的"典型化"的反映，是用感性形象与事件来呈现某种"一般性"，这就使这种一般性成为可以感性直观的，因而是易于理解与接受的，马克思主义者就持这种观点。第三种观念认为，事物的美，是因为事物中包含着完美与和谐，或者说体现出了某种可以数学化的关系，而审美有助于我们去认识这种和谐或关系。这种观念的代表是18世纪美学中的完善（或"完美"）美学，它认为事物的完美就是事物

---

① 这个词的内涵见刘旭光：《论"审美理念"在康德美学中的作用——重构康德美学的一种可能》，《学术月刊》2017年第8期。

的"美",而完美体现在比例、秩序、和谐。特别是其中的和谐,似乎对于自然科学的研究和艺术的创造都有重要意义,而审美和艺术是体验这种和谐与培养这种和谐感的手段,在这个点上,现代科学家们总是强调科学与艺术的相通性。

以上三种审美的认知作用的观念,把审美和艺术创造视为一种理性的认知活动,由此可以推论——对审美对象的欣赏,就是以理性能力反思被感性因素包裹着的理念或者一般性,或者说,审美是通过感性形象而展开的一种理性认识。根据这种审美观产生了一种愿景:以美启真,即通过对美的对象的欣赏,可以发现对象中包含着理念或一般性,审美就可以承担起理性认知的功能,而借助这种审美,可以提高审美者的反思能力和理性认知能力。根据这种观念,对艺术作品和自然美的欣赏,就成为概括段落大意与提炼中心思想一类的行为,进而奠定了这样一种"审美教育观":通过审美,可以训练人的反思能力,训练人的概括能力、理解能力。这种审美教育观的原理预设了事物的合规律性与合目的性构成了事物的美,把审美视为一种认知行为,或者说是对认知能力的一次有效训练。

第四种审美教育观是在教育活动中利用审美带来的主体生命力的活跃,从而培育出身心健康的人。英国的经验主义者和后来的浪漫派认为审美活动会带来一种情感感动——affect、moving 等,在这个感动当中有一种显著的作用,即我们的生命活力会被激活(review),被重新赋予活力,赋予激情,赋予想象力、创造力。这是一种生命力的活跃状态,它有两个效果:一个效果是让我们从日常的负面的精神状态中摆脱出来，如疲惫、焦虑、无聊、忧郁，特别是心灵与情感的麻木状态；另一个是通过审美，心灵和身体都得到振奋，进入一个兴高采烈或者热情洋溢的状态。在这个状态中，人会激发出活力、创造力、激情，能进行交流与理解，会对新事物保持好奇心，保持探索精神。这两个效果让我们的精神之活力重新得到激活与焕发，使得我们能够有勇气、能够用激情去面对新的生活。这种美学的代表人物是哲学家克尔凯郭尔，克尔凯郭尔认为通过审美行为可以达到一次生命活力的重新张扬，这会培育出一种有活力、有激情、有想象力、有创造力的精神焕发的完整人格，由此把审美导向了人格教育，这在今天依然是一些美学理论认为审美能够教育人的原因之一。

这种审美教育观立足于这样一种审美观：审美是对事物的新奇与独异之处的发现，是获得新的感觉、新的思想的过程，是心灵接受刺激、接受锻炼的过程，因此，这种审美观认为，通过不造成实际伤害的感性直观活动和对身心的刺激活动，无论它的效果是悲、是喜、是恐惧还是惊骇，是震撼还是抚慰，都可以被纳入审美中。① 这种审美观在美学上的代表是浪漫派的新奇美学、尼采主义、当代的感觉主义、身体美学以及独异性美学。这些美学观都把审美视为生命的兴奋剂，而利用某些审美经验的

---

① 对于这种审美观，详细的研究见刘旭光：《悲伤，或者一种不以愉悦为目的的审美何以可能》，《华东师范大学学报（哲学社会科学版）》2022年第1期。

兴奋剂作用,将其应用于对人的教育中,也是一种"审美教育",它既可以应用于艺术治疗,也可以应用于意识形态的宣传。以感性对象和艺术对人的精神与情感的刺激与感染,将其落实在荷尔蒙、肾上腺素、多巴胺等激素的分泌上,使人产生振奋昂扬的状态,并以这种状态投入生活与生产中去,这构成了这种审美教育观的基本原理。

第五种审美教育观是通过审美与艺术活动,培养人的想象力与创造性。这种审美教育观来自20世纪初期克罗齐这样的哲学家对于"艺术创造"和"审美"的浪漫想象,他们认为在审美和艺术创造当中都有一个特性,即它是通过直观或者直觉而产生的一种想象力的创造性行为。在艺术创造过程当中,需要想象力、直觉、感觉上的敏锐,只有这样才能够创造,所以诗人、艺术家都无一例外地具有感觉上的敏感、想象力的活跃、情感的丰沛和直觉。这些正是"创造"这一行为应当具有的主观条件,因此,从克罗齐开始,人们就对艺术创造活动和审美活动寄予了一个理想,即如果美的事物和艺术当中包含着创造性,或者说自由创造的结果,那就可以通过审美培养人的创造性。由于"创造性"这个词在20世纪的文化中具有核心地位,因而构成创造性的想象力、直觉、激情,就受到了格外的重视。而这些东西恰恰又是艺术的自由创造所需要的能力,因此人们就设想,通过欣赏艺术,通过参与到艺术创作中,或许可以提供人们在其他方面的创造力。

这个观念在美学史上的代表人物是波德莱尔这样的诗人兼

理论家，他认为艺术创造由一种神秘的力量来完成，而这一力量的核心是想象力的活跃，因此他认为想象力是艺术之王冠。而现代意大利美学家克罗齐则认为艺术即直觉，艺术创造不是来自模仿，而是来自激情、想象力，来自直觉——借助想象力产生表象的创造性行为。这些观念是对艺术和美的本质的一个新的认识，即认为艺术和审美行为都是想象力、直觉、体验等非理性能力的领地，是自由创造的结果。因而，学习艺术就被等同于培养学习者的创造能力，欣赏艺术是熏陶学习者的想象力和创造性。这个观念在过去的一百年中极大地影响了人们对艺术教育之任务的看法。在这个审美与艺术观念的基础上，产生了这样一种审美教育观：审美教育是通过艺术创作与审美活动而对人的想象力、创造力的培养。这种审美教育观的基本原理是将艺术和美的事物视为人类借助非理性能力进行自由创造的结果，进而把培育自由创造的能力作为审美与艺术欣赏、艺术教育的使命。

获得愉悦、产生情感感动、进行真理认知、激发生命活力和培养创造力，这些行为在不同时期，根据不同的侧重，成为审美教育的原理。被我们称之为"审美教育"的活动，实质就是以审美和艺术创作、艺术欣赏为手段，利用以上行为中的某一些，促进人类教育的活动。以上这五种因素，在审美教育中既是手段，也是目的，这使得"审美教育"实际上是一个松散的观念之群，只要利用了审美与艺术活动而实现以上任何一个目的的，都可以被纳入"审美教育"中。

第二节 "审美教育"这一信念的诞生及其原理

"审美教育"这一信念的提出者与理论源头,是德国18世纪末的美学家席勒,他提出了一个信念:

> 有身体健康的教育,有智力认识的教育,有伦理道德的教育,有对审美趣味和美的教育①。这最后一种教育的目的在于,培养我们的感性能力和精神能力的整体达到尽可能有的和谐。②

这句话出现在《审美教育书简》第二十封信的一个注释里,是席勒对于"审美教育"这个词的唯一定义。这个定义有两重内涵:第一,需要一种教育来培育人的鉴赏力;第二,通过培养鉴赏力或品位,可以让人的精神能力和感性能力达到和谐。在这两重内涵的基础上,席勒建立起了这样一个信念:通过发展人的鉴赏力或品位,就可以发展个体道德和社会正义,并且促成人类的全面发展或人类的繁荣。

为什么审美能肩负起这么宏大的任务?席勒的理由是:审美或者鉴赏力的培养,可以让人达到"和谐"状态,而人的和谐状态可以使得达到自由状态——因和谐而自由。让什么达到

---

① 德文为 Erziehung zum Geschmack und zur Schönheit。
② 席勒:《席勒美学文集》,张玉能编译,人民出版社,2011年,第270页。

和谐？让人的感性与理性达到和谐。听任感性，我们会粗野化而丧失人格；听任理性，我们会因丧失活力而变得迟钝与僵化。①让什么自由？让人的心灵获得自由——只有在审美状态中，"心灵从感觉过渡到思维要经过一个中间心境，在这种心境中感性与理性同时活动，……心灵既不受自然的强制，也不受道德的强制，却以这两种方式活动，因而这种中间心境理应特别地称为自由的心境。如果我们把感性规定的状态称为自然状态，把理性规定的状态称为逻辑的状态和道德的状态，那么，我们就必须把这种实在的和主动的可规定性的状态称为**审美状态**"②。

在审美状态中，人的感性与理性都得到了加强。一方面，人的感性的多方位的接受越强，它越是灵活，所提供的现象越多，人也就越能把握世界，越能在他自身之内发展天赋；另一方面，人的人格越是有力和深沉，理性获得的自由越多，人也就越能理解世界，越能在他自身之外进行创造。③这个信念认为，人的自然状态与理性状态是应当统一的。在这种统一中，人既不受自然法则约束，又不受理性法则约束，而是服从于美的法则。在美的法则中，感性的生动、鲜活与理性的约束规范作用结合在

---

① 这个思想散见在《审美教育书简》的多个地方，最鲜明的表述在第十三封信的注释中。
② 席勒：《席勒美学文集》，张玉能编译，第270页。
③ 这个思想概括自《审美教育书简》第十三封信。

一起，感觉与性格、感官的坦诚与知性的能力结合起来，使我们成为有同情心的、乐于助人的、有作为的人。这就可以让我们公平合理地、善良宽厚地、富于人性地对待别人，对自己本身的严格与对别人的宽容相结合，这就构成了真正出类拔萃的性格（见第十三封信）。

进入审美状态可以使人获得完整人格，这构成了席勒要求对人进行对"鉴赏力与美"之教育的原因之一。但席勒的关于审美的信念还不止于此，他把审美状态中既不受自然强制又不受道德强制的"自由状态"进行了泛化：这个自由状态也是道德上的个体的感性生命与道德理念之间应有的状态，更是政治上个体生命和抽象的政治原则之间应有的状态。通过这个泛化，审美自由就成了道德自由和政治自由的前提，或者是二者在主观条件上的准备，由此产生了一个更大的信念：只有通过美，人才能走向自由（见第二封信）。

这些信念既宏大又抽象，其中的要害是审美状态中的"自由"，审美所发生的一切功效，都是"自由"的功劳，因此，可以说席勒的审美教育观念，其原理性的基础是心灵的从心所欲不逾矩般的自由状态。这种自由是道德提升的保证，也是政治进步的基础；这自由承担起人类繁荣的使命，也是人的全面发展、人格完整的保证。他认为审美上的自由与道德上的必然和逻辑上的必然是一体的："这种审美的自由同思维时的逻辑必然性和愿望时的道德必然性的区别仅仅在于，心灵在审美时所遵循的法则并不被表象出来，而且因为这些法则没有受到反抗，所以没有表现为强制。"[1]这就使得审美状态作为自由的心境,可以成为从自然感性活动状态过渡到理性道德活动状态的"中间心境",它同时摆脱了二者的强制性而达到自由。同理,审美的自由也可以让人的活动从权利与义务的不自由当中解脱出来,最终在两个方面都达到自由——"**通过自由来给予自由**,是这个国家的**基本法则**"[2]。

那么是不是可以说,"自由"就是审美教育的至高原理?审美教育的一切功效,都是建立在心灵的自由状态上?不能!还应当再追问一下:审美中的自由是从哪里来的?

席勒的学说具有一种浪漫气质,他给出了一个理想,但这个理想具有乌托邦性质。这个乌托邦是美好的,席勒本人并没有提出落实审美教育的技术路径,他之所以给审美以如此重大的意义,是因为通过审美可以体验到"自由",而对"自由"的感受会带来更多的"自由"。这个信念的核心是"自由",这说明,审美教育的原理,说到底是通过审美体验自由。这是因为审美本身就是观照自由,而审美教育就是教会人感受自由并追求自由。

我们可以把席勒本人的审美教育观视为审美教育的第六种路径(或许在时间上是第一种)。显然,不同的审美观,决定了不同的审美教育观。

---

[1] 席勒:《席勒美学文集》,张玉能编译,第270页。
[2] 同上,第293页。

第三节 "审美"自身的教育性

"审美"活动本身的教育性在哪里？或者说，审美如果不是作为辅助手段，而是以其自身就成为教育手段，它是怎么教育人的？它可以教化出两种人格，一种是自由人格，一种是道德人格。

现代审美观念的起点认为，审美是一种寻求非功利性的精神愉悦的过程，非功利性在于，审美只关乎对象的表象之形式，无关乎对象的实存，因此，审美与欲念的满足无关，与合目的性的生产无关，与观念认知也无关，这是现代审美观念的起点。在这个起点上，确立起关于审美的基本认识：它可以让人从功利性的追求、从欲念满足所带来的快适中与合目的性生产的强制中，得到解脱。从这个意义上说，审美有令人解放的性质，这种解放是双重的，一重是人从欲念中、从功利中的解脱；另一重是对象仅仅是其自身而得到肯定，得以从人对它的工具性的要求与占有中解脱。通过这种非功利性，审美就可以培养出超越于功利与欲念的自由的人。同时，审美在本质上是寻求自由愉悦的过程，而自由愉悦不是源于满足感或者在认知过程中获得自我，它是一种内心状态，是"想象力和知性的自由游戏中的内心状态"[①]，这种内心状态本质上是一种能普遍传达的自由感，通过反思出这种自由感，审美者就会获得愉悦，这种愉悦康德称之为"自由愉悦"。

这种审美观念预设了审美者应当是这样一种状态：从功利

[①] 概括自康德：《判断力批判》，邓晓芒译，杨祖陶校，第52—53页。

性的欲求中解脱出来，使内心处于一种想象力与知性认知相统一的自由状态，然后沉浸于一种无所挂碍的自由愉悦中。这个状态中的人，由于摆脱了功利性的束缚，由于摆脱了欲念的束缚，因而得以以静照的姿态欣赏世界，在心灵的温文尔雅中，摆脱各式各样的情欲、物欲和功利性束缚，由此得以高贵化。这正是席勒和之后的审美主义者、审美教育的提倡者想象审美会带来自由的原因。这种高贵化是将人的博雅和精致与人的自然纯朴及独创性相协调，将人由平等而来的自由与出于义务的强制结合起来，使自由愉悦成为人的普遍意识。[①] 当人们以这种自由愉悦为行动与评判的基本原则时，就会形成"高雅的趣味"，而这种高雅的趣味，是审美作为教化的最基本的任务。这就是为什么人们认为对自然美和艺术的热爱是一个人心灵高贵的表现——二者都可以使欣赏者获得自由愉悦，从而获得高雅趣味。

在"高雅的趣味"获得之时，还会有这样一个效果：每一个个体通过高雅的趣味而摆脱了自己私人的感官快适，从而获得了一次超升，从而让"兴、观、群、怨"中的"群"与"美美与共"之中的"共"得以实现，因为"自由愉悦"是普遍而共通的。按康德的表述：

> 美才伴随着对每个别人都来赞同的要求而使人喜欢，这

---

① 康德：《判断力批判》，邓晓芒译，杨祖陶校，第203页。

时内心同时意识到自己的某种高贵化和对感官印象的愉快的单纯感受性的超升,并对别人也按照他们判断力的类似准则来估量其价值。这就是前面那一节所指出的鉴赏力所展望的理知的东西,我们的高级认识能力正是为此而协调一致着。[1]

这段话的逻辑是,在审美中人们对自由愉悦的普遍赞同,使得每一个审美者获得了单纯感受性的超升,从而摆脱私欲与利害。这个时候,审美带给我们的就不仅仅是自由愉悦,而且还会有对自我的敬重。这种包含着敬重的美感,就是后来席勒所说的"优雅"(grace)。

通过审美而教化出优雅的、非功利性的、自由而独立的人,这是审美作为一种教化,以其自身而培育出的第一种人格。

审美经其自身想要培育出的第二种人格是"道德人格"。审美会教化出一种优雅的、呈现出非功利性的、自由的人,而这种人格在道德上也一定是令人敬重的,二者有相通处。这是因为道德行为本身也有其非功利性的一面,人们行善并不是为了换取什么,而仅仅是为了满足自身的道德愿望和道德情感,从这个意义上说,道德应当是绝对的,没有外在的目的。这在本质上是与审美的非功利性相一致的,因为,道德行为所带来的愉悦,也可以看作一种自由愉悦,在这一点上,二者是相似的,也是相通的。正是出于这个原因,审美的愉悦可以和由道德判断

---

[1] 康德:《判断力批判》,邓晓芒译,杨祖陶校,第200—201页。

而来的智性的愉悦结合在一起。这就是人们之所以相信"美"与"善"是相一致的根本原因。

由于二者的相通性,二者间就是可以相互推动的,美感将有益于道德情感的培养,而道德理念与道德情感,也将有益于审美。由此可以推导出鉴赏和理性,即美与善一致的规则,"通过这种一致,前者可以被用作后者的意图的工具,以便用这种自身维持并具有主观普遍有效性的内心情调,来给那种只有通过下决心费力才能维持却具有客观普遍有效性的思想境界作铺垫"①。显然,审美所带来的自由愉悦,可以作为道德行为的铺垫,也可以成为道德上的自由愉悦的先导,席勒就是这样认为的。这种审美愉悦对于道德情感的先导作用,是审美有助于道德教化的根本原理。对于这一原理,康德用了这样一个日常经验来说明这个问题:

> 我们经常用一些像是以道德评判为基础的名称来称呼自然或艺术的美的对象。我们把大厦或树木称之为庄严的和雄伟的,或把原野称之为欢笑的和快活的;甚至颜色也被称为贞洁的、谦虚的、温柔的,因为它们激起的那些感觉包含有某种类似于对由道德判断所引起的心情的意识的东西。鉴赏仿佛使从感性魅力到习惯性的道德兴趣的过渡无须一个太猛烈的飞跃而成为可能,因为它把想像力即使在其自

---

① 康德:《判断力批判》,邓晓芒译,杨祖陶校,第67页。

由中也表现为可以为了知性而作合目的性的规定的,甚至教人在感官对象上也无须感官魅力而感到自由的愉悦。①

审美是为了让我们对事物之感性魅力的享受在过渡到道德兴趣时无须太猛烈,自由愉悦由于其非功利性与无关乎实存而成为道德非功利性的准备,由此,审美是道德的一个准备阶段,是一种达到道德的手段。这就为审美培养出道德人格奠定了理论基础,可以简括为:人应当在道德实践中达到一种从心所欲而不逾矩的自由状态,这是道德的最高状态,而审美是让人体验到这种自由状态的一种最现实的方式,有助于这一状态的实现。从这个意义上讲,美是德性与善的象征,因为道德行为的本质是自由,美的本质是自由。因此,"审美"这个行为就变成了塑造道德人格的一个原因。

问题是,"道德"观念是否有益于审美?康德给出了一个肯定的回答,他认为对审美理念的把握就是审美,或者"美"就是"审美理念"的一种显现方式,而审美理念和道德理念有亲缘关系,因此他确立起了道德与审美的如下的联系:

> 但由于鉴赏根本上说是一种对道德理念的感性化(借助于对这两者作反思的某种类比)的评判能力,又由于从它里面、也从必须建立在它之上的对出于道德理念的情感(它叫

---

① 康德:《判断力批判》,邓晓芒译,杨祖陶校,第201—202页。

作道德情感）的更大的感受性中，引出了那种被鉴赏宣称为对一般人类都有效、而不只是对于任何一种私人情感有效的愉快；所以很明显，对于建立鉴赏的真正入门就是发展道德理念和培养道德情感，因为只有当感性与道德情感达到一致时，真正的鉴赏才能具有某种确定不变的形式。[①]

如果审美的真正入门在于培养道德情感，那反过来道德理念与道德情感就是审美的必不可少的条件；真正的审美者会是感性与道德情感达到一致的人，这显然是说：审美者一定是具有道德境界的人。

由于审美在为道德做铺垫，而道德又推动着审美的实现，因此，审美有益于道德人格的培养，就是一个理所当然的结论。由于审美既能够培养出自由人格，也可以培育与强化道德人格，审美中自由人格的确立或许会像席勒或杜威所期待的那样，成为政治自由、人格独立与各个领域之中的自由创造的准备阶段，即通过审美中的自由带来其他自由；审美中道德人格的培育则会像康德、黑格尔、叔本华、蔡元培等人所期待的那样，成为提升个体的道德境界和社会整体的道德境界的前提。因此在审美中，自由人格和道德人格的交叠或者统一在一起，这是一种人文主义理想。这个理想或许可以借助审美而得到局部的实现。这或许就是"审美教育"信念在19世纪和20世纪广为传播的原

[①] 康德：《判断力批判》，邓晓芒译，杨祖陶校，第204页。

因，也是蔡元培在宣扬"以美育代宗教"时的基本信念。把非功利性的审美人格或者说自由人格，与非功利性的道德人格统一起来，这构成了审美之所以是一种"教化"手段的根本原理。

由于"审美"是一切形式的审美教育的根本特征，而审美又以通过感性感知而获得非功利性的精神愉悦或自由愉悦为特征，这一特征又决定了审美可以成为培育自由人格与道德人格的手段，进而成为一种对人进行教化的手段，因而我们可以由此提炼出一个关于审美教育的根本原理：审美教育是通过追寻自由愉悦和利用自由愉悦而展开的教育活动。因此，愉悦即教养，这就是审美教育的核心原理：追寻自由愉悦意味着要教人"审美"，利用自由愉悦则意味着用"审美"教育人。一切自称为"审美教育"的行为，都必须遵循这一原理。

在这一原理的基础上，审美有一种黏合的作用，可以把情感体验、意义反思、感性感知、道德情感，以及想象力与创造力的培育自由地组合起来，它可以强化之中的任何一种能力，也可以借具体的审美活动把它们组合起来。这种黏合之所以发生，是因为在审美主体的自由状态下，以上的一切都有可能被强化，审美的任务是让审美者的心灵处于自由愉悦的状态，而在这一状态中会产生什么，那会由具体的文化实践决定。但人们总是想象：当心灵处于自由状态时，人类心灵就会从欲望、功能、法则以及诸种被约束状态中解脱出来，而解脱意味着自由生长，意味着个性的独立成长，意味着自由创造与独立反思的可能，这或许是把审美教育纳入公共教育的根本原因。

尾论
关于审美能力的提升

如何提高一个人的审美能力？康德的回答是：用理念充满头脑。[①]审美活动是一个实践活动，就像学游泳，一定是在游泳池中通过身体与水的具体交道而获得水性的，这同样适用于审美。但审美活动不仅仅是这样，并不是每天流连于博物馆、美术馆等审美空间，经常欣赏自然，或者经常看各种演出就能获得审美能力的提升——审美有经验性的一面，这是需要训练与熏陶的，可以通过多参加审美实践活动而获得提升，但审美也有精神性层面，它是一种判断，是感受性与反思判断的统一，而只要是判断，就关系到精神价值，关系到理念，就不是仅仅实践就能提升了，这需要修养与教化。康德主义强调审美的理念性和对自由的体验，用审美理念和道德理念的亲缘关系强调审美的精神性，这意味着审美者至少要理解"自由"这个理念，诸多审美理念以及道德理念。黑格尔主义者认为艺术之美在于"矛盾的和解"，而要认识到社会生活、心灵和精神生活中的矛盾及

---

① 这是康德阐释如何欣赏自然之崇高时提出的观念，见康德：《判断力批判》，邓晓芒译，杨祖陶校，第84页。

其和解，既需要有观念的积累，还需要辩证思维；马克思主义者强调审美是对现实的一种真理性认识……所有这些观念说明，审美活动不是本能式的神经反应，也不是先天的感觉感性活动，它是复杂的，它有精神性。审美满足的是心灵的需要，而不是感官刺激，因而，它关系到一系列的理念与价值观。从性质的层面说，审美是与感觉相关的基于理念的判断活动，审美能力的提升确实需要感觉的熏陶，也需要精神修养。

审美能力是怎么构成的？在其先天层面上，审美能力包括：表象力，包括先验想象力和知性；先天的"愉悦的情感"（按康德的分析是自由感），这种愉悦的情感是共通感的基础；还需要具有先天基础的"审美理念"，在崇高判断中还需要"理性"，以及起间接作用的道德理念与道德情感；当然，最关键的还是"判断力"，特别是反思判断力，判断力有其先天原则，但判断力的经验应用是审美得以实现的必然，在审美中它呈现为"鉴赏力"。而能够自由驾驭表象力、审美理念与判断力并获得愉悦情感，需要另一种先天能力——"天才"。综合起来，审美就是对于诸表象力之间的自由与和谐之关系的敏感，以及丰富的想象力、成熟的理性、鉴赏力、天才式地对审美理念的感悟与赋形能力，以及高尚的道德情操，特别是对自由的感悟与追寻，这些构成了康德所分析出的"审美能力"。

在"审美"所需要的生命状态上，一种融合了直观与沉思，能够把直观与对意义和价值的反思结合在一起的能力或者说状态，被命名为静照——contemplation。这也是一种审美能力，直观事物的感性性状，沉思其中的意义与价值。审美是直观与沉思这两种生命状态的统一。同时，近代以来的审美实践中，一种饱含着欲念与意志的"激情"的勃发与感动状态，和静照结合起来，成为一种既沉思又沉醉、既洞察又痴迷的状态。这种状态作为一种生命状态，也被认为是"审美状态"。这种状态或许本身不构成"能力"，但如何才能够进入状态？批评家和宗教家相信，在对一物进行欣赏时，或者直观一个对象时，对象会打动我们、感染我们，会把我们引入这种生命状态。因此，不是审美使我们进入了这样一种生命状态，而是我们直观某物，被其打动，才进入审美状态。从这个意义上讲，审美不是一种认识行为，而是一种生命状态，因而审美能力的高低，就在于心灵是否更容易被外物打动，是否更加敏感，这一方面需要天赋，另一方面需要在经验中、在特定的场域与氛围中接受熏陶与感染。

最后，在审美行为的特殊性的层面上，由于在审美中，存在着非理性的知觉能力、情感的活跃以及对于一般性的感性的直接的认识，而这又是理性观念解释不了的，因此，就需要一种非理性的能力。这种能力有别于理性认知的认识状态，但是借助于对对象的非理性的、非概念的知觉，既可以把握到对象中的特殊性，又可以领会到对象中的一般性，进而达到对意义与价值的洞察与反思，同时还可以解释情感在其中的发生和作用。这些能力被19世纪中后期的理论家们描述为"想象力、直觉与体验"，既是具有本质直观式的感性认识能力，又是体现着主体的自由认知和自由创造的表象力，还是与主体的情感和生命状态相关的知觉能力。正是有了这些特殊的能力,审美这种特殊的知觉活动才得以实现。想象力、体验与直觉是自由而自觉的非理性的能力,人皆有之,但有强弱之分,或者说有先天差异,有些人的这三种能力强烈而自由,可以成为天才的艺术家;有些人的弱,只能按理性的方式认知,这些人不适合艺术创造。从审美的角度来说,直觉、体验与想象力同样是审美的必要能力,无论审美对象是自然还是天才的艺术,凡被这些非理性能力把握到的,都是理性无法明晰解释或者描述的,因此,也只能被非理性的直觉与体验所领会。

对于当代人的审美经验来说,审美需要理性能力,也需要敏锐的感觉与丰沛的情感,在这一点上我们的时代并不反对18世纪的经验主义者与理性主义者,但就当下的审美实践来看,仅仅这些认知能力是不够的。审美能力有其普遍的部分,也有与其他知觉行为相比独特的部分。审美不仅仅是反思判断问题,19世纪和20世纪以来的艺术家们强化了创作与审美活动中的非理性因素,这种现象促使批评家们和美学家们把审美不仅仅视为一种认知活动,更视为一种独特的生命状态,并且在这种生命状态中,把想象力、体验与直觉等非理性的知觉活动上升到审美的核心能力,也可以说,是把一种超越理性之束缚的生命的自由状态与人以非理性的方式对"自由"的知觉状态,认定为"审美的",并且相信这种知觉状态中包含着"创造"与"意义的表现"。

近代以来对于审美的认识说明,审美行为在其构成上,渐渐地走出理性认知的领域,而成为主体进行自由创造与自由表现的领地,它会吸收理性的理想性与对意义和价值的确立,但放弃理性的逻辑性;它吸收感性的直接性与感受性,但放弃感性的被动性;它吸收情感的生命性与主观性,以及情感的感染力,但放弃情感的应激性;它吸收愉悦的积极性与肯定性,但放弃愉悦的功利性。审美的这种复杂性使得审美能力的提升不是单纯的身体感官的训练,也不是单纯的关于人的理智的教育,审美能力的提升是身心综合的熏陶与教化的过程,是感觉、激情、想象、判断力和理性的综合培育。简单地说,对审美能力的提升是由三个层面构成的,第一个层面是感觉的培养与经验的积累;第二个层面是理念的积累和诸种审美观念的接受与选择;第三个层面是通过审美实践而获得用理念来统摄经验的能力。第一个层面要靠参与到审美实践与艺术实践中去获得,这是通过诸种艺术课和审美实践活动,如参观美术馆和博物馆、欣赏自然美、欣赏诸种表演性的艺术而获得的;第二个层面是整体的文化教养的任务,也是美学课应当承担的任务;第三个层面是由具体的审美经验与理念的结合,或者通过不断地用理念来统摄具体的艺术作品与审美对象而获得的。这需要美学课的引导与强化。本书展示给读者的,是关于审美的诸种观念,希望读者通过选择与重构,形成自己的审美观,从而能够独立面对艺术作品与诸种审美现象,并获得自己的美感。

参考文献

英文书目

Abbé Jean-Baptise Du Bos. *Critical Reflections on Poetry, Painting, and Music, With an Inquiry into the Rise and Progress of the Theatrical Entertainments of the Ancients*, ch. I, vol. I. Trans. Thomas Nugent. London: John Nourse, 1748.

Alexander Baumgarten. *Metaphysics: A Critical Translation with Kant's Elucidations, Selected Notes, and Related Materials.* Translated and edited with an introduction by Courtney D. Fugate and John Hyers. London: Bloomsbury Publishing Plc, 2013.

Aristotle. *Reoric*, 1406b. *The Complete Works of Aristotle*. Ed. J. Barnes. Princeton: Princeton University Press, 1961.

Baudrillard. *Simulocra and Simulation*. Trans. Sheila Glaser. Ann Arbor: The University of Michigan Press, 1994.

Clarles Batteux. *The Fine Arts Reduced to a Single Principle*. Trans. James O. Young. Oxford: Oxford University Press, 2015.

Diane Williamson. "Respect in Every Respect." In *Kant and the Faculty of Feeling*. Eds. Kelly Sorensen and Diane M. Williamson. Cambridge: Cambridge University Press, 2018.

Duncan A. Lucas. *Affect Theory, Genre, and the Example of Tragedy.* Springer International Publishing; Palgrave Macmillan, 2018.

Edmund Burke. *A Philosophical Enquiry into the Origin of Our Ideas of the Sublime and Beautiful*. Edited with an introduction by Adam Phillips. New York: Oxford University Press, 1990.

Edward Brodsky-Porges. "The Grand Tour: Travel as an Educational Device: 1600–1800." *Annals of Tourism Research 1981*.

George Dickie. *Art and the Aesthetic: An Institutional Analysis*. Ithaca and London: Cornell University Press, 1974.

Larry Shiner. *The Invention of Art: A Cultural History.* Chicago: University of Chicago Press, 2001.

Malcolm Budd. *The Aesthetic Appreciation of Nature: Essays on the Aesthetics of Nature.* Oxford: Clarendon Press, 2002.

Marcus Frings. "The Golden Section in Architectural Theory." In *Nexus Network Journal* vol. 4, no. 1 (Winter 2002).

Maurice Merleau-Ponty. "Eye and Mind." In *The Merleau-Ponty Aesthetics Reader: Philosophy and Painting*. Eds. G. A. Johnson and M. B. Smith. Evanston: Northwestern University Press, 1993.

Maurice Merleau-Ponty. *Visible and the Invisible*. Ed. Claude Lefort, trans. Alphonso Lingis. Evanston: Northwestern University Press, 1968.

Monroe C. Beardsley. *Aesthetic: Problems in the Philosophy of Criticism.* New York and Burlingame: Harcourt, Brace & World, Inc., 1958.

Paul Guyer. *A History of Modern Aesthetics*, vol. 1. New York: Cambridge University Press, 2014.

Paul Guyer. *Kant and the Claims of Taste*. New York: Cambridge University Press, 1997.

Robert Doran. *The Theory of the Sublime from Longinus to Kant*. Cambridge: Cambridge University Press, 2015.

Shaftesbury. *Characteristiks of Men, Manner, Opinions, Times*. Birmingham: John Baskerville, 1773.

Sigmund Freud. "The Uncanny." In *Art and Literature*. Trans. James Strachey. London: Penguin Books, 1985.

Walter Pater. *Appreciations, with an Essay on Style*. New York: The Macmillian Company, 1903.

Werner Jaeger. *Paideia, the Ideals of Greek Culture*. Trans. Gilbert Highet. New York: Oxford University Press, 1945.

Wulfgang Welsch. *Ästhetisches Denken*. Stuttgart: Reclam, 1990.

Wulfgang Welsh. *Undoing Aesthetics*. London: Sage Publication Ltd., 1997.

中文书目

阿恩海姆:《艺术与视知觉》,滕守尧等译,中国社会科学出版社,1987年。

阿尔伯蒂:《建筑论——阿尔伯蒂建筑十书》,王贵祥译,中国建筑工业出版社,2010年。

鲍姆嘉滕:《美学》,简明、王旭晓译,文化艺术出版社,1987年。

保罗·奥斯卡·克里斯特勒:《文艺复兴时期的思想与艺术》,邵宏译,广西美术出版社,2017年。

波德莱尔:《1846年的沙龙:波德莱尔美学论文选》,郭宏安译,广西师范大学出版社,2002年。

伯克:《崇高与优美——伯克美学论文选》,李善庆译,上海三联书店,1990年。

柏拉图:《柏拉图全集》第二卷,王晓朝译,人民出版社,2002年。

布尔迪厄:《区分:判断力的社会批判》,刘晖译,商务印书馆,2015年。

布瓦洛:《诗的艺术》,范希衡译,人民文学出版社,2010年。

曹雪芹:《红楼梦》,人民文学出版社,2000年。

达·芬奇:《笔记》第二卷,伍蠡甫、胡经之主编:《西方文艺理论名著选编》上卷,北京大学出版社,1985年。

狄德罗:《关于美的根源及其本质的哲学探讨》,《狄德罗美学论文选》,张冠尧、桂裕芳译,人民文学出版社,1984年。

狄德罗:《关于〈私生子〉的第三个谈话》,《狄德罗美学论文选》,张冠尧、桂裕芳译,人民文学出版社,1984年。

狄德罗:《画论》,《狄德罗美学论文选》,张冠尧、桂裕芳译,人民文学出版社,1984年。
狄尔泰:《体验与诗》,胡其鼎译,生活·读书·新知三联书店,2003年。
杜夫海纳:《审美经验现象学》,韩树站译,文化艺术出版社,1996年。
段玉裁:《说文解字注》,上海古籍出版社,1981年。
费希特:《论学者的使命 人的使命》,梁志学、沈真译,商务印书馆,1997年。
格诺德·波默:《气氛美学》,贾红雨译,中国社会科学出版社,2018年。
郭熙编:《林泉高致》,中华书局,2010年。
海德格尔:《存在与时间》,陈嘉映、王庆节译,生活·读书·新知三联书店,1987年。
海德格尔:《海德格尔选集》,孙周兴编译,上海三联书店,1996年。
赫尔德:《没落的审美趣味在不同民族那里繁荣的原因》,《赫尔德美学文选》,张玉能译,同济大学出版社,2007年。
黑格尔:《美学》,朱光潜译,商务印书馆,1979年。
胡塞尔:《纯粹现象学通论》,李幼蒸译,商务印书馆,1997年。
胡塞尔:《现象学的观念》,倪梁康译,上海译文出版社,1986年。
胡塞尔:《哲学作为严格的科学》,倪梁康译,商务印书馆,1999年。
卡西尔:《人论》,甘阳译,上海译文出版社,2004年。
康德:《纯粹理性批判》,邓晓芒译,杨祖陶校,人民出版社,2004年。
康德:《论优美感与崇高感》,何兆武译,商务印书馆,2001年。
康德:《判断力批判》,邓晓芒译,杨祖陶校,人民出版社,2002年。
康定斯基:《艺术中的精神》,李政文、魏大海译,中国人民大学出版社,2003年。
克莱夫·贝尔:《艺术》,周金环、马钟元译,中国文艺联合出版公司,1984年。
朗吉努斯:《论崇高》,《缪灵珠美学译文集》第一卷,章安祺编订,中国人民大学出版社,1988年。
《礼记译解》,王文锦译解,中华书局,2001年。
李泽厚:《华夏美学·美学四讲》,生活·读书·新知三联书店,2008年。
刘道醇:《圣朝名画评 五代名画补遗》,山西教育出版社,2017年。

M.李普曼编:《当代美学》,邓鹏译,光明日报出版社,1986年。

马尔库塞:《审美之维》,李小兵译,广西师范大学出版社,2001年。

苗力田主编:《亚里士多德全集》,苗力田译,中国人民大学出版社,1991年。

莫里斯·梅洛-庞蒂:《可见的与不可见的》,罗国祥译,商务印书馆,2008年。

莫里斯·梅洛-庞蒂:《梅洛-庞蒂文集》第8卷《眼与心·世界的散文》,杨大春译,商务印书馆,2019年。

尼采:《悲剧的诞生——尼采美学文选》,周国平译,生活·读书·新知三联书店,1986年。

尼采:《看哪这人:尼采自述》,张念东、凌素心译,中央编译出版社,2000年。

尼采:《快乐的科学》,黄嘉明译,漓江出版社,2000年。

尼采:《权力意志》,张念东、凌素心译,商务印书馆,1998年。

普济著,苏渊雷点校:《五灯会元》,中华书局,1984年。

乔治·桑塔亚那:《美感》,缪灵珠译,中国社会科学出版社,1982年。

《圣经》,中国基督教三自爱国运动委员会、中国基督教协会发行,2009年。

什克洛夫斯基:《散文理论》,刘宗次译,百花洲文艺出版社,1997年。

叔本华:《作为意志和表象的世界》,石冲白译,商务印书馆,1982年。

斯宾诺莎:《伦理学》,贺麟译,商务印书馆,1997年。

斯蒂芬·戴维斯:《艺术诸定义》,韩振华、赵娟译,南京大学出版社,2014年。

苏轼:《苏轼全集》,中国文史出版社,1999年。

塔塔科维奇:《中世纪美学》,褚朔维等译,中国社会科学出版社,1991年。

汤森德编:《美学经典选读》,北京大学出版社,2002年。

涂成林:《现象学的使命》,广东人民出版社,1998年。

托马斯·库恩:《科学革命的结构》,金吾伦、胡新和译,北京大学出版社,2012年。

席勒:《审美教育书简》,冯至、范大灿译,北京大学出版社,1985年。

席勒:《审美教育书简》,张玉能译,译林出版社,2012年。

席勒:《席勒文集》第六卷,张玉书选编,张佳钰、张玉书、孙凤城译,人民文学出版社,2005年。

谢林:《先验唯心论体系》,梁志学、石泉译,商务印书馆,1997年。

熊十力:《佛家名相通释》,东方出版社,1985年。

许慎:《说文解字》,中华书局,1963年。

亚里士多德:《诗学》,陈中梅译,商务印书馆,2006年。

亚里士多德:《物理学》,苗力田主编:《亚里士多德全集》第二卷,徐开来译,中国人民大学出版社,1991年。

亚里士多德:《形而上学》,吴寿彭译,商务印书馆,1997年。

亚里士多德:《政治学》,吴寿彭译,商务印书馆,1983年。

伊格尔顿:《审美意识形态》,王杰、傅德根、麦永雄译,广西师范大学出版社,2001年。

朱立元主编:《二十世纪西方美学经典文本》第一卷,复旦大学出版社,2000年。

宗白华:《宗白华美学文学译文选》,北京大学出版社,1982年。

期 刊

费孝通:《反思·对话·文化自觉》,《北京大学学报(哲学社会科学版)》1997年第3期。

刘旭光:《悲伤,或者一种不以愉悦为目的的审美何以可能》,《华东师范大学学报(哲学社会科学版)》2022年第1期。

刘旭光:《"纯乐""绝美"与"真我":论"审美"的形而上维度》,《文艺理论研究》2020年第1期。

刘旭光:《论"审美"的七种境界——关于审美的有限多样性与超越性》,《社会科学》2020年第8期。

刘旭光:《论"审美理念"在康德美学中的作用——重构康德美学的一种可能》,《学术月刊》2017年第8期。

刘旭光:《论体验:一个美学概念在中西汇通中的生成》,《复旦学报(社会科学版)》2017年第3期。

刘旭光:《什么是"审美":当今时代的回答》,《首都师范大学学报(社会科学版)》2018年第3期。

刘旭光:《作为交感反思的"审美的观看"——对现象学"审美观看"理论的反思与推进》,《社会科学辑刊》2017年第1期。

刘旭光:《作为静照(contemplation)的"审美"》,《复旦学报(社会科学版)》2021年第4期。

刘旭光:《作为理论家的"感性":对感性的"智化"历程的追踪》,《社会科学》2016年第2期。

卢春红:《从康德对Ästhetik的定位论"ästhetisch"的内涵与翻译》,《哲学动态》2016年第7期。

罗念生:《卡塔西斯笺释——亚里斯多德论悲剧的作用》,《剧本》1961年第11期。

夏尔·巴托:《归结为同一原理的美的艺术》(节选),高冀译,《外国美学》第32辑,2020年第1期。